Pâques
6 avril 1890.

reçu de mes Oncles & Ta

ÉTUDES SUR LE SEIZIÈME SIÈCLE

COLIGNY

AVANT LES GUERRES DE RELIGION

ÉTUDES SUR LE SEIZIÈME SIÈCLE

COLIGNY

AVANT LES GUERRES DE RELIGION

PAR

EUGÈNE BERSIER

TROISIÈME ÉDITION

PARIS
LIBRAIRIE FISCHBACHER
SOCIÉTÉ ANONYME
33, RUE DE SEINE, 33

1884

Tous droits réservés.

PRÉFACE.

Ce livre pourrait avoir comme épigraphe le mot d'Agrippa d'Aubigné : « Les peuples jugent de tout par le succès. » Coligny n'a pas réussi. Pendant longtemps son nom a été proscrit, attendant une justice tardive. Il en a été de sa renommée comme de ses tristes restes recueillis à Montfaucon, transportés à Montauban, puis sur la terre étrangère, et, après bien des péripéties, déposés à Châtillon-sur-Loing où ils ont à peine une tombe aujourd'hui. Ainsi, l'histoire a longtemps hésité à donner à sa mémoire la place à laquelle il a droit.

Un court résumé de sa vie montre cependant que cette place doit être grande.

Coligny était né soldat; c'était la vocation naturelle du chef de la maison de Châtillon; ses goûts, d'ailleurs, l'y auraient porté. Jeune encore, il s'éleva à une situation très haute. Il dut cette fortune rapide à l'éclat de sa naissance, à la protection du connétable de Montmorency, son oncle, et surtout à ses qualités d'homme de guerre, à l'application patiente avec laquelle il

a

organisa l'infanterie et disciplina l'armée; les services qu'il rendit pouvaient seuls contre-balancer la défaveur que lui valait souvent sa rude franchise, car jamais homme n'eut moins que lui l'étoffe d'un courtisan. Son premier succès militaire fut la prise de Boulogne. On le voit ensuite concourir d'une manière marquée aux campagnes brillantes qui jetèrent quelque lustre sur les commencements du règne de Henri II. Il est fait gouverneur de Paris et quelque temps plus tard de la Picardie, puis le roi l'élève à la grande position d'amiral de France. Coligny ne voulut pas que ce dernier titre ne fût qu'un vain nom. Il rêvait de fonder au delà des mers une France nouvelle qui pût devenir en même temps une terre de refuge pour les proscrits du vieux monde. Les colons qu'il y envoya tentèrent de réaliser sa pensée. Pendant quelques années, des rivières de la Floride s'appelèrent la Garonne, la Loire et la Seine, et, sur leurs rives, le chant des psaumes se mêla aux doux noms du pays natal; l'abandon de la France livra ces émigrés à la haine barbare des Espagnols.

Coligny avait été chargé par Henri II de négocier avec Charles-Quint la paix de Vaucelles. Quand l'ambition des Guises et du cardinal Carafa, leur complice, l'eut brusquement rompue, pour engager le roi dans une folle aventure qui devait aboutir à un désastre, il se jeta dans Saint-Quentin, sacrifiant à son devoir toute gloire personnelle, et, par sa résistance héroïque, sauva Paris et permit à la France de se refaire une armée. Prisonnier de l'Espagne, il fut récompensé de son sacrifice par la disgrâce de son souverain.

Cependant, la Réforme grandissait en France, malgré

PRÉFACE.

une répression terrible, et, après avoir recruté ses premiers disciples parmi les artisans et les humbles, elle gagnait peu à peu les classes supérieures de la société. Coligny lui était depuis longtemps favorable ; il s'y rattacha au moment où les proscripteurs la frappaient avec le plus de cruauté. Il l'embrassa avec enthousiasme et la servit avec le dévouement d'un croyant prêt à sacrifier à sa conscience tous les biens et tous les honneurs. Sous la forte inspiration morale qu'il puisa dans ses croyances nouvelles, Coligny offrit à son foyer domestique l'admirable exemple d'une vie digne et pure, dont l'austérité s'alliait à toutes les tendresses du cœur, et qui reste un des plus beaux spectacles de cette époque souvent si dissolue. La Réforme l'en arracha pour faire de lui le chef illustre d'un parti redoutable avec lequel la cour dut compter. Ce parti n'avait ni les ressources ni le nombre qui assurent le succès ; pour y suppléer, il accepta le concours de l'étranger par suite de cette erreur fatale qui, chez les hommes de ce temps, subordonnait tout au triomphe de leur parti religieux. Coligny subit avec douleur cette alliance et fit ce qu'il put pour s'en affranchir. Si l'intrépidité des huguenots avait suffi à remporter les victoires, la lutte aurait été de courte durée, mais ils avaient contre eux le prestige du nom du roi, la masse compacte des bataillons suisses qui, à Dreux et à Moncontour, décidèrent du succès, et l'opposition de la vieille France restée encore ardemment catholique. Souvent vaincu sur les champs de bataille, Coligny ne fut jamais plus redoutable qu'au lendemain de ses défaites ; c'est par sa ténacité invincible qu'il finit par obtenir pour les siens la liberté religieuse qu'il put croire désormais assurée. Il était las de la guerre civile, qui lui inspirait une répulsion indicible. Pour en effacer le souvenir et en empêcher le retour, il ne songea plus qu'à opposer la France unie à l'exorbitant pouvoir de la maison d'Autriche, en s'appuyant dans ce dessein sur les Pays-Bas affranchis ; grand projet que Henri IV devait reprendre un jour ! Charles IX parut s'y prêter et fit de Coligny son conseiller de prédilection. Il y eut un moment où celui qu'on appelait « Monsieur l'Amiral » sembla l'arbitre des destinées de la France. Son nom se retrouve alors dans toutes les dépêches diplomatiques, dénoncé par les uns, exalté par les autres, respecté de tous ceux que le fanatisme n'aveuglait pas. Pendant qu'il formait ces glorieux projets, les haines longtemps amassées contre son parti éclatèrent dans la tragédie atroce du 24 août, dont il fut la première victime. Avec lui disparut l'idéal de politique nouvelle qui avait été sa pensée suprême, et la France, trébuchant dans le sang, descendit rapidement vers l'anarchie et les hontes qui marquèrent le règne des derniers Valois.

Dès lors, la renommée de Coligny, en entrant dans l'histoire, est livrée aux jugements les plus opposés.

A la fin du XVIe siècle, son nom soulève l'enthousiasme ou la haine. Aux yeux des protestants, sa gloire apparaît tragique, à jamais consacrée par la Saint-Barthélemy. La Ligue, inféodée aux Guises, maudit son souvenir. Les rares esprits qui dominent alors les passions de leur temps, de Thou, qui veut être impartial par amour de la justice, Brantôme, qui l'est souvent par simple indifférence morale, laissent voir en passant l'impression profonde qu'a produite sur eux la grandeur austère de Coligny. Lorsque le parti des politiques triomphe avec Henri IV, sa réhabilitation est solennellement proclamée. Au XVIIe siècle, son souvenir peu à peu s'obscurcit. On ne veut pas réveiller les luttes religieuses ; le culte toujours croissant de la monarchie et de l'unité catholique relègue dans l'ombre les figures des grands séditieux d'autrefois. On ne voit plus, dès lors, dans Coligny que le sectaire inflexible, le chef redoutable du parti qui faillit démembrer la France. La surprise de Richelieu eût été grande si quelqu'un s'était avisé de lui dire que les vastes projets politiques qu'il tenait de Henri IV avaient d'abord été conçus par l'amiral huguenot. L'histoire officielle d'alors a pendant longtemps son jugement tout fait sur Coligny. Elle oublie les services qu'il a rendus au pays, affecte d'ignorer son patriotisme, et quand elle ne le charge pas de complicité dans l'assassinat de François de Guise, elle trouve, dans son prétendu complot contre la royauté, une circonstance atténuante pour la répression sanglante de la Saint-Barthélemy. Le vrai type de cette manière d'écrire se voit dans Varillas, historiographe de la cour sous Louis XIII. On ne peut rien imaginer de plus sec, de plus inintelligent et de plus faux que sa façon d'apprécier le caractère et le rôle de Coligny (1). On aime à signaler, en contraste avec ces injustices de l'opinion, le jugement de Bossuet qui,

---

(1) Dans ses *Vies de François II* et *de Henri III* et dans son *Histoire des révolutions en matière de religion*. Chez le P. jésuite Daniel, historiographe sous Louis XIV, un sens historique beaucoup plus élevé l'emporte parfois sur les préventions de sa robe et de son temps.

frappé de la grandeur de Coligny, raconte avec émotion sa mort et rend hommage à son patriotisme en rappelant que « tout ce qu'on employait pour décrier l'amiral ne servait qu'à illustrer sa mémoire (1). »

Il faut arriver à Saint-Simon, à ce ferme esprit si dégagé à certains égards des préjugés de son époque, pour rencontrer un jugement équitable et vraiment supérieur sur l'amiral. Le voici tel qu'on l'a retrouvé récemment dans une page qu'il faut citer (2) :

« Henri IV, dit Saint-Simon, eut pour maître le plus sage et le plus honnête homme de son temps, le plus grand capitaine, le plus adroit à tirer parti des événements les plus fâcheux, et à relever son parti de ses chutes et de ses plus grandes pertes, le plus habile à le tenir uni et à parer à tout ce qui pouvait le diviser; enfin, le plus désintéressé, le plus prudent, le plus aimé et le plus estimé d'un parti dont il fut toujours l'âme et le soutien, le plus autorisé chez les étrangers, dont il savait s'appuyer pour les secours et les négociations, le plus considéré du parti contraire, le plus généralement admiré et respecté pour ses vertus. Tel fut l'amiral de Coligny, si peu heureux et si digne de l'être et d'un meilleur parti, qui fut le conducteur des premières années de Henri IV dans les armes et dans la politique... Heureux (ce prince) d'avoir été sous la

---

(1) Cette page se trouve dans l'*Abrégé d'histoire de France*, livre XVII, résumé des leçons données par Bossuet au dauphin; le manuscrit de cet ouvrage, publié pour la première fois en 1747, avait été revu par Bossuet lui-même, comme l'atteste l'éditeur de 1821.

(2) Dans le *Parallèle des trois premiers rois Bourbons*, publié par M. Faugère.

discipline du plus avisé capitaine, du plus sage et du plus honnête homme de son temps ! »

Saint-Simon seul était capable alors d'écrire une telle page. Au XVIIIe siècle, le nom de Coligny revient souvent comme une protestation contre le fanatisme. L'auteur de la *Henriade* raconte sa mort dans des vers qui ne s'oublieront plus ; comme historien, il juge avec élévation celui qu'il avait appelé « le plus grand des Français. » Montesquieu écrit sa parole célèbre : « L'amiral de Coligny fut assassiné n'ayant au cœur que le bien de l'État. » Le président Hénault, dans son drame de *François II*, met sur les lèvres de l'amiral un langage qui n'est pas indigne de lui. L'abbé Raynal, qui, par ses travaux sur les Indes, avait été à même d'apprécier le rôle de Coligny dans la fondation des colonies françaises, n'hésite pas à l'appeler « l'un des génies les plus étendus, les plus fermes, les plus actifs qui aient jamais illustré la France. » Après lui, l'abbé Anquetil, dans son *Histoire de France*, et, au commencement de ce siècle, Lacretelle, dans son intéressant ouvrage sur les *Guerres de religion*, et Sismondi, dans son *Histoire des Français*, contribuèrent à présenter nos luttes religieuses sous un jour plus large et plus vrai. Mais la masse du public ne connaissait guère Coligny que par quelques traits de sa vie et par sa fin tragique. C'est à notre époque surtout qu'a commencé ce qu'on peut appeler la réhabilitation historique de l'amiral.

Une masse énorme de documents relatifs au XVIe siècle a été mise au jour depuis une cinquantaine d'années, et a permis de juger Coligny en pleine connaissance de cause. Ces révélations ont singulièrement agrandi son rôle; elles ont fait ressortir l'importance des services rendus par lui à la France antérieurement aux guerres religieuses, et ont confirmé pleinement le jugement de Saint-Simon, en montrant en Coligny l'initiateur véritable de la politique nouvelle dont on a donné toute la gloire à Henri IV. Le caractère de l'homme privé, mieux éclairé par ces clartés convergentes et par une foule de détails peu connus jusque-là, n'a fait que grandir à cette épreuve. Aussi, l'histoire générale, telle que l'ont écrite les Guizot, les Mignet, les Henri Martin, a-t-elle fait à Coligny une place toujours plus importante (1); mais c'est Michelet surtout qui, le premier, l'a peint avec cette divination du cœur et cette intuition merveilleuse qui, chez lui, vont souvent jusqu'au fond intime des hommes et des choses. « Je ne suis pas suspect, écrit-il; je ne prodigue pas les héros dans mes livres; mais Coligny est le héros du devoir, de la conscience. J'ai beau l'examiner, le sonder, le discuter; il résiste et grandit toujours. Au rebours de tant d'autres exagérés follement, celui-ci, qui n'est point le héros du succès, défie l'épreuve, humilie le regard. » Ce que Michelet affirme, il le prouve en montrant les

---

(1) Il faut ajouter ici, pour ne pas être injuste, les noms des historiens allemands, les Soldan, les Ranke, les Polenz, qui ont traité notre histoire du xvie siècle avec tant de compétence et une si grande sûreté d'informations.

Parmi les publications qui ont le plus contribué à faire la lumière sur ce grand passé, il faut mentionner *la France protestante*, de MM. Haag, et la précieuse collection du *Bulletin de la Société d'histoire du protestantisme français*, édité d'abord par M. Charles Read, et dont M. Jules Bonnet, le premier éditeur des *Lettres françaises de Calvin*, est depuis tant d'années le directeur infatigable, toujours à l'affût de tout ce qui touche à l'histoire de la Réforme française.

hautes vues de ce ferme esprit, la vigueur et la ténacité de son génie militaire, l'intégrité de son âme se détachant sur le fond de cette sinistre époque, droite devant la perfidie, allant toujours où le devoir l'appelait.

On s'étonne qu'une telle vie n'ait pas eu de bonne heure un historien. Au XVIe siècle, trois ans après la mort de Coligny, parut en latin une biographie de l'amiral que l'on attribue d'ordinaire à François Hotman. Nous indiquons, à la fin de cette préface, dans une note étendue, les raisons très sérieuses qui nous empêchent de nous ranger à cette opinion. La *Vita Colinii* n'en reste pas moins à nos yeux une source très importante pour la biographie de l'amiral. Un siècle plus tard, Sandras de Courtils publia une *Vie de Gaspard de Coligny* (Cologne, 1686 ; 2e édit., 1691). Ce sieur de Courtils, ancien capitaine au régiment de Champagne, s'était rendu en Hollande en 1683 et y avait publié des pamphlets politiques, des mémoires, des romans historiques, des biographies de plusieurs hommes d'État; de retour en France, il fut emprisonné neuf ans à la Bastille comme écrivain séditieux, et mourut en 1712. Nous ne savons s'il était protestant ; en tout cas, il se donne comme tel dans sa *Vie de Coligny*. C'est une espèce d'aventurier littéraire, dont l'imagination féconde ajoute aux faits réels qu'il raconte des conversations et des détails de son invention. Sa biographie de Coligny, très favorable d'ailleurs à son héros, est un livre indigeste, qui contient des erreurs graves et des faits romanesques. Cependant le côté militaire de son sujet est mieux traité que le reste. Il faut aussi remarquer que Courtils était né à Montargis, c'est-à-dire près du berceau de Coligny. Dans sa préface, il s'exprime ainsi : « J'ai plusieurs mémoires entre les mains qui me doivent donner de l'assurance, et l'on ne s'en étonnera pas quand j'aurai dit que je sors d'une maison qui a toujours été unie à la sienne et à qui l'amiral a fait part plusieurs fois de ce qu'il avait de plus secret sur le cœur. » Dans l'impossibilité où nous sommes de contrôler cette assertion d'un écrivain d'ailleurs peu digne de confiance, nous n'avons pas voulu cependant l'écarter d'une façon sommaire. Il y a dans l'histoire de la jeunesse de l'amiral plusieurs traits recueillis par Courtils qui devaient être probablement empruntés à des traditions de famille et qui ont un cachet d'exactitude. Nous avons évité, toutefois, d'en tirer parti pour le corps de notre récit, mais on les trouvera en notes dans l'appendice de ce volume.

Il est singulier que les protestants du refuge n'aient point songé à glorifier la mémoire de Coligny. Le vaste répertoire de Bayle, dont la critique s'exerce sur tant de questions et dont l'imagination curieuse se plaît souvent à des sujets équivoques, ne renferme pas une page relative au grand huguenot !

De nos jours, on doit citer la notice sur Coligny dans la *France protestante* de MM. Haag (1), l'étude si remarquable de M. Jules Tessier, qui ne touche, du

---

(1) La notice a été agrandie et complétée par M. H. Bordier dans la seconde édition, actuellement en cours d'exécution, de cet important ouvrage.

reste, qu'à quelques parties de la vie de l'amiral (1), et surtout l'œuvre vraiment monumentale de M. le comte Jules Delaborde (2). Ce dernier s'est attaché à suivre la vie de l'amiral jour par jour, en dépouillant avec un soin scrupuleux tous les documents qui s'y rapportent, soit chez les historiens du temps, soit dans les correspondances diplomatiques (*Calendar of State papers* d'Angleterre, rapports et lettres des ambassadeurs italiens ou espagnols, lettres des représentants des Églises réformées en France et à l'étranger, etc.). M. Delaborde a fait plus : il a recueilli, avec une admirable patience, soit dans les divers fonds de la Bibliothèque nationale et aux Archives, soit dans les archives des cantons suisses, de Turin, du British Museum, tout ce qui pouvait s'y trouver des lettres de Coligny; il en a inséré dans son ouvrage beaucoup d'inédites, ou en a donné d'abondants extraits. Travail considérable, tout pénétré d'une vraie piété filiale pour la mémoire du grand huguenot et où devra désormais puiser quiconque voudra pénétrer dans l'intimité de Coligny (3).

(1) *L'amiral Coligny*, étude historique par Jules Tessier. (Paris, Sandoz et Fischbacher, 1872).

(2) *Gaspard de Coligny*, amiral de France. (Paris, Fischbacher, 1879-1882, 3 forts volumes in-8º).

(3) Il faut, en mentionnant ces biographies de Coligny, rappeler les pages souvent éloquentes que lui ont consacrées M. de Felice, dans son *Histoire des Protestants de France*, et M. Puaux dans son *Histoire de la Réformation française* (t. II). Comme publication populaire, nous citerons la *Vie de Coligny*, de M. le pasteur A. Meylan. Rappelons aussi que M. Dargaud, dans son *Histoire de la Liberté religieuse en France et de ses fondateurs* (Paris 1859), a mis en grande lumière le caractère et le rôle de l'amiral.

Si l'on peut reprocher parfois aux écrivains protestants trop de partialité à l'endroit de leur héros, il nous semble que, dans sa belle *Histoire*

Les nombreuses citations que nous faisons de l'ouvrage de M. Delaborde montrent quel profit nous en avons tiré. En publiant la présente Étude sur la première partie de la vie de l'amiral, nous n'avons pas la prétention de refaire ce qui a été accompli avec tant de savoir et de conscience. Notre but a été de présenter Coligny dans les grands moments de sa vie, jusqu'aux guerres de religion, en essayant de décrire le milieu où il se meut et de faire revivre les principaux caractères avec lesquels il est en contact. Après l'étude si détaillée et si consciencieuse que M. Delaborde nous a donnée des pensées et des actes de l'amiral, nous avons tenté de dessiner à plus grands traits cette figure centrale et d'esquisser autour d'elle des horizons plus étendus. Nous ne revendiquons pas le mérite d'avoir découvert aucune pièce absolument inédite, mais nous croyons avoir pu quelquefois tirer des informations nouvelles soit de l'étude attentive et personnelle des sources déjà explorées (1), soit de l'analyse de docu-

---

des Princes de Condé, M. le duc d'Aumale a cédé à des préventions injustes lorsqu'il attribue, par exemple, à l'ambition de Coligny la rupture de la paix de Vaucelles, ou qu'il nous le montre jalousant Condé. On regrette d'autant plus ces quelques taches que l'on admire sans réserve l'accent de patriotisme élevé qui pénètre ce grand ouvrage.

Lorsqu'on parle de l'amiral, comment oublier le beau drame dans lequel M. Charles de Rémusat a su faire revivre, avec un relief saisissant, la figure de Coligny?

(1) Nous ne saurions songer à donner ici une nomenclature complète de ces sources. Bornons-nous à quelques indications. En dehors des lettres de Coligny, nous n'avons de lui que son *Discours sur le siège de Saint-Quentin* (1622), ses *Lois et ordonnances militaires pour l'infanterie* et son *Testament olographe*, publié dans le *Bulletin de la Soc. d'hist. du prot. français*; il avait écrit des mémoires qui, comme chacun le sait, furent détruits après sa mort. Plusieurs de ses discours ont été résumés par les

ments récemment publiés et dont on n'avait pas encore fait ressortir ce qui se rapporte à notre sujet. C'est ainsi, pour ne citer qu'un exemple, que nous sommes parvenu à éclairer plusieurs points importants. grâce à la précieuse collection des lettres de Catherine de Médicis que M. de La Ferrière vient d'éditer jusqu'à l'année 1563 et à laquelle il a joint de nombreux extraits de la correspondance de l'ambassadeur Chantonnay avec la duchesse de Parme. La correspondance latine de Calvin, aujourd'hui publiée intégralement dans

---

historiens du temps. Les auteurs contemporains qui nous donnent sur lui le plus de détails sont La Planche, La Place, Castelnau, Brantôme, d'Aubigné, Davila, de Thou, les deux Tavannes, Théodore de Bèze, dont nous avons enfin l'édition définitive (tome Ier), due à deux des savants éditeurs des œuvres de Calvin. Viennent ensuite la correspondance des réformateurs (publiée dans le grand ouvrage de M. Herminjard), les lettres de Jeanne d'Albret, d'Antoine de Navarre, de Catherine de Médicis, d'Hubert Languet, pour ne citer que les principales; puis les extraits des archives de la maison d'Orange, publiés par Groen van Prinsterer, les lettres et les rapports des ambassadeurs d'Angleterre (*Calendar of State papers* analysés dans le *Bull. de la Soc. d'hist. du prot. français*), des envoyés de Florence, de Venise, dont nous avons l'essentiel. Nous ne connaissons que par Ranke et Soldan ceux des envoyés d'Allemagne. En ce qui concerne l'Espagne, il y a les papiers d'État de Granvelle, la correspondance de Chantonnay et de ses successeurs, mais il reste encore bien des découvertes à faire dans les archives de Simancas. Le dernier livre de M. Baumgarten, *zur Bartholomaeusnacht*, montre quelle lumière on en pourrait tirer. Ouvrira-t-on jamais largement les archives du Vatican? Ce que le P. Theiner en a publié relativement à la France du XVIe siècle est fort peu de chose et laisse soupçonner tout ce que l'on cache encore. La légende enveloppe encore de bien des côtés la politique des papes; le curieux ouvrage dans lequel M. G. Duruy vient de la dissiper sur un point, en faisant revivre le vrai Carafa, nous a permis de retracer avec certitude la rupture de la paix de Vaucelles. Notre travail ne dépassant pas l'année 1562, nous ne disons rien ici des sources de l'histoire postérieure, de ce qui concerne les guerres religieuses, le rôle politique de l'amiral dans les deux dernières années de sa vie, et la Saint-Barthélemy. Le nombre de documents qui s'y rapportent est aujourd'hui légion.

l'admirable édition de ses œuvres, due à MM. Reuss, Baum et Cunitz, nous a été aussi d'un grand secours.

Le volume que nous publions va jusqu'au début des guerres religieuses ; ceux qui ne connaissent, avant tout, Coligny que comme chef armé des protestants s'étonneront peut-être de l'importance de la carrière qu'il avait fournie avant de revêtir ce rôle. Jusqu'à nos jours, en effet, on ne voyait guère en lui, avant son adhésion au protestantisme, que le lieutenant de son oncle le connétable ; on disait « le connétable et les Châtillons, » comme si Montmorency entraînait ses neveux dans son orbite ; on ne savait pas à quel point l'originalité propre de Coligny s'était affirmée dès sa jeunesse. Nos lecteurs pourront, en appréciant son rôle lors de la rupture de la paix de Vaucelles, reconnaître qu'à ce moment il osa seul tenir tête à tous et conseiller la politique qui aurait évité à la France le désastre immense de Saint-Quentin. Ils verront aussi qu'en 1559, lors de l'évolution si rapide des Guises vers Philippe II, sous l'influence de Granvelle, dans ce mouvement tournant qui allait conduire notre pays aux abîmes, Coligny resta ferme et devina l'avenir.

Pour le connaître tout entier, il faut chercher à le saisir dans sa vie intérieure, dans l'ardeur de sa foi religieuse, si intense même avant qu'elle devînt protestante ; il faut comprendre la force qu'il trouva dans ses convictions nouvelles et l'enthousiasme sacré dont elles l'enflammèrent. L'amiral fut un huguenot. Quand un écrivain moderne s'écrie : « Quels grands citoyens que Coligny, du Plessis-Mornay, La Noue, d'Aubigné même, s'ils n'avaient pas été des sectaires ! (1) » quand d'autres, se plaçant au point de vue de la libre pensée, reprochent aux chefs protestants de n'avoir pas raisonné et agi comme des fils du xviii° siècle, nous ne pouvons que déplorer ces préventions qui rendent impossible l'intelligence de caractères chez lesquels la foi religieuse fut l'inspiration dominante et la source des plus mâles vertus.

Nous savons bien que la sympathie qui fait deviner les caractères dégénère vite en esprit de parti, et qu'elle transforme aisément ses héros en saints. Dans l'étude du xvi° siècle, où les croyances sont sans cesse en présence, la tentation est grande d'arborer une bannière et de tirer sans scrupule sur le drapeau ennemi. Nos lecteurs verront l'effort continuel que nous avons fait pour n'y pas céder ; ils se convaincront, nous l'espérons, que nous avons voulu être juste ; c'est là, nous semble-t-il, la meilleure manière d'honorer Coligny.

N. B. — Nous nous sommes fait une règle stricte de ne rien affirmer sans indiquer nos sources. Toutes nos citations sont textuelles. Mais nous avons renoncé à reproduire l'orthographe du xvi° siècle, qui varie si étrangement d'auteur à auteur et souvent chez le même auteur. La reproduction servile de l'orthographe est rigoureusement nécessaire quand on publie un recueil de documents ; mais nous croyons, avec d'excellents maîtres, que l'histoire générale écrite au point de vue

---

(1) M. de Meaux, *Les Luttes religieuses en France au* xvi° *siècle* (p. 114).

du public n'est pas tenue de s'y astreindre. Si nous avions reproduit, par exemple, l'orthographe exacte de Henri II, de Catherine de Médicis, de Jeanne d'Albret, avec toutes ses étrangetés, nous imposions à nos lecteurs le devoir pénible d'un déchiffrement des plus ardus. Ils s'en convaincront en jetant un regard sur les textes originaux. Notez que comme l'historien est forcé de traduire les sources latines, Hubert Languet ou Calvin, par exemple, ou les correspondances anglaises, italiennes et espagnoles, tout le bénéfice de la clarté serait pour celles-là seulement. Cela est si vrai que plusieurs historiens prennent un moyen terme, adoptent en général l'orthographe moderne dans leurs citations en y laissant çà et là quelques mots de l'ancienne pour conserver un tour archaïque aux textes qu'ils reproduisent. Ce système mixte a ses avantages, mais nous avons préféré n'y pas recourir.

PRÉFACE.

DE L'AUTEUR DE LA *VITA COLINII*.

Gasparis Colinii Castellonii, magni quondam Franciæ amirallii vita, 1575 (sans nom de lieu). Nous avons sous les yeux deux éditions en format différent de cet ouvrage (dans l'une et l'autre, je remarque une faute singulière : Coligny naît, dit-on, le 16 février 1517, et quand il meurt, le 24 août 1572, il a 53 ans six mois et huit jours ; c'est cette dernière indication qui est évidemment la vraie, puisque Coligny est né en 1519, comme nous le montrerons). En 1576 parut une traduction anglaise de cet ouvrage, sous ce titre : *The Lyfe of the most godly, valeant and noble capteine and maintener of the trew christian religion in Fraunce Jasper Colignie Shatilion, sometyme great admiral of France, translated out of latin by Arthur Golding*. (Imprinted at London, by Vautrollier, 1576).

La traduction française de la *Vita* n'a paru qu'au XVIIe siècle, 1643, 1646, 1665, etc. (Le traducteur a voulu corriger l'erreur du texte latin relativement à l'âge de l'amiral ; mais, comme il a maintenu la date inexacte de naissance, 1517 au lieu de 1519, il a été amené par là à lui donner cinquante-cinq ans et demi au moment de sa mort, assertion qui a été dès lors constamment reproduite.) En 1783, un savant allemand, Dassdorf, publia à Dresde une édition de cette traduction française avec quelques notes intéressantes. Dans toutes ces éditions, on a joint à la *Vie de l'amiral* son *Discours sur le siège de Saint-Quentin*, qui depuis a été imprimé dans plusieurs collections de mémoires sur l'histoire de France.

Le *Discours* et la *Vie* ont même été réunis (édition de 1665 et suivantes) sous le titre faux de *Mémoires de l'amiral Coligny*, et plusieurs historiens (M. de Félice entre autres), ignorant le texte latin de la *Vita*, ont cité ces *Mémoires* comme un ouvrage original du XVIe siècle qu'on a attribué communément à Cornaton, serviteur de l'amiral.

Quel est l'auteur de la *Vita Colinii?* Le XVIe siècle ne nous a laissé sur ce point aucune indication précise. Au XVIIe, La Monnoye l'attribue à François Hotman, de Tourny (dans l'*Histoire des grands officiers de la couronne*), à Jean Hotman, sieur de Villiers, fils de François ; Nicéron l'attribue à Jean de Serres en se fondant sur le fait que ce nom avait été écrit par Pierre Du Puy sur l'exemplaire qu'il avait de la *Vita;* Le Long a adopté le même sentiment, auquel s'est rangé Dassdorf.

Les savants éditeurs de la *France protestante*, MM. Haag, M. Henri Bordier dans la nouvelle édition de ce recueil, ainsi que M. le comte Delaborde, se prononcent en faveur de François Hotman.

Malgré tout le respect que nous inspirent ces dernières autorités, nous ne pouvons nous ranger à leur opinion, et voici pourquoi :

Rappelons d'abord sur quels indices cette opinion est fondée :

1º Il est certain qu'à la date du 15 janvier 1573, Jacqueline d'Entremont, veuve de l'amiral, écrivit à François Hotman une lettre dans laquelle se trouve la phrase suivante : « Ne trouvez étrange si j'ai essayé de réveiller votre plume pour laisser à la postérité autant de témoignages de la vertu de mon seigneur et mari que nos ennemis le veulent *dessiner (sic)*. »

2º Il est également certain que François Hotman se plaint dans une lettre à Cappel que les magistrats de Genève lui ont défendu de publier dans cette ville un écrit sur Coligny. (Voir *France prot.*, art. Hotman.)

3º L'auteur de la *Vita*, en citant en latin la dernière et touchante lettre de Coligny à sa femme, à la date du 18 août, dit en avoir l'original entre les mains, ce qui fait naturellement penser à François Hotman.

4º Il est également vrai que l'auteur de la *Vita Colinii* a approché l'amiral de très près; car, décrivant sa vie à Châtillon-sur-Loing, il s'exprime ainsi : « Nous ajoutons sommairement ce que nous avons *vu* et *ouï* dire. » Or, cela encore peut parfaitement s'appliquer à François Hotman.

5º Enfin, si l'on songe que François Hotman, surtout depuis la publication de *Franco-Gallia* (1573), était considéré comme une espèce de révolutionnaire, de républicain, et que son seul nom était devenu suspect à bien des protestants, on comprendrait que la *Vita*, si elle est de lui, ait paru sans nom d'auteur.

Voilà ce qu'il y a à dire en faveur de cette opinion. Voici maintenant les raisons plus graves qui nous empêchent de l'accepter :

François Hotman a publié en 1573, sous le nom de Ernestius Varamundus, un écrit qui porte le titre suivant : *De furoribus Gallicis, horrendâ et indignâ amirallii Castillionei, nobilium atque illustrium virorum cæde, sceleratâ ac inauditâ piorum strage passim editâ per complures Galliæ civitates*, etc., *vera et simplex narratio*. C'est un document d'une grande valeur historique, auquel Crespin, de Thou et d'autres auteurs ont fait de nombreux emprunts et dont la plupart des assertions subsistent, quoiqu'il ait été écrit sous l'empire d'une indignation ardente. Or, quand on compare cet écrit à la *Vita Colinii*, il est bien difficile, si ce n'est impossible, d'admettre qu'il émane du même auteur.

Ne nous arrêtons pas à l'orthographe des noms qui est souvent différente (ici Castellonius, là Castillioneus, ici Cossinius, là Cossenius, ici Thelinius, là Thelignius, ici Benuesius (Besme), là Behemius, etc.) Au XVIᵉ siècle, on n'y regardait pas de si près. N'insistons pas trop non plus sur le fait que deux fois l'auteur de la *Vita* mentionne l'*Historia furialis carnificinæ* (c'est-à-dire le *De Furoribus gallicis*), comme on cite un auteur étranger; allons au fond des choses :

1º Le style du *De Furoribus* est bien celui de François Hotman, l'homme du XVIᵉ siècle qui, après Calvin, écrit le latin avec le plus d'ampleur et d'éloquence. Dès son début magistral : *Optandum esset recentium furorum memoriam*, etc., on le reconnaît. Ce sont ses périodes larges et belles, c'est une mise en scène naturelle et d'un effet puissant; on sent partout le grand écrivain, dans ses vues générales, dans ses jugements sur les personnes qu'il qualifie en quelques mots énergiques, et jusque dans les scènes de détail, comme dans le dialogue sinistre entre Henri de Guise et Besme : « Absolvisti-ne, Benuisi? — At ille : Absolvi, inquit. »

Dans la *Vita*, rien de semblable. Un style tranquille, une narration continue, pas un mot éloquent, pas de vues générales, rien qui annonce un homme ayant mis la main aux grandes affaires, une préoccupation constante chez l'auteur de montrer Coligny dans sa vie édifiante, sujet fidèle du roi. Le langage est simple, sans chaleur; pas une phrase qui rappelle même de très loin la verve et l'éclat d'Hotman.

2º Ici et là même, telle assertion qui ne se comprend guère chez un homme qui a été, comme Hotman, initié à la vie du grand amiral. Ainsi, à l'en croire, lorsque Coligny est amené à la foi protestante, « en peu de mois, la face de sa maison de Châtillon parut tout autre, et ses deux frères, Odet et d'Andelot, furent *à son exemple* ardemment incités à l'étude de la religion. » Or, Hotman était lié étroitement avec d'Andelot. Pouvait-il ignorer que d'Andelot avait précédé son frère Gaspard dans la foi évangélique, que sa conversion au protestantisme lui avait fait perdre ses charges et avait attiré sur lui la disgrâce publique du roi, et que ce fut à son instigation que Coligny, prisonnier à Gand, tourna son esprit vers les doctrines nouvelles?

3º On peut comparer dans le *De Furoribus* et dans la *Vita* le récit de l'attentat du 22 août et de la mort de l'amiral. Sans doute, il n'y a pas de contradiction entre ces récits, mais l'ordre en est différent; l'un conserve des paroles que l'autre omet; les mêmes paroles de l'amiral sont diversement exprimées, et l'on se demande comment l'auteur de la *Vita* a pu négliger des traits qu'il avait su faire ressortir ailleurs avec tant de puissance.

Dassdorf, qui connaissait les écrits et le style d'Hotman, avait déjà pensé qu'il ne pouvait pas être l'auteur de la *Vita*. A qui donc faut-il l'attribuer?

Pierre Du Puy avait, comme nous l'avons dit plus haut, attribué cet ouvrage à Jean de Serres, et Dassdorf, observant une ressemblance assez frappante de style entre la *Vita* et l'œuvre historique de Jean de Serres, en a conclu sans autre information que cette biographie était de lui. Il ne nous est pas possible d'accepter cette conclusion, tant qu'elle reposera sur d'aussi faibles indices. Sans doute, il y a une certaine analogie entre l'esprit du rédacteur de la *Vita* et celui de Jean de Serres, dont la modération était un des traits dominants, mais cela ne suffit pas à justifier l'assertion de Dassdorf (1).

(1) M. Ch. Dardier, qui a consacré à Jean de Serres une savante étude, nous semble conclure dans le même sens que nous, car il n'a point mentionné la *Vita Colinii* parmi les écrits de l'historiographe protestant. (Voir ses articles dans la *Revue historique*, 1883.)

Nous croyons que François Hotman, obéissant à une impulsion spontanée, a rédigé en 1573 son terrible écrit *De Furoribus gallicis* et que, comme Jacqueline d'Entremont lui demandait à la même époque de commémorer le souvenir de l'amiral, il a fait droit à cette demande en consacrant à sa mort quelques-unes de ses pages les plus éloquentes; nous pensons que c'est cet écrit que les magistrats de Genève refusèrent de laisser paraître. On ne comprendrait absolument pas qu'ils eussent pu redouter la publication de la *Vita Colinii*, qui ne contient pas une page agressive et dont le ton est si modéré.

L'auteur de la *Vita* nous est encore inconnu. *In dubio, abstine.* Nous le désignerons donc sans le nommer. C'était un esprit doux, ami de la paix, qui ne paraît pas avoir connu Coligny de près dans la première partie de sa carrière ; il a souvent recueilli sur lui les dépositions de témoins oculaires. Le seul fragment où se trouve l'expression *ex visu* est dans l'appendice placé à la fin et où est décrite la vie domestique de Coligny. Il se peut que ce fragment soit de François Hotman. La *Vita* n'en reste pas moins un document d'une très grande valeur, ne fût-ce que par l'accent de véracité parfaite qui s'en dégage de toutes parts.

ÉTUDES SUR LE XVIᴱ SIÈCLE

COLIGNY

AVANT LES GUERRES DE RELIGION

CHAPITRE PREMIER

> Origine des Coligny. — Naissance de Gaspard,
> le futur amiral. — Louise de Montmorency, sa mère. — Rôle des
> femmes au XVIᵉ siècle. — Le connétable Anne de Montmorency.
> — Éducation de Coligny. — Traits de sa jeunesse. — La cour
> de François Iᵉʳ. — État moral de la France.

La famille des Coligny était originaire de la Bresse et leur vieux manoir féodal s'élevait au pied du Jura, à l'entrée d'une bourgade qui a conservé leur nom.

Cette bourgade est située sur la pente d'une colline boisée, du haut de laquelle on aperçoit en se tournant vers l'ouest la vaste plaine du Mâconnais (1). Le château était sur la limite même de la Bresse et de la Bourgogne.

Les Coligny étaient de très ancienne noblesse. Vil-

---

(1) Voir dans la *France protestante*, 2ᵉ édition, article Chatillon, la description intéressante qu'en fait M. Henri Bordier.

lehardouin signale dans la croisade de 1202 un sieur Hugon *de Colenii* qui y prit une part brillante. On a soutenu, et c'était la pensée de l'amiral lui-même, que sa maison était indépendante et souveraine (1); mais cette indépendance n'était pas absolue, et il est certain que, vers le milieu du xv⁰ siècle, Guillaume de Coligny combattait encore sous la bannière de Savoie; son mariage conclu, en 1437, avec Catherine de Saligny, lui apporta en dot la seigneurie de Châtillon-sur-Loing, au nord de la Loire, dans le Gâtinais, et cette seigneurie revint à son fils aîné Jean. Ce dernier s'établit définitivement à Châtillon. Les services qu'il rendit à Louis XI dans la guerre du Bien public mirent en relief sa maison (2).

De ses deux fils, l'aîné, Jacques, mourut en combattant devant Ravenne (1512); le second, Gaspard, fut nommé maréchal de Châtillon en 1516; deux ans auparavant, il avait épousé Louise de Montmorency, sœur du fameux connétable Anne qui, pendant près de cinquante ans, devait exercer une influence prépondérante sur les destinées de la France. Louise était veuve du seigneur de Mailly.

Le maréchal de Châtillon fut l'un des généraux de

---

(1) Cette prétention se retrouve dans la *Vita Colinii*.

(2) Tout ce qui concerne la généalogie des Coligny a été traité à fond dans l'ouvrage de Jean du Bouchet : *Preuves de l'histoire de l'illustre maison de Coligny* (Paris, 1662, in-fol.). (Voir aussi l'intéressante brochure de M. Edmond Chevrier : *La maison de Coligny au moyen âge* (Bourg-en-Bresse.). M. Delaborde et M. Bordier en donnent un exposé très suffisant. M. Bordier conjecture avec justesse que si l'amiral a défendu avec insistance la souveraineté de sa maison, c'était parce qu'il rêvait de pouvoir faire de sa petite principauté une terre de refuge où l'on aurait le droit de professer librement la foi évangélique.

François Ier; Brantôme affirme qu'il avait « bonne tête et bon bras ». Nous ne connaissons de lui aucune action d'éclat. Au contraire, c'est en cédant à ses conseils d'extrême prudence que François Ier, pendant la guerre de 1521, après avoir franchi l'Escaut devant Charles-Quint et le comte de Nassau (22 octobre), refusa de s'engager dans une attaque décisive que voulait le connétable de Bourbon, et perdit ainsi, au dire de Martin du Bellay, « la bonne fortune que Dieu lui présentoit et qui par après ne devoit plus revenir ». Châtillon avait vu, dans cette guerre, plusieurs de ses possessions de Franche-Comté enlevées par les Espagnols; il reçut du roi en retour la principauté d'Orange (1). Il venait d'être appelé à défendre la frontière près de Bayonne, lorsqu'une fièvre maligne l'enleva en neuf jours à Dax, le 4 août 1522.

Louise de Montmorency restait donc veuve, et, quoique jeune encore, elle devait pourvoir à l'éducation de sept enfants : elle en avait eu trois de son premier mariage, quatre du second. Nous ne mentionnerons ici que ceux qui jouèrent quelque rôle. C'est d'abord Madeleine de Mailly, qui devait plus tard être comtesse de Roye et dont les filles devaient épouser le prince de Condé et le comte de La Rochefoucauld (2); viennent ensuite Odet, Gaspard et François de Coli-

---

(1) Ainsi le père de Coligny porta, par un étrange concours de circonstances, le titre de prince d'Orange dont son futur gendre, le célèbre Taciturne, devait faire l'un des plus grands noms de l'histoire.

(2) Des deux autres enfants du sieur de Mailly, l'un, Jean, mourut à vingt-deux ans, en combattant au siège de Naples; l'autre, Louise, entra en religion.

gny (1). Odet, qui devait devenir cardinal, était né le 10 juillet 1517; Gaspard, le futur amiral, le 16 février 1519 (2); François, qui prit le titre de d'Andelot, le 18 avril 1521.

Louise de Montmorency était à la hauteur de sa tâche. C'est elle qui forma ses fils. On retrouvera chez eux la droiture, l'ardeur généreuse, la vaillance morale qui étaient ses traits saillants. Gaspard de Coligny, en particulier, fut vraiment le fils de sa mère.

Il faut faire ici une remarque qui a son importance. En aucun siècle de l'histoire moderne l'influence de la femme n'a été plus considérable qu'au XVIe. Je ne dis pas seulement son influence cachée qui toujours fut grande, je dis son rôle visible, extérieur, éclatant. C'est là ce qui nous explique les étranges soubresauts de la politique d'alors, livrée au sentiment et à la passion bien plus qu'à la raison d'État ferme et suivie. Dans les deux camps rivaux qui se partagent alors l'Europe occidentale, regardez, et, derrière les acteurs principaux, ce sont des figures de femmes que vous verrez aux premiers rangs. Ici, l'astucieuse et sagace Marguerite d'Autriche, tante de Charles-Quint et qui fut sa

---

(1) Un premier fils du maréchal, nommé Pierre, naquit en 1516, fut page de François Ier et mourut en 1534, à dix-huit ans.

(2) Deux choses ont contribué à induire les historiens en erreur sur la date de la naissance de Gaspard de Coligny; tout d'abord l'assertion de l'auteur de la *Vita Colinii*, qui le fait naître en 1517 (bien que, racontant sa mort en 1572, il ne lui donne que cinquante-trois ans et demi), et ensuite la mention que la maréchale, sa mère, avait écrite sur son livre d'heures (lequel existe encore) : « Le mercredi, seizième jour de » février MVXVIII, fut né Gaspard de Coulligny à Chastillon. » On n'avait pas pris garde qu'elle avait employé l'ancien style, d'après lequel l'année ne finissait qu'à Pâques. C'est donc bien 1519 qu'il faut lire.

vraie mère par la taciturnité sournoise qu'elle lui inculqua; Marie Tudor, la sanguinaire, dont le fanatisme sincère ne réussit pas à toucher le cœur sec et froid de Philippe II; Louise de Savoie, dont les altiers caprices expliquent la trahison de Bourbon; Diane de Poitiers, qui fit la grandeur des Guises et tint dans une obéissance toute passive la lourde majesté de Henri II; Marie Stuart, qui nous apparaît entourée de la poétique séduction du roman et dont on peut dire que ses juges, par la mort si dure dont ils l'ont frappée, ont atténué pour elle le jugement de la postérité; Catherine de Médicis, enfin, au sujet de laquelle on se demande si jamais elle connut le remords et dont le cœur semble n'avoir aimé qu'un être, cet Henri III, assez vil pour qu'elle reconnût en lui son vrai fils. En face et dans le camp opposé, c'est Élisabeth d'Angleterre, sceptique au fond, orgueilleuse et souvent cruelle, mais chez qui les emportements de la passion n'étouffèrent jamais la haute raison politique, et dont la ferme intelligence a justifié ce mot, que le plus grand homme de l'Angleterre fut alors une femme; avant elle, Jane Grey, cette fleur exquise si prématurément fauchée, et, chez nous, Marguerite de Valois, la première, cette fine et spirituelle figure, cette intelligence ouverte à toutes les recherches, ce cœur accessible à toutes les pitiés et réfractaire à tous les fanatismes; Jeanne d'Albret, sa fille, « qui n'avait de la femme que le sexe, » esprit pénétrant, volonté ferme, une vraie reine enfin dont le programme politique, sauf en matière de tolérance religieuse, est presque celui de 1789, conscience intègre, âme saine et vaillante, dont la rude franchise perça à jour les roueries de la Florentine, mais ne devina jamais cependant l'atroce perfidie avec laquelle Catherine prépara les noces vermeilles de la Saint-Barthélemy; Jeanne d'Albret, dont Henri IV a dit : « Ma bonne mère à qui je dois tout, » mot charmant et qui serait vrai si la légèreté morale du Gascon n'avait pas diminué chez lui, par certains côtés, la grandeur du héros. Auprès de ces figures de premier ordre, combien d'autres à noter! Mme de Roye, la noble sœur de Coligny; Charlotte de Laval, sa vaillante compagne, et cette douce, pure et touchante Éléonore, sa nièce, princesse de Condé, aussi intrépide sous le feu de l'ennemi que digne et tendre dans ses afflictions domestiques, et dont Anne de Rohan a pu dire dans des vers trop ignorés :

> Estimant un heur plus extrême,
> Bien qu'elle eût un auguste rang,
> D'être fille du Dieu suprême
> Que d'être princesse du sang.

Louise de Montmorency mérite de figurer au premier rang dans ce cortège. L'éclat de sa naissance, le charme de sa personne, la grande situation qu'elle avait déjà occupée comme dame d'honneur d'Anne de Bretagne, tout l'appelait à la cour; elle préféra s'enfermer à Châtillon et s'y consacrer tout entière à l'éducation de ses fils. Toutefois, en 1530, elle vint séjourner quelque temps à Paris auprès de la nouvelle reine Éléonore, qui avait voulu se l'attacher. Elle redoutait l'atmosphère de frivolité galante qui régnait dans l'entourage du roi chevalier. Le chancelier de L'Hospital, dans une de ses poésies latines (1), a célébré la pureté de son caractère et rappelé qu'elle avait été une mère accomplie, nourrissant ses enfants de son propre lait.

Louise de Montmorency inclinait évidemment vers les idées nouvelles que la Réforme allait propager. Cette sympathie apparaît dans le choix qu'elle fit, en 1528, du précepteur de ses fils ; ce fut Nicolas Bérauld, humaniste distingué, alors âgé de cinquante-cinq ans et qu'une étroite amitié unissait à Érasme et à Louis de Berquin, l'un des premiers martyrs de la Réforme. Louise de Montmorency était particulièrement chère à Marguerite, sœur de François Ier, qui fut la protectrice avouée des luthériens de Meaux. Le plus ancien biographe de Coligny affirme « qu'elle rendit en mourant le témoignage de la vraie et pure religion qu'elle avait reconnue, car ayant continuellement en la bouche ce passage du psaume de David : Sa miséricorde sera de génération en génération sur ceux qui le craignent, elle exhorta son fils aîné, Odet, qui était déjà cardinal, et lui défendit expressément qu'aucun prêtre ne lui fût amené, disant que Dieu, par un singulier bienfait, lui avait enseigné comment on doit le craindre et le servir en toute piété et sortir des liens de ce corps pour aller à la patrie céleste (2). »

On comprend donc que le P. Maimbourg, dans son *Histoire du Calvinisme*, ait pu écrire les lignes suivantes : « Ce fut Louise de Montmorency qui mit dans l'esprit de ses enfants la grande disposition qu'ils

---

(1) Liber I, epist. VIII.
(2) *Vita Colinii*, 1575, p. 8.

eurent à se laisser si facilement infecter de l'hérésie. » Mais il ne faudrait pas en conclure qu'elle se rattachât d'une manière directe à la communion réformée ; ce ne fut que plusieurs années après sa mort que sa fille, Madeleine de Mailly, rompit ouvertement avec le catholicisme, donnant ainsi à ses trois frères un exemple qu'ils devaient suivre, mais plus tard, comme nous le verrons, et chacun d'eux, à son heure, sous l'empire d'une conviction toute personnelle.

Si la mère de Coligny contribua puissamment à la formation de son caractère, c'est à son oncle le connétable Anne de Montmorency qu'il dut d'abord son rapide avancement.

Anne, premier duc de Montmorency (1), était issu de cette ancienne famille que Henri IV appelait un jour la première maison de l'Europe après celle de Bourbon.

Né en 1492, il avait été élevé avec François Ier, alors simple comte d'Angoulême. En 1515, il combat à Marignan ; en 1521, à Mézières, sous Bayard, puis dans le Milanais, sous Lautrec ; dès 1522, il est maréchal de France. D'un courage à toute épreuve, il n'avait point les qualités d'un grand capitaine. Aussi recourait-il volontiers à la temporisation, jouant vis-à-vis des Espagnols le rôle d'un Fabius Cunctator. Cela lui réussit en 1536, lors de l'invasion de la Provence par Charles-Quint. Se souvenant de Pavie, il refusa d'aborder l'ennemi en face, fit le vide devant lui, brûla

---

(1) Il tenait son nom de la reine Anne de Bretagne dont il était le filleul.

tous les villages et toutes les récoltes où l'Espagnol eût pu trouver quelque subsistance, et, par cette énergie barbare, força Charles-Quint à la retraite. Le roi l'en récompensa en 1538 en le créant connétable; une fois arrivé là, il exerça les fonctions de premier ministre; toutes les affaires venaient à lui, et son influence était énorme; le sultan même gagnait sa faveur en le comblant de cadeaux. Son orgueil naturel s'en accrut et devint bientôt insupportable. Il se plaisait à humilier tous les grands et s'acquit le renom de premier *rabroueur* de France. Se hasardait-on à le contredire, il ne ménageait pas les épithètes; ses adversaires étaient des sots, des veaux, des ânes (1). Homme d'État ou général, on ne voit pas briller chez lui une étincelle de génie; mais il avait une volonté tenace, une application pesante et continue qui, sous un roi mobile tel que François Ier, servit souvent à la bonne direction des affaires.

Avide et rapace, il n'aimait pas le gaspillage; il prit à cœur de protéger et d'enrichir tous les siens, en exigeant d'eux, toutefois, une activité semblable à celle qu'il était prêt à consacrer au service du roi. C'était le type de ces grands dignitaires dont la race devait disparaître sous Richelieu. Disgracié en 1540 pour avoir embrassé trop ouvertement le parti du dauphin (2), il sut mettre à profit son exil à Écouen en y construisant une demeure somptueuse. Nous le verrons plus tard

---

(1) Brantôme.
(2) On sait que les dernières années de François Ier virent éclater une lutte ouverte entre la duchesse d'Étampes, favorite du roi, et Diane de Poitiers, maîtresse du dauphin.

revenir aux affaires sous Henri II, exercer une influence néfaste, perdre la bataille de Saint-Quentin, négocier la paix désastreuse de Cateau-Cambrésis, et se placer avec Guise et Saint-André à la tête du fameux triumvirat. « Premier gentilhomme et baron chrétien de la France, » il devait être antipathique à la Réforme, dans laquelle il ne vit jamais qu'une révolte. C'est là ce qui le fit rompre ouvertement avec ses neveux, et c'est en combattant contre Coligny qu'il devait succomber à Saint-Denis. Sa piété était d'une espèce très originale. « Il ne manquait jamais à ses dévotions et à ses prières, dit Brantôme, car tous les matins, il ne faillait de dire et entretenir ses patenostres, soit qu'il ne bougeât du logis, soit qu'il montât à cheval et allât par les champs aux armées, parmi lesquelles on disait qu'il se fallait garder des patenostres de M. le connestable, car en les disant et marmottant lorsque les occasions se présentaient, comme force débordements et désordres y arrivent maintenant, il disait : « Allez-moi prendre un tel ; attachez » celui-là à cet arbre, faites passer celui-là par les » piques tout à cette heure, ou les arquebuses tout de- » vant moi ; taillez-moi en pièces tous ces marauds qui » ont voulu tenir ce clocher contre le roi ; brûlez-moi ce » village ; boutez-moi le feu partout à un quart de lieue » à la ronde ; » et ainsi tels ou semblables mots de justice et police de guerre proférait-il selon ses occurrences ; sans se débaucher (détourner) nullement de ses *pater*, jusqu'à ce qu'il les eût parachevés, pensant faire une grande erreur s'il les eût remis à une autre heure, tant il y était conscientieux. »

Ces lignes naïves nous font voir l'homme, et quel soudard féroce s'unissait chez lui au gentilhomme très chrétien. L'impitoyable cruauté avec laquelle il sévit contre les Bordelais qui, en 1548, avaient refusé de payer l'impôt sur le sel, nous ferait penser aujourd'hui à l'un de ces commissaires que la Convention chargeait de pacifier la province.

Anne de Montmorency était, nous l'avons dit, très attaché aux siens, protecteur naturel de tous ceux qui lui touchaient de près. Ses neveux sentirent de bonne heure les effets de sa bienveillance. En 1533, le pape, pour fêter le mariage de sa nièce Catherine de Médicis avec le futur dauphin, promit de créer en France quatre cardinaux; François Ier offrit l'un des chapeaux à Montmorency pour un membre de sa famille; Montmorency désigna son neveu Odet, alors à peine âgé de seize ans! Il fut revêtu de la pourpre le 7 novembre 1533. C'était ce qui s'appelle une vocation anticipée. La même année, il était nommé archevêque de Toulouse, prieur d'un grand nombre d'abbayes; deux ans plus tard, il était appelé à l'évêché de Beauvais, l'une des plus anciennes pairies ecclésiastiques du royaume. C'est ainsi que se répartissaient souvent alors les biens d'Église. A la même époque, Calvin, au sortir de l'enfance, était, en dépit de toutes les règles canoniques, pourvu d'un bénéfice à Noyon, de même qu'un siècle plus tard, Angélique Arnauld devenait abbesse de Port-Royal à douze ans. Ce furent ces abus mêmes qui souvent provoquèrent l'esprit de réforme chez ceux qui devaient en bénéficier.

Odet devenant homme d'Église, laissait à son frère

Gaspard la direction de la maison de Châtillon. Il lui céda même, ainsi qu'à d'Andelot, tous ses biens patrimoniaux.

Coligny avait un tempérament de soldat; pour se préparer à cette carrière, il s'imposa de rudes exercices, et, se sentant trop porté au sommeil, il prit l'habitude de se faire éveiller à toute heure de la nuit jusqu'à ce qu'il se sentît maître de son corps. Son précepteur était, nous l'avons dit, Nicolas Bérauld; son gouverneur, le sieur Guillaume de Prunelay (1). Lorsque Coligny se trouvait à Paris, il suivait les leçons de Tagliacarne et de Guillaume du Maine, précepteurs des enfants de France, et prenait part, souvent en compagnie du dauphin, à tous les exercices qui pouvaient former un chevalier.

Nous avons de lui une lettre latine qu'à l'âge de quinze ans il adressait de Paris à Bérauld (2). Il lui donne des nouvelles du conclave et de la cour : « Au milieu du doute et de l'anxiété qui planent sur toutes choses, le roi ne laisse pas abattre son courage; loin de là : comme si des espérances fondées l'animaient,

---

(1) Sandras de Courtils, qui a emprunté aux traditions de famille des Châtillons plusieurs détails, dit que Bérauld avait le parler fort lent, que Prunelay avait d'ordinaire un cure-dent à la bouche et que Coligny les imita sur ces deux points. Ce dernier détail est confirmé par un proverbe longtemps courant dans le Midi. Si les protestants disaient qu'il fallait se méfier des patenôtres du connétable, les catholiques répondaient qu'il fallait se méfier du cure-dent de l'amiral. Le mot est encore connu aujourd'hui. Brantôme l'avait cité sous une autre forme et comme déjà courant de son temps : « Dieu nous garde de la douce façon et gentille du prince » de Condé et de l'esprit et du cure-dent de l'amiral. » Brantôme, édition Lalanne (t. IV, p. 339).

(2) Herminjard, *Correspondance des réformateurs*, t. III, p. 219; voyez la traduction de M. Delaborde (t. I*er*, p. 33).

il s'adonne, chaque jour, à la chasse et fatigue des cerfs à la course ou atteint de ses coups des sangliers pris dans les rets, » et, à côté de ces lignes où l'on sent l'amplification de l'écolier de bonne maison, on voit quels étaient les sujets de ses études : « Je me livre parfois au même exercice, mais la majeure partie de mon temps est consacrée à la lecture de Cicéron et à l'étude des tables de Ptolémée, sous du Maine, qui, adoptant une autre méthode que Tagliacarne, y a joint la cosmographie, surtout dans la partie relative à la longitude et à la latitude des lieux, avec addition de méridiens et de parallèles. » Déjà se montrent chez lui l'application sérieuse au travail et l'esprit d'observation.

Cela ne l'empêchait point de se livrer avec fougue aux jeux de son âge; son frère d'Andelot était son compagnon de toutes les heures, et dès lors se noua entre eux cette étroite amitié qui les unit toute leur vie (1).

Parmi ceux avec lesquels il se lie le plus dès son adolescence, il faut noter François de Guise, né un jour après lui, et qui devait devenir son plus implacable ennemi : « Ils furent tous deux en leurs jeunes ans, dit Brantôme, si grands compagnons, amis et confédérés de court que j'ai ouï-dire à plusieurs qui les ont vus s'habiller le plus souvent de mêmes parures, mêmes livrées, être de même partie en tournois,

---

(1) Voir à l'*Appendice* A un trait curieux de la jeunesse de Coligny, cité par Sandras de Courtils, et que nous ne citons que sous le bénéfice des réserves que, dans notre Préface, nous avons faites au sujet de cet auteur.

combats de plaisir, courements de bagues, mascarades et autres passements et jeux de court, tous deux fort enjoués et faisant des folies plus extravagantes que tous les autres, et surtout ne faisaient nulle folie qu'ils ne fissent mal, tant ils étaient rudes joueurs et malheureux en leurs jeux. »

Cette sève exubérante, cette effervescence de vie et de jeunesse, Coligny sut les contenir et les transformer en virile énergie. Avec une volonté moins ferme que la sienne, elles l'eussent aisément entraîné à la dérive dans cette cour frivole où régnaient les favorites et où fondaient les caractères. C'est merveille qu'il y soit resté debout, dur à la peine, se formant avec une application tenace au rude métier de soldat, gardant sa vie pure et cette loyauté proverbiale qui sera l'une de ses meilleures forces; tout jeune, il obtient déjà le respect qui le suivra jusqu'au bout.

L'époque était dangereuse. La France, depuis trente ans, subissait le contact enivrant de l'Italie; toute cette noblesse, qui laissait les vieux manoirs féodaux pour les brillantes expéditions au delà des Alpes, y trouvait les mœurs de la Renaissance, elle respirait cette atmosphère enfiévrée du souffle du paganisme retrouvé. A Rome, elle voyait des cardinaux beaux esprits qui se raillaient de la pauvreté littéraire de l'Évangile et du style barbare de saint Paul, des prêtres qui lisaient Arétin et Boccace, des papes qui faisaient représenter au Vatican la *Mandragore* de Machiavel. Elle rapportait de là les visions des arts enchanteurs; de retour en France, elle renversait les tristes donjons gothiques pour élever des demeures gracieuses à l'imitation des merveilles féeriques de Chenonceaux et de Chambord. On se passionnait pour la peinture et la musique; François Ier dépensait des sommes énormes pour les chanteurs de sa chapelle. La mode était aux brillants costumes, aux magnifiques processions de fêtes, aux étoffes de soie, de brocart et de velours. C'était comme une réaction violente contre le régime utilitaire et de lourde prose, contre la bureaucratie bourgeoise qu'avait inaugurée Louis XI lorsqu'il parcourait les provinces avec sa casquette de loutre et son justaucorps de drap gris.

Cependant, le scepticisme italien n'avait point encore pénétré les âmes; Machiavel, dont *le Prince* ne fut imprimé qu'en 1531, n'exerça une influence réelle que vers le milieu du siècle, lorsque Catherine de Médicis eut appelé auprès d'elle ses favoris italiens. La France de 1530 a des élans chevaleresques. Au type sinistre et froidement criminel de César Borgia, elle peut opposer l'admirable figure de Bayard. Le danger pour elle était bien plutôt dans la volupté. Ce n'était plus la licence grossière et rieuse des vieux fabliaux gaulois, cette affirmation naïve de gaieté sensuelle que le moyen âge avait toujours opposée à l'austérité monacale. C'était comme une forte poussée de corruption raffinée, de curiosité malsaine qui troublait les esprits et remuait les cœurs. La cour donnait l'exemple. En vain des âmes élevées, telles que Marguerite, la sœur du roi, cherchaient à détourner le courant, à lui donner une direction spirituelle et mystique, mêlant, comme elle le fait dans ses contes, à la liberté du récit l'ingénieuse leçon morale, essayant de faire renaître la passion fidèle des vieux romans de chevalerie et des cours d'amour des trouvères; toutes ces barrières gracieuses et légères étaient emportées par un épais courant de passion sensuelle; François Ier, comme l'observe Michelet, offre en ses portraits la marque de cette progression du siècle; au début, c'est le chevalier galant et noble encore; puis, peu à peu, la figure s'épaissit en une laideur qui repousse; l'œil s'éteint sous les boursouflures du visage, l'esprit est comme envahi par la chair; ainsi va descendre la génération qui suit, jusqu'à offrir cette galerie de modèles que Brantôme reproduira avec la verve insouciante et le libre et facile pinceau d'un chroniqueur chez lequel le crime et l'infamie même ne soulèvent pas un élan de tristesse ou d'indignation.

La réaction pourtant se faisait déjà, et, chez beaucoup d'esprits, avant d'être religieuse et doctrinale, elle s'annonçait dans une protestation morale, inconsciente, mais énergique. Coligny, d'Andelot son frère, leur mère, leurs sœurs, et autour d'eux tant d'autres que nous pourrions nommer, ne connaissaient que vaguement encore les doctrines réformées; vers 1540, c'est à peine si l'on citerait plus d'un ou deux gentilshommes gagnés aux croyances protestantes, et cependant un souffle nouveau fortifiait les consciences. Il sembla un moment que cette renaissance morale allait s'étendre, germer et s'épanouir sous l'influence d'une clémente atmosphère; on put croire à l'avenir d'une Réforme française. Tous les historiens ont signalé cette heure unique où François Ier, inspiré par sa sœur, tint résolument tête à la Sorbonne, et défendit contre elle le grec et l'hébreu, « ces langues hérétiques, » où les grands seigneurs et les grandes dames chantaient les psaumes sous les allées du Pré-aux-Clercs. Mais ce ne fut qu'une courte accalmie. Que serait devenue la France, accomplissant, sous l'impulsion de son libre génie, sa rénovation religieuse? Vers quelles grandes destinées aurait-elle marché? A cette question répond la sinistre réalité de cette répression implacable qui, des premiers supplices des luthériens de Meaux jusqu'aux saturnales de la Ligue, arrêta l'essor des pensées nouvelles, imposa aux esprits, par le fer et le feu, l'unité si chère aux races latines, faillit faire de la France une seconde Espagne et remplaça chez les réformés eux-mêmes l'ardeur expansive et généreuse par cette attitude souvent raide, sévère et puritaine qu'on leur a trop cruellement reprochée, comme si l'âme pouvait s'épanouir et donner ses parfums et ses fleurs au souffle âpre de la persécution.

A l'heure où Coligny grandissait, la répression sévissait déjà partout. Au retour des fêtes de Chambord ou de Fontainebleau, en sortant des réceptions royales du Louvre, on voyait parfois et de plus en plus, sur la place de Grève ou dans le carrefour Maubert, se dresser des bûchers où montaient des hommes et des femmes du peuple; c'étaient des suppliciés d'un nouveau genre; graves et joyeux pourtant! On les entendait chanter avec enthousiasme des vers inconnus que tous répétaient en chœur; la foule écoutait. C'était un appel au Dieu de justice, c'était la confiance sublime du cœur qui s'attend à lui, c'étaient des accents d'espérance éternelle. La flamme montait; les martyrs, écartant le crucifix que leur présentait le prêtre, tournaient les yeux vers le ciel; les voix s'éteignaient l'une après l'autre, et quand le peuple se dispersait, plus d'un de ceux qui avaient crié avec les autres : Mort aux luthériens ! mort aux hérétiques ! s'en allait pensif, en songeant que quelque chose de grand se préparait.

CHAPITRE II

Coligny fait ses premières armes.
— Campagnes de 1542 et 1543. — Cérisoles. — Paix de Crépy.
— Siège de Boulogne. — Rôle de Coligny dans l'attaque de l'île
de Wight. — Mort de François Ier. — Avènement de Henri II.
— Faveur croissante du connétable. — François de Guise
et le cardinal de Lorraine. — Avancement de Coligny et
de son frère d'Andelot. — Mariage de Coligny avec Charlotte
de Laval.

Coligny fit ses premières armes en 1542 ; c'était au lendemain de la disgrâce de son oncle le connétable; sa protection lui manquant, il devait faire son chemin par lui-même. Comme il le disait, la vie de la cour l'attirait peu, et il « s'allait promener ordinairement là où il y avait des coups à donner (1). »

La campagne de Luxembourg de 1542 est l'un des nombreux épisodes de l'interminable duel entre Charles-Quint et François Ier. Ce dernier avait pris en cette occasion une vigoureuse initiative. Attaquant les Espagnols par le nord et le midi, il avait confié l'armée du nord à son fils le duc d'Orléans, mais le commandement appartenait en réalité à Claude de Lorraine, duc de Guise, général habile et vrai fondateur de la gloire de sa maison. C'est sous ses ordres que combattirent

(1) Brantôme, édit. Lalanne (t. IV, p. 316).

Coligny et d'Andelot. En quelques semaines, Damvillers, Yvoi, Arlon et Luxembourg furent enlevés par les Français, aidés du duc de Gueldre (1).

A la prise de Montmédy, qui eut lieu peu après, Coligny fut blessé d'un coup de mousquet, ce qui ne l'empêcha pas, à peine guéri, de reprendre les armes. Les fruits de cette campagne furent malheureusement assez vite perdus par la légèreté du duc d'Orléans, qui laissa là son armée, préférant rejoindre l'armée du Midi, où il espérait livrer « plus grande bataille ».

L'année suivante (1543), c'est encore François Ier qui prit l'initiative de l'attaque, sans s'inquiéter du redoutable appui que Henri VIII d'Angleterre apportait aux Impériaux. Charles-Quint avait repris Luxembourg ; la principale action s'engagea en Flandre, et Coligny se signala au siège de Binche, où il fut grièvement blessé, et à la défense de Landrecies. L'issue de la campagne resta indécise.

En 1544, la lutte contre les Espagnols s'engagea avec vigueur en Italie, où le roi avait envoyé le jeune comte d'Enghien ; les vieux généraux du roi, encore sous le coup des défaites de Pavie et de La Bicoque, étaient d'avis de temporiser ; les Espagnols se moquaient ouvertement de leur prudence. Enghien envoya Blaise de Montluc au roi pour obtenir de lui « congé de livrer bataille ». Le Gascon, aussi éloquent messager que brave soldat, s'acquitta si bien de sa tâche que le roi se laissa persuader. Dès qu'on sut qu'il y aurait bataille, plus de cent jeunes gentilshommes des premières

---

(1) A la prise d'Arlon se passa un fait qui, s'il est authentique, montre quelle était la force morale de Coligny. Voir *Appendice* B.

maisons de France partirent par la poste pour rejoindre Enghien; ils lui offrirent de l'argent pour retenir ses mercenaires qui, selon leur coutume, la veille du combat, menaçaient toujours de partir. Coligny et d'Andelot étaient accourus avec les autres et obtinrent de combattre sous la cornette du général en chef.

On rencontra les Espagnols à Cérisoles, le lundi de Pâques 14 avril, au matin; Enghien, avec sa cavalerie, enfonça tout ce qu'il rencontra devant lui; mais il crut un moment que le reste de son armée était défait, et allait se donner la mort lorsqu'on vint lui annoncer que les Gascons et les Suisses avaient, de leur côté, écrasé les Espagnols et les Italiens qui leur étaient opposés. La perte des Impériaux fut énorme; depuis Marignan, la France n'avait pas remporté une plus brillante victoire; malheureusement, comme en tant d'autres occasions, François Ier ne sut pas la mettre à profit; Enghien fut bientôt rappelé; les Impériaux se remirent de leur émoi, et leur général offrit de signer une trêve qui termina la campagne. Avant cela, Coligny et son frère avaient contribué puissamment à la prise de Carignan. Comme leurs soldats hésitaient, Coligny saisit son drapeau, le jeta dans la contrescarpe et obligea les siens à le suivre pour l'aller chercher. L'affaire fut si brillante que le roi, bien qu'il fût alors brouillé avec le connétable, n'hésita pas à remercier publiquement les Châtillons.

C'était l'imprévoyance de François Ier qui faisait avorter cette victoire. Il avait contre lui l'empereur et le roi d'Angleterre; ceux-ci l'attaquaient par le nord, et c'était pour leur faire face qu'il rappelait ses troupes d'Italie. Charles-Quint avait obtenu pour la première fois l'appui de tout le corps germanique contre la France, tant était grande la répulsion qu'avait produite l'alliance de François avec les Turcs. Henri VIII débarqua avec trente mille Anglais, auxquels se joignirent vingt-cinq mille Néerlandais. Il vint mettre le siège devant Boulogne. Pendant ce temps, Charles pénétrait en Champagne avec une cinquantaine de mille hommes. La petite ville de Saint-Dizier, par une résistance héroïque, arrêta les Allemands pendant quarante jours; elle se rendit le 17 août 1544. Charles-Quint s'avança jusqu'à Château-Thierry. La panique s'empara des Parisiens; mais François Ier, quoique déjà malade et languissant, retrouva quelque chose de son ancienne énergie, et Charles, devant la résistance qu'il rencontra, préféra traiter avec le roi. La paix fut conclue, le 18 septembre, à Crépy-en-Laonnais, malgré la protestation du dauphin, qui avait espéré se couvrir de gloire dans cette campagne. Coligny avait pris part à cette expédition en qualité de colonel, et s'était fait remarquer par la discipline rigide qu'il avait introduite dans son corps d'armée.

Cependant, Henri VIII continuait le siège de Boulogne, qu'une capitulation inattendue lui livra vers la fin de l'année. François se décida à tourner tous ses efforts contre les Anglais. Pendant l'hiver de 1545, on augmenta les impôts d'un quart; on leva des troupes nouvelles; on appela la flotte de la Méditerranée, à laquelle on joignit les plus forts navires marchands de Bordeaux, de La Rochelle, de la Bretagne, de la Normandie, de la Picardie. L'armée de mer fut confiée à l'amiral d'Annebaut; il devait débarquer en Angleterre, où le rejoindraient les Écossais.

La flotte française se dirigea sur l'île de Wight et provoqua vainement les Anglais au combat. Coligny commandait une galère; il cingla sur l'ennemi et le canonna; mais Pierre Strozzi, qui aurait dû l'appuyer, resta en arrière et compromit l'attaque par sa pusillanimité. Coligny le lui reprocha avec une extrême vivacité, déclarant que, « quant à lui, il aimerait mieux être mort que d'avoir fait cela » (1). C'est la première et seule occasion dans laquelle Coligny ait commandé sur mer, et l'on voit avec quelle énergie il s'acquitta de sa tâche. Annebaut renonça au débarquement et regagna la France vers le milieu d'août. Ainsi se termina cette expédition qui n'eut guère d'autre résultat que de montrer que, si la France était capable d'avoir une marine, elle ne savait pas encore en tirer parti.

On se décida alors à reprendre Boulogne; le maréchal du Biez commandait le siège; mais il s'y prit mal et perdit son temps à la construction d'un fort à Outreau, localité trop éloignée de la mer pour que le feu du fort empêchât les navires anglais de ravitailler la ville; un ingénieur italien, Melloni, engloutit là vainement des sommes énormes. Le siège n'avançait pas.

Coligny assistait au siège et livrait de fréquentes escarmouches aux Anglais. Dans une de ces rencontres, François de Guise reçut un coup de lance qui

---

(1) Voir cette relation tout entière dans Delaborde, t. Ier appendice XIV M. Delaborde est le premier qui ait mentionné ce fait.

entra dans la tête de près d'un demi-pied au-dessous de l'œil droit. Il fut guéri par l'habileté d'Ambroise Paré, dont la réputation commençait.

Henri VIII se fatiguait de cette longue campagne; il fit à François des propositions que celui-ci accueillit avec empressement. On conclut, le 7 juin 1546, un traité en vertu duquel la France recouvrerait Boulogne au bout de huit ans, moyennant le payement de 2 millions d'écus d'or. Il était entendu que des deux parts on ne pourrait commencer de nouvelles fortifications dans le comté du Boulonais; mais cette stipulation était annulée en fait par la permission accordée à chacun « de terminer et parfaire les retranchements ou fortifications qui auraient été déjà commencés. »

Au moment où la paix fut signée, Coligny était âgé de vingt-sept ans. On trouve, dans la correspondance de Catherine de Médicis (1), une lettre qui indique qu'à cette époque il fit ou projeta du moins un voyage en Italie. « Mon cousin, écrit Catherine à Cosme, duc de Florence, sous la date du 28 septembre 1546, les sieurs de Châtillon et Dandelot, frères, gentilshommes de la chambre du roy mon seigneur et autres de leur compagnie, ont entrepris de faire un voyage, pour ce que surtout ils ont désir de voir votre ville de Florence et les antiquités qui y sont. Je vous prie, mon cousin, leur faire bon accueil, à ma considération, et prierai le Créateur vous donner ce que vous désirez. » Aucun

---

(1) *Lettres de Catherine de Médicis* publiées par M. le comte Hector de La Ferrière. (Paris, Imprimerie nationale, 1880, t. Ier, 1533-1565.) Nous utiliserons souvent ce précieux recueil, qui contient un millier de lettres dont un grand nombre étaient jusqu'ici inédites.

historien n'a, que nous sachions, fait allusion à ce voyage, et il nous est impossible de savoir s'il est resté à l'état de projet.

Cependant, François Ier se mourait, à l'âge de cinquante-trois ans, emporté par une maladie terrible. Ses dernières années avaient été attristées par la perte de son fils de prédilection et par l'effroyable tragédie de Cabrières et de Mérindol, où trois mille paysans avaient été égorgés sous l'accusation d'hérésie. Le roi avait vu mourir sous ses yeux, par un accident dont la cause demeura inexplicable, le jeune comte d'Enghien, le brillant vainqueur de Cérisoles, qu'il aimait à opposer aux Guises, dont l'ambition commençait à l'inquiéter; il savait que son fils Henri se réjouissait de sa fin et s'était même amusé, dans un repas, à distribuer par avance à ses favoris les principales charges du royaume (1); le 28 janvier 1547, il apprit la mort de son ancien rival Henri VIII, qui lui sembla un présage de la sienne. Le 31 mars, il succombait lui-même à Rambouillet. Son agonie ne fut pas même respectée. « Il s'en va, il s'en va, le galant, » disait François de Guise. Henri eut peine à cacher sa joie aux obsèques de son père. Triste fin d'un règne dont les débuts avaient été entourés d'une si brillante auréole. Par sa légèreté morale, François Ier s'était montré incapable de remplir la magnifique destinée qui semblait l'attendre. Cependant, les malheurs et les hontes dans lesquels ses enfants devaient entraîner la France ont rendu la postérité indulgente envers sa mé-

---

(1) *Mémoires* de Vieilleville.

moire; les huguenots, pour lesquels il fut impitoyable, n'ont pu oublier les services qu'il avait rendus à la science et aux lettres, et Théodore de Bèze a placé son image dans ses *Icones,* en rappelant « qu'il avait chassé du monde la barbarie et ouvert les portes de l'édifice nouveau. »

Un des premiers actes de Henri II fut de rappeler aux affaires le connétable Anne de Montmorency; mais, en même temps, il s'entourait étroitement des Guises, qui avaient toujours habilement ménagé la toute-puissante maîtresse du roi, Diane de Poitiers. Ce fut Charles de Lorraine qui le sacra roi le 26 juillet 1547 et obtint en récompense le chapeau de cardinal (1). « Je ne puis, écrivait en cette circonstance à Diane de Poitiers cet habile personnage, me garder de vous remercier encore de la particulière grâce que vous m'avez faite et du singulier contentement que j'en ai, me mettant à peine de vous pouvoir de plus en plus servir et *ayant bon espoir d'en recueillir bon fruit, non moins pour vous que pour moi,* ne pouvant dorénavant être autre mon intérêt que le vôtre (2). »

Quelque temps après, Charles de Lorraine se rendait à Rome. Rien n'est plus curieux que de voir, chez ce prélat de vingt-trois ans, percer les ambitions les plus hardies. Il ne craint pas de proposer au pape Paul III un projet qui, repris dix ans plus tard, devait coûter bien cher à la France. Il rêve de former une ligue

---

(1) Il porta le titre de cardinal de Guise jusqu'à la mort de son oncle, Jean, cardinal de Lorraine.

(2) *Bulletin de la Société d'histoire du protestantisme français* (t. IX, page 216).

entre la papauté et la France contre l'Espagne ; il cherche à exciter le vieux pontife en lui parlant des grands papes qui ont autrefois résisté aux empereurs. Oubliant qu'il est catholique et prêtre, il conseille résolument l'appel aux Turcs. Enfin, écrivant de Rome au roi, il donne à entendre qu'on pourrait conquérir le royaume de Naples et laisse échapper cette phrase où se trahit déjà la pensée secrète des Guises. « Ils me disent que si vous ne voulez entendre à cette entreprise, que vous m'avouiez ou l'un de mes frères, qu'ils me bailleront gens et argent, et me mettront dans ledit royaume *pour le bailler à un de mes frères* (1). »

Charles de Lorraine n'arrêtait pas même là son ambition ; il demandait au roi d'user de son influence pour assurer la tiare à son oncle Jean, après la mort de Paul III. Il utilisait le même voyage pour préparer le mariage de son frère François avec Anne d'Este, la fille du duc de Ferrare.

Les ambitieux se devinent et se rapprochent. A Rome, Ignace de Loyola vit Charles de Lorraine ; à l'instant, il comprit quel auxiliaire il pourrait trouver dans cet archevêque à la conscience large, chez lequel tout annonçait l'homme de proie ; sans hésiter il lui demanda de se faire le protecteur de son ordre en France, demande qui fut agréée « avec une affection vraiment cordiale » (2).

François de Guise, de son côté, ne restait pas en

---

(1) Bouillé, *Hist. des ducs de Guise* (t. Ier, p. 179). Ce n'est donc pas le cardinal Carafa qui suggéra le premier, comme on l'a trop souvent écrit, cette conquête aux Guises, en 1557 ; le projet leur appartient en propre.

(2) Bouillé. *Hist. des ducs de Guise* (t. Ier, p. 178).

arrière. Ce cadet de la maison de Lorraine nourrissait les plus vastes espérances. Chef militaire de premier ordre, il devait rendre à la France des services éminents. L'Aubespine, dans son histoire de Henri II, a dit que c'est l'ambition de son frère qui l'a perdu. Le jugement est vrai en partie; car François avait des pensées généreuses et des élans de magnanimité que le cardinal de Lorraine ne connut jamais, mais leurs deux ambitions se valent. François aspire dès le premier jour à tenir en France une place souveraine. Ses moindres actes y visent. Au lendemain du fameux duel de Jarnac, il fait élever un tombeau magnifique à Vivonne. Lisez l'inscription. Vous y voyez « qu'un grand prince *français* l'a érigé ». La noblesse proteste; mais le roi laisse faire, et le titre est acquis. De même avec le nom d'Anjou, qui lui donnait des droits éventuels sur Naples. Il parvient à le glisser dans son contrat de mariage, malgré les observations des légistes. Son frère à Rome se laisse également appeler cardinal d'Anjou (1).

Dans le Dauphiné, dont il est gouverneur, il signe souvent ses édits « François » tout court, comme s'il eût été roi; il se sert parfois de sceaux d'or, ce que le

---

(1) M. de Bouillé, dans son *Histoire des ducs de Guise*, affirme que François Ier, par son imprudence, avait contribué à grossir cette ambition. En érigeant en duché-pairie le marquisat de Claude de Lorraine, père des deux Guises, par lettres patentes de 1544, il y avait laissé insérer un considérant portant que « notre dit cousin duc de Guise est de » la maison de Lorraine, *descendu par femme et alliance de la maison* » *d'Anjou et de nos prédécesseurs rois de France.* » Ces lettres ne furent enregistrées que le 8 mai 1553, par conséquent sous Henri II, qui n'objecta rien. Le fait affirmé par M. de Bouillé doit être exact, mais il y a erreur sur les dates; c'est en 1527 que fut érigé le duché-pairie de Guise.

roi seul pouvait faire; il porte l'épée dans le parlement et obtient la préséance sur les princes du sang (1). Soit manque d'intelligence, soit plutôt faiblesse, Henri II ne se plaignait pas.

On pouvait prévoir ce qu'allait produire l'alliance de ces deux ambitions jeunes, insatiables, et qu'aucun scrupule n'arrêta jamais (2).

François de Guise, pour resserrer les liens qui l'unissaient à Diane, voulut que son frère Claude épousât l'une des filles de la duchesse de Valentinois. Il eut la maladresse de consulter sur ce point Coligny. « Celui-ci lui fit réponse qu'il estimait plus un peu de bonne réputation que beaucoup de richesses; ce qui fut fort désagréable aux deux frères (3). » C'était là de ces paroles qui ne s'oublient plus, et quoique Brantôme affirme que le différend qui s'éleva entre Guise et Coligny à ce sujet dura peu et qu'ils « furent amis comme devant », il est permis de douter de la sincérité de cette réconciliation.

Coligny et son frère d'Andelot ne tardèrent pas à sentir les effets de la protection du connétable; l'un et l'autre avaient été nommés gentilshommes ordinaires de la chambre du roi. D'Andelot fut envoyé auprès de

---

(1) La préséance des princes du sang ne fut définitivement fixée que par un édit de Henri III, rendu à Blois en 1576.

(2) Citons ici un trait où l'ambition du cardinal se peint au naturel. François de Guise venait d'avoir une fille. Le cardinal l'en félicite, et il ajoute : « *Cette fille, si Dieu plaît, nous fera une bonne alliance... Par ainsi, si nous savons bien jouer nos rôles, nous aurons à choisir, et si aurons du temps pour y penser.* » *Mémoires-journaux du duc de Guise,* publiés pr A. Champollion.

(3) *Vita Colonii,* 1575.

Charles-Quint pour le remercier du message par lequel il avait félicité Henri II au sujet de son avènement. Coligny fut, le 29 avril 1547, nommé « colonel et capitaine général de toutes les bandes de gens de pied français. » L'importance extrême que prenait l'infanterie à cette époque fait mesurer la grandeur de la tâche qui était confiée à un capitaine de vingt-huit ans. Coligny eut bientôt l'occasion de montrer qu'il était à la hauteur de ses nouvelles fonctions.

L'élévation de sa fortune ne changea rien d'ailleurs à la gravité de sa vie (1). C'est à cette époque qu'il songea à se marier.

Sa mère, Louise de Montmorency, venait de mourir le 12 juin 1547 (2). Le connétable avait recueilli auprès de lui, à Chantilly, Charlotte, fille de Guy, comte de Laval. Ce dernier s'était marié trois fois : sa première femme était fille du roi d'Aragon ; la seconde était sœur du connétable ; la troisième, la mère de Charlotte, était Antoinette de Daillon. La jeune enfant, devenue bientôt

---

(1) Voir à l'*Appendice* C des détails très curieux sur la vie qu'il menait alors aux camps et à la cour.

(2) Les paroles suivantes, extraites d'une épître adressée par Michel de L'Hospital à Odet, montrent en quelle estime Louise de Montmorency était universellement tenue : « Combien ta mère a été heureuse ! Elle pouvait sans crainte descendre dans les replis de sa conscience ou regarder autour d'elle. Sa vie, avant et après son mariage, avait été à l'abri de tout soupçon ; elle avait épousé un homme qui, placé souvent à la tête des armées, remporta sur les ennemis de la France de nombreuses victoires ; elle avait donné le jour à des enfants dignes de sa beauté, les avait nourris de son lait et les voyait dans la force de l'âge. Après avoir accompli tous ses devoirs de mère, elle s'enorgueillissait, dans ses enfants et petits-enfants, d'une postérité plus parfaite encore qu'elle ne l'avait rêvée ; arrivée à un grand âge, avec la plénitude de ses facultés, confiante dans une vie meilleure, elle est montée au ciel. » (*Poésies* de Michel de L'Hospital, trad. de Delaborde, t. Ier, p. 56.)

orpheline, avait été élevée à Chantilly à partir de 1540, et Coligny avait pu apprendre longuement à la connaître. Leur mariage fut célébré à Fontainebleau le 16 octobre 1547. Peu de temps après, d'Andelot épousa Claude de Rieux, nièce de Charlotte de Laval, ce qui contribua encore à resserrer les liens qui unissaient les deux frères.

CHAPITRE III

Coligny devant Boulogne.
— Les ordonnances de M. de Châtillon. — Prise de Boulogne.
— Coligny se rend à Londres pour la signature du traité de paix. — Le prince de Condé épouse Éléonore de Roye, nièce de Coligny. — Ce dernier est nommé gouverneur de Paris et de l'Ile-de-France.

Coligny fut bientôt rappelé à son poste devant Boulogne. Nous avons dit comment le traité conclu avec les Anglais pouvait donner lieu à des équivoques. Il était convenu que les deux armées en présence pouvaient agrandir leurs fortifications, mais qu'il leur était interdit d'en élever de nouvelles; c'était une contradiction dans les termes. Les Anglais n'avaient pas manqué de se mettre à l'œuvre et de construire un vrai fort nouveau à l'entrée même du port; là-dessus plaintes inutiles de Coligny. Le roi perdit patience. Après être venu en personne visiter le camp français, il commanda à Coligny, par lettre en date du 19 mai 1548, de faire construire les forts nécessaires à empêcher le ravitaillement de la ville; Coligny prit immédiatement ses mesures, rassembla 6,000 pionniers et, avec une grande sagacité, décida d'élever un vaste terrassement sur une langue de terre qui faisait face à l'entrée même du port. Deux mois plus tard, le fort était achevé et garni d'artillerie; on lui donna le nom de fort de Châtillon.

En même temps qu'il exécutait ces travaux, Coligny s'occupait activement de la discipline de ses troupes; il rédigeait et mettait en pratique dans son corps d'armée les fameuses *Ordonnances* qui, trois ans plus tard, devaient être appliquées à toute la France.

Ces ordonnances formaient comme un code nouveau destiné à protéger les populations contre la licence des soudards : « C'est lui, dit Brantôme, qui a réglé et policé toute l'infanterie par ces belles ordonnances que nous avons de lui... Elles ont été les plus belles et politiques qui furent jamais faites en France. Et crois que, depuis qu'elles ont été faites, les vies d'un million de personnes ont été conservées et autant de leurs biens et facultés; car, auparavant, ce n'était que pilleries, voleries, briganderies, rançonnements, meurtres et paillardises parmi les bandes, si bien qu'elles ressemblaient plutôt à des compagnies d'Arabes et de brigands qu'à de nobles soldats (1). »

Un examen rapide de ces ordonnances nous montre à quels désordres Coligny s'était efforcé de porter remède.

Il s'agit, par exemple, d'assurer les engagements à terme fixe, d'empêcher les désertions, d'enjoindre l'obéissance immédiate; la punition est sévère; souvent elle est toute morale. Ainsi dans l'article suivant :

« Le soldat qui, sans légitime occasion, dira injure

---

(1) M. de Chastillon, dans les *Couronnels français*.

qui touche à l'honneur d'un autre, ladite injure et honte retournera à lui-même et lui sera déclarée devant toutes les compagnies. »

Et dans cet autre encore :

« Le soldat qui, sans juste occasion, démentira un autre sera mis en place publique et, enseignes déployées et tête nue, demandera pardon au colonel et à celui qu'il aura démenti. »

Le viol, le pillage étaient interdits sous peine d'étranglement; tel article témoigne de l'austérité du rédacteur.

« Le soldat qui blasphémera le nom de Dieu en vain sera mis en place publique, au carcan, par trois divers jours, trois heures à chacune fois, et à la fin d'iceux, la tête nue, demandera pardon à Dieu. » En lisant ces lignes, on pressent déjà le futur huguenot.

Brantôme raconte comment Coligny appliquait ces ordonnances et réussissait à dompter la licence de ses troupes.

Il y fallut une fermeté souvent impitoyable (1); mais la rigueur seule n'y aurait pas suffi : « Ses gens d'armes, dit-il, n'étaient ni ses sujets et vassaux, ni ses stipendiés, ni ses mercenaires, et toutefois, quand ils étaient en sa présence, un seul petit mot de courroux les étonnait, et, en son absence, son seul signet leur faisait faire ce qu'il voulait, tant il avait pris

(1) Au siège même de Boulogne, il dut, dit Brantôme, apprendre aux Anglais un proverbe : « *A cruel, cruel et demi ou du tout.* » Les Anglais tuaient tous les prisonniers, exposaient leurs têtes sur des piques. Coligny leur rendit la pareille « et leur en fit de même, voire pis; si bien qu'ils vinrent aux requêtes et à demander la bonne guerre qui leur fut octroyée à la mode de Piémont entre Français et Impériaux. »

une habitude de leur impérier qu'il semblait qu'elle lui fût née et que ses partisans la lui dussent. Pour quant aux soldats et autre menu peuple des siens, s'ils délinquaient par trop, il les savait bien châtier..... et de tous, tant qu'ils étaient, il était très aimé et honoré, que quand ils avaient une parole de privauté de lui, ils s'en tenaient aussi contents comme s'ils l'eussent eue du roi (1). »

Le siège cependant traînait en longueur; le 6 septembre 1549, le roi nomma Coligny son lieutenant général en Boulonais. Disposant alors de toutes les ressources qui lui étaient nécessaires, Coligny put serrer de plus près la ville et fermer le port à tout navire ennemi. Vers la fin de septembre, les Anglais commencèrent à parler de reddition; les négociations durèrent pendant quelques mois; enfin, le 19 février 1550, les plénipotentiaires français et anglais s'assemblèrent au fort d'Outreau (2). On arrêta les conditions de la cession de Boulogne moyennant le payement par la France d'une somme de quatre cent mille écus; d'Andelot porta au roi le texte du traité, qui fut approuvé par lui le 19 mars. Henri II chargea Coligny, du Mortier et Bochetel de passer en Angleterre « porter sa ratification et recevoir celle du roi et l'acte de son serment. »

Le 25 avril, les Français pénétraient dans Boulogne. Henri y fit lui-même son entrée solennelle le

---

(1) *Hommes illustres et grands capitaines français.* M. de Chastillon.
(2) On peut voir dans une lettre de Paget à lord Warwick avec quelle hauteur Rochepot traita les envoyés anglais. (Fronde, *History of England,* tome V.)

15 mai. C'était un grand succès. Souvent les Anglais avaient appris à connaître à leurs dépens l'impétuosité française ; cette fois, ils rencontraient chez leurs ennemis une ténacité et une résistance qui semblaient jusque-là n'appartenir qu'à eux.

Pendant que Henri II prenait possession de Boulogne, ses envoyés se rendaient à Londres, où ils reçurent le meilleur accueil. Trois navires anglais vinrent à leur rencontre à l'embouchure de la Tamise ; le lendemain de leur arrivée, ils furent reçus par Édouard VI, qui voulut les inviter à sa table. Le jeune roi n'avait que douze ans, mais il montrait déjà une très vive intelligence, un esprit sérieux, et charmait tous ceux qui l'approchaient par son aménité. Ses conseillers poursuivaient avec ardeur l'œuvre de réforme religieuse entreprise par son père, et les plénipotentiaires français purent assister au nouveau service anglican, célébré en langue vulgaire, et à l'issue duquel le roi prêta publiquement serment d'observer le traité de paix. Coligny semble avoir été attiré par la gracieuse et pure figure de ce prince, presque enfant, qui, placé sur le trône d'Angleterre, entre le rude et violent Henri VIII et Marie la Sanguinaire, se détache comme une apparition touchante sur le fond troublé d'une des plus sombres époques de l'histoire.

La prise de Boulogne avait mis la personne de Coligny en un éclatant relief. Son oncle, le connétable, crut devoir demander pour lui au roi le gouvernement du Piémont ; mais l'influence plus puissante de Diane de Poitiers l'emporta, et Brissac y fut nommé. C'était d'ailleurs un heureux choix.

La faveur dont Coligny jouissait ne faisait que s'accroître. On le vit bien par les termes flatteurs dont le roi usa en parlant de lui dans une circulaire en date du 20 mars 1551, qui ordonnait d'appliquer à toute l'armée les fameuses ordonnances dont nous avons donné une idée.

Trois mois plus tard, sa nièce, Éléonore de Roye, contractait une brillante alliance avec l'un des premiers princes du sang, Louis de Bourbon, prince de Condé et frère puîné d'Antoine de Bourbon, alors gouverneur de Picardie et qui allait devenir roi de Navarre. Mais cette alliance ne se fit pas sans soulever la plus ardente opposition de la part des Guises et de Diane de Poitiers, leur protectrice ; ainsi se dessinait peu à peu l'antagonisme entre la maison de Lorraine et celle de Châtillon (1).

Le 9 septembre de cette même année, Coligny fut nommé gouverneur de Paris et de l'Ile-de-France, en remplacement de son oncle de Rochepot. Les lettres de provision du roi qui l'établissaient dans cette charge rappelaient les grands services qu'il avait rendus.

C'était une situation considérable, et l'investiture de Coligny dans ces fonctions nouvelles eut lieu avec une grande solennité, le mardi 9 février 1552, à l'Hôtel de ville de Paris, devant le prévôt des marchands, les échevins, les bourgeois notables et les gardes civiques.

---

(1) Quoiqu'ils fussent les premiers princes du sang, les Bourbons n'occupaient point une position conforme à leur origine. Depuis la révolte du fameux connétable Charles, leur famille était toujours restée suspecte à la royauté. Louis de Bourbon, au moment de son mariage, était pauvre et n'exerçait aucun commandement. Tout ce que l'on sait sur sa jeunesse est cité dans l'*Histoire des princes de Condé*, par le duc d'Aumale.

Après un long panégyrique du connétable de Montmorency, le prévôt des marchands dit que Coligny s'était montré le diligent imitateur de son oncle « par sa générosité et admirables entreprises » ; il rappela sa conquête du Boulonais et lui souhaita la bienvenue. Coligny répondit en ces termes :

« Messieurs, je vous remercie de l'honneur que vous me faites : quant à l'état auquel il a plu au roi me constituer, je ne l'attribue ni à mes mérites ni à mes forces, mais seulement à sa libéralité et bonté. Je suis assuré que vous avez eu ci-devant des gouverneurs, personnages de grande vertu et expérience, auxquels raisonnablement je dois céder en toutes choses, fors en une que je vous prie tenir pour certaine : c'est en bonne volonté de m'employer en tout mon entendement, si peu que Dieu m'en a donné, au bien et profit de la ville, et, où le mien ne suffirait, j'en voudrais emprunter de personnages que je connais de plus grand pouvoir, expérience et suffisance, vous promettant, messieurs, que toutes mes forces et puissance ne seront jamais épargnées en chose qui concerne le bien de cette ville, soit en général, soit en particulier (1). »

Après cet échange de courtoisies, les échevins firent au gouverneur les présents d'usage : bassins, coupes, aiguières d'argent, « le tout vermeil, doré et buriné, pesant ensemble 44 marcs et quelques onces... duquel présent ledit sieur gouverneur s'est tenu pour très content et a remercié ladite ville (2). »

---

(1) Voir dans Delaborde (t. Ier, p. 104) et *Appendice* n° XXVI, tous les détails sur cette cérémonie.
(2) Godefroy, *le Cérémonial français* (t. Ier, p. 1009).

CHAPITRE IV

Campagne de 1552; alliance de Henri II avec les protestants d'Allemagne. — Brillante conquête des Trois-Évêchés. — Maurice de Saxe se tourne contre Charles-Quint. — Retour offensif de l'empereur qui vient assiéger Metz. — Belle résistance de Guise. — Rôle de Coligny à l'armée d'observation. — Il est nommé amiral de France; attributions de cette charge.

Coligny ne devait pas toutefois résider longtemps dans la capitale. Sa présence aux armées devint bientôt nécessaire. Il nous faut ici jeter un coup d'œil d'ensemble sur la nouvelle phase de la lutte qui s'engageait entre la France et l'Empire.

Vers 1550, Charles-Quint était arrivé au plus haut degré de sa puissance. Il avait écrasé les protestants d'Allemagne et dompté les révoltés des Pays-Bas. Il avait obtenu l'appui de Jules III, l'un des papes les plus indignes qui aient occupé à cette époque le siège pontifical. Pour s'assurer la possession de l'Italie, il voulut empêcher que les Français, qui occupaient le Piémont, pussent pénétrer dans le reste de la Péninsule. Il tenait déjà le Milanais, Gênes et Plaisance : il voulut avoir Parme; Ottavio Farnèse, qui en était le duc, se plaça sous la protection de la France, et ce fut là l'étincelle d'où jaillit l'incendie (juillet 1551). Dans l'une des escarmouches de cette première campagne, d'Andelot, que Henri II avait envoyé combattre sous Brissac, tomba dans une embuscade, et la nouvelle de cette captivité, qui devait être longue et cruelle, parvint à Coligny au moment même où le roi l'appelait au gouvernement de Paris.

La guerre avait commencé en Italie, mais elle n'y prit pas une grande extension. C'était sur un autre théâtre qu'elle devait se poursuivre. Henri II, depuis son avènement, brûlait d'en venir aux prises avec Charles-Quint; malgré les fautes de son gouvernement, il avait apporté aux choses militaires une attention suivie; il avait su s'entourer d'habiles capitaines : Brissac, François de Guise, Coligny. Il nourrissait contre l'empereur une haine opiniâtre, ne pouvant lui pardonner la dure captivité que Charles lui avait fait subir avec son frère à Madrid. L'idée de combattre le pape en même temps que l'empereur ne l'arrêtait guère. Il resserrait l'ancienne alliance avec les Allemands et le Turc et, comme pour rassurer sa conscience de catholique, il redoublait de cruauté envers les protestants français.

Le 5 octobre 1551, un pacte secret fut signé entre le roi et les chefs des États luthériens d'Allemagne. Les signataires s'engageaient à résister « aux pratiques employées par Charles d'Espagne pour faire tomber la Germanie en une bestiale, insupportable et perpétuelle servitude, comme il a été fait en Espagne et ailleurs. »

Le roi Henri promettait 240,000 écus d'or pour les trois premiers mois de la guerre, plus 60,000 écus par mois aussi longtemps que durerait la campagne. Les princes allemands, de leur côté, déclaraient trouver bon « que le seigneur roi s'impatronisât des villes impériales n'étant pas de la langue germanique, comme Cambrai, Metz, Toul, Verdun. »

Quand on apprit, en janvier 1552, que le roi déclarait la guerre à Charles-Quint, ce fut une explosion d'enthousiasme dans toute la France ; des gentilshommes s'engagèrent dans l'armée comme simples fantassins ; la jeunesse des villes s'échappait pour s'enrôler, les artisans eux-mêmes laissaient là leur travail.

L'armée, grossie par les mercenaires allemands, passa la Meuse ; Toul et Metz ouvrirent leurs portes aux Français ; mais Henri II se présenta vainement devant Strasbourg, qui reçut son avant-garde à coups de canon ; il s'avança jusqu'à Wissembourg, et, sentant qu'il aurait à lutter contre une trop forte résistance, il se décida à revenir sur ses pas en s'emparant de Verdun. Telle fut la brillante campagne des Trois-Évêchés, à laquelle Coligny prit une part active, « ne s'y épargnant, dit Brantôme, non plus que le moindre capitaine des siens. »

Pendant ce temps, Charles-Quint subissait l'affront le plus humiliant qui eût encore atteint son orgueil. Ignorant le traité conclu entre les princes protestants et le roi, il suivait à Inspruck les délibérations du concile de Trente lorsque l'orage éclata. Au moment où Henri II lui déclarait la guerre, Maurice de Saxe se tournait contre lui. Maurice était son protégé et jouissait de toute sa faveur depuis qu'il avait trahi quatre ans auparavant le parti protestant et s'était uni au duc d'Albe pour écraser ses coreligionnaires à Mulhberg ; mais, clairvoyant autant qu'ambitieux, il s'apercevait de la haine croissante que les Espagnols soulevaient en Allemagne, et, par un vrai coup de théâtre, changeant subitement de parti, il jeta le masque, fit connaître l'alliance conclue avec les Français, lança un manifeste où son nom s'unissait à celui de Henri et était surmonté d'un bonnet entre deux poignards. « Aucuns disent que cette devise avait été trouvée en de vieilles monnaies et jadis usurpée par les meurtriers de Caïus César (1). » Ainsi, ce fut un roi qui, poussé par une étrange inspiration du génie de la Renaissance, exhuma ce terrible bonnet de la Liberté devant lequel devait tomber un jour la vieille couronne de France (2). »

Les soldats accouraient en foule autour de Maurice. Il traversa l'Allemagne comme un torrent, entra à Augsbourg le 1er avril, épouvanta les Pères du concile de Trente, qui s'envolèrent comme une nuée d'oiseaux à son approche, et se porta sur Inspruck. Charles, souffrant d'une cruelle attaque de goutte, exaspéré par cette trahison, dut s'enfuir par la montagne, au milieu d'une nuit pluvieuse et s'estimer heureux d'avoir échappé à une honteuse captivité.

L'humiliation était terrible pour le monarque qui venait de reconstruire l'empire de Charlemagne et qui voyait quelques mois auparavant l'Europe occidentale à ses pieds. Charles comprit qu'il devait apaiser l'Alle-

(1) Sleidan.
(2) Henri Martin.

magne et, par le traité de Passau (juin 1552), il reconnut aux princes luthériens la liberté d'exercer leur religion. Il avait hâte de se relever aux yeux de l'Europe, et le moyen le plus efficace d'atteindre ce but, c'était de marcher à la tête de l'Allemagne pour reprendre aux Français, aux *Welches*, les trois villes impériales qu'ils venaient de lui ravir. Il n'eut pas de peine à rassembler une formidable armée et, vers la fin de septembre, il s'avança vers Metz.

François de Guise l'y attendait et depuis le mois d'août fortifiait la ville. Il y déploya la plus grande énergie. Ce n'était pas une petite affaire que de résister à une armée assiégeante de 60,000 hommes, qui comptait la meilleure infanterie de l'Europe et possédait 114 pièces d'artillerie.

L'empereur avait déclaré qu'il ne partirait pas de devant Metz, dût-il y user trois armées l'une après l'autre. Guise se montra à la hauteur de sa tâche; il fut d'ailleurs admirablement secondé par Pierre Strozzi, de Florence, le premier ingénieur militaire de son temps. On n'hésita pas à raser tous les édifices publics qui nuisaient à la défense; on fit sortir tous les habitants qui ne pouvaient combattre; les premiers seigneurs de France, à commencer par François de Guise lui-même, travaillaient comme des manœuvres et portaient la hotte pour donner l'exemple.

Coligny avait cédé une partie de son infanterie à Guise. Lui-même restait en dehors de la ville, sous les ordres du connétable, chargé de commander une armée d'observation. Dans les lettres que de son camp il adresse à Guise, on sent encore l'accent d'une affection que n'avaient pu détruire les froissements précédents. « Je ne souhaiterais tant, dit-il en date du 15 octobre, que si l'empereur vous vient assiéger, je pusse avoir tant d'heur que d'être près de vous, car encore que vous ayez beaucoup de gens de bien, si me vanterais-je que mes gens (il parle de son infanterie envoyée par lui dans la place) ne feraient pas pis pour m'avoir près d'eux, et par même moyen je pourrais par expérience vous faire paraître l'envie que j'ai toujours eue de me trouver en un bon lieu pour vous faire service. Or, puisque ce ne peut être pour cette fois, ce sera pour une autre (1). »

L'armée d'observation que commandait le connétable avait à surveiller le margrave Albert de Brandebourg, l'un des princes allemands qui l'année précédente avaient signé l'alliance avec le roi de France, et ne s'étaient pas ralliés à l'empereur; le margrave, à la tête d'un corps considérable de lansquenets, occupait Pont-à-Mousson ; on devinait qu'il donnerait l'appui de ses troupes à celui des deux partis qui lui en offrirait le meilleur prix. Henri II crut s'être débarrassé de lui en lui offrant 100,000 écus pour qu'il se retirât par la Belgique en faisant tout le mal possible à l'empereur; le margrave accepta ces conditions et commença sa retraite, suivi d'assez près par le duc d'Aumale ; mais, tout à coup, levant le masque, il se déclara pour l'empereur, se jeta le 28 octobre sur le corps d'armée d'Aumale et le fit prisonnier, puis alla se joindre à l'armée assiégeante sous Metz. En même temps, un des lieute-

(1) Delaborde (t. Ier, p. 111).

nants de Charles-Quint, Antoine de Croy, s'avançait en Picardie avec 15,000 Belges et surprenait Hesdin.

Le roi ne perdit pas un moment. Ayant reçu de Guise l'assurance que Metz résisterait à Charles-Quint, qui l'assiégeait depuis le 15 octobre, il laissa un simple corps d'armée en Lorraine et résolut de couvrir la Picardie. Dans ce but, il manda Coligny, et, « pour les bons et continuels services qu'il lui avait faits et faisait journellement, lui octroya et l'honora de l'état d'amiral de France (1), et, à l'instant même, le constitua son lieutenant pour ramener son armée de Lorraine en Picardie » (2). Coligny rallia immédiatement Antoine de Bourbon, duc de Vendôme, alors gouverneur de Picardie et marcha sur Hesdin, qui se rendit après deux jours de siège, le 19 décembre. Ce rapide succès, non seulement délivra la Picardie, mais décida Charles-Quint à lever le siège de Metz. L'empereur, en effet, craignait de se voir attaqué dans ses retranchements par les troupes du connétable. Ses attaques furieuses contre Metz avaient été inutiles. En vain il avait canonné la vieille cité ; les remparts croulants avaient été relevés chaque nuit par les assiégés, dont les sorties se multipliaient ; la température glaciale des premiers jours de décembre, à laquelle succédait une fonte de neige rapide, avait éprouvé cruellement son armée, réduite à camper dans de vrais marécages ; le typhus la ravageait ; on estimait que le tiers des soldats étaient morts. Charles-Quint lui-même était paralysé

(1) Son prédécesseur Annebaut venait de mourir de la fièvre à La Fère, en Picardie, qu'il défendait contre l'ennemi.
(2) Rabutin, *Guerres de Belgique*.

par la goutte; désespéré, il donna l'ordre de lever le siège, le 1er janvier 1553. « Je vois bien, s'écria-t-il avec amertume, que la fortune est femelle; mieux aime-t-elle un jeune roi qu'un vieil empereur. » Il se replia sur la Belgique.

L'année 1553 s'ouvrait pour Coligny sous d'heureux auspices. Les brillants succès des campagnes de Lorraine et de Picardie avaient mis la France en joie, et Henri II célébrait les débuts de son règne par une suite de fêtes qui rappelaient les jours brillants de François Ier.

Le 12 janvier, Coligny, qui venait, comme nous l'avons dit, d'être nommé amiral en remplacement d'Annebaut, dut prêter serment à ce titre dans une assemblée solennelle du Parlement. Étienne Pasquier nous a conservé le récit de cette séance, à laquelle il assistait. Christophe de Thou prit le premier la parole comme avocat de l'amiral, et loua les ancêtres de Coligny; puis maître Pierre Séguier, alors premier avocat du roi, voulut faire montre de bel esprit formé à l'école de la Renaissance. « Il prit son thème sur l'équivoque du nom d'admiral, et dit sur le commencement de son plaidoyer : *Admiramur cœlum, admiramur terram, admiramur mare*, et de là, s'acheminant sur l'état d'admiral, introduit pour mille belles raisons qu'il déduisit, il conclut n'empêcher la vérification des lettres, prestation de serment et réception du seigneur de Châtillon en cet état. » Après quoi, messire Gille Lemaître, premier président, « lui dit, par l'autorité de la cour, qu'il montât et vînt prendre sa place es sièges d'en haut, non toutefois comme amiral, d'autant que ses prédécesseurs n'y avaient jamais eu aucun lieu, mais comme gouverneur de Paris et de l'Isle-de-France (1). »

En acceptant ces fonctions, Coligny ne renonça point à celles de colonel général de l'infanterie française; mais il les gardait, dit Brantôme, en vue de les transmettre à M. d'Andelot, son frère, qui était toujours prisonnier dans Milan (2).

(1) Est. Pasquier, *Recherches de la France* (l. II, chap. xv).

(2) La marine militaire française, qui avait joué un rôle important au xive siècle et s'était presque effacée au xve, ne s'était relevée qu'avec François Ier. Nous avons vu plus haut la tentative infructueuse que fit ce monarque pour organiser une descente en Angleterre sous le commandement de l'amiral Annebaut. Il avait réuni dans ce but 150 gros bâtiments, 60 petits navires et 25 galères; ce ne fut là, toutefois, qu'une brillante parade. La France, au xvie siècle, ne put guère armer que de petites flottes; ce n'est qu'avec Richelieu qu'elle devait reprendre son rang comme puissance maritime. Dans le curieux exposé de l'*État de la France sous François II*, du Vénitien Michel Soriano, on sent percer la mince estime qu'il faisait de la marine française. Quant à la charge d'amiral (le mot, d'après Littré, viendrait de l'arabe *amir*, commandant), elle paraît déjà sous saint Louis. Elle devint l'une des plus grandes charges du royaume, et, dans l'état d'abaissement de la marine au xve siècle, fut souvent donnée à des seigneurs qui n'avaient jamais commandé un vaisseau. Sous François Ier, Chabot et Annebaut jouèrent du moins un certain rôle; François Ier fixa les attributions de l'amiral. Il avait une juridiction absolue sur toutes les côtes de France (les provinces maritimes conservant leurs vice-amiraux), il commandait aux flottes et aux armées de mer et nommait leurs officiers; toutefois, après la disgrâce de Chabot, ce droit de nomination fit retour à la couronne. L'amiral prélevait, en outre, un droit sur toutes les prises.

Je trouve dans les *Mémoires* de Vieilleville, à l'année 1553, une très curieuse conversation de ce maréchal avec Saint-André. Le roi avait offert à ce dernier le titre d'amiral avant de l'offrir à Coligny. Saint-André consulta à ce sujet Vieilleville, et celui-ci, dans sa réponse, expose assez naïvement l'opinion qu'on se faisait alors de l'avenir de la marine française : « A la vérité, lui dit-il, ce n'est pas le fait du Français que la marine. Si nous étions en Espagne, Portugal ou Angleterre, vous auriez grandissime raison de poursuivre l'état d'amiral, car il y est le premier de tous, d'autant que leurs principales forces sont au navigaige; mais étant Français, je vous prie, monsieur, ne changez jamais votre lance, votre cheval de bataille ni vos éperons dorés à une voile, boulingue ou trinquet. »

CHAPITRE V

Services rendus par Coligny en qualité
d'amiral de France. — Ses vues sur les colonies. — Expéditions
dirigées par lui sur l'Amérique. — Tentative de Villegagnon
au Brésil.

Nous venons de rencontrer pour la première fois, dans notre récit, ce nom d'amiral, qui sera désormais le titre historique de Coligny et son appellation la plus populaire. Est-il vrai, comme on l'a souvent prétendu, qu'il ne faille y voir qu'un nom purement honorifique et que rien dans les services rendus par Coligny ne puisse le justifier? Pour éclaircir ce sujet, nous devons anticiper légèrement sur des événements postérieurs à la période de la vie de Coligny que nous traitons en ce moment. Mais, malgré cet inconvénient, il nous paraît préférable de donner ici une idée de la première expédition qu'il tenta d'organiser.

Il est certain que Coligny n'a jamais exercé de grand commandement naval. Tout au plus peut-on citer à son actif la part très réelle qu'il prit, à vingt-cinq ans, sous son prédécesseur l'amiral Annebaut, à l'attaque de l'île de Wight, où, comme nous l'avons raconté plus haut, il commandait une galère, ainsi que l'habileté avec laquelle il prépara la brillante victoire que le 11 août 1555 les marins de Dieppe remportèrent sur 24 navires flamands (1), et l'attention que quinze ans plus tard, lors de son dernier séjour à La Rochelle, il donna aux choses maritimes dans ce port, qui devint comme la Carthage des huguenots. C'est d'une autre manière que Coligny a justifié son titre. Il a été le premier de nos hommes d'État qui ait songé sérieusement à fonder des colonies, et si le succès n'a pas couronné son entreprise, la faute n'en est pas à lui, car il y a mis cette volonté tenace qui était l'un des traits distinctifs de son caractère (2). Outre son désir d'accroître l'influence de la France, deux motifs l'y poussaient : l'ambition de porter au loin la foi chrétienne et la volonté d'offrir un refuge aux réformés persécutés ; car, longtemps avant

(1) Le gouvernement espagnol avait saisi et confisqué tous les navires français qui se trouvaient dans les ports des Pays-Bas. Henri II était fort embarrassé pour trouver une flotte qui pût tirer vengeance de cette mesure.

Coligny eut l'idée de s'adresser au patriotisme des armateurs de Dieppe. En peu de temps ils eurent équipé 19 barques à la tête desquelles Coligny plaça Louis de Baré, sieur d'Épineville. Malgré le petit nombre de ses vaisseaux, celui-ci attaqua résolument, le 11 août 1555, 24 navires flamands et les mit en pleine déroute. (Voir le récit complet de ce combat dans les *Batailles navales de France*, de Troude, t. Ier, p. 73.)

(2) Nous n'avons garde d'oublier les tentatives précédentes, malheureusement infructueuses, de quelques-uns de nos marins pour prendre pied dans le nouveau monde. Le capitaine Denis, de Honfleur, avait touché au Brésil dès 1504 ; le capitaine Parmentier, de Dieppe, à Madagascar et à Sumatra, en 1529 ; en 1506, le même Denis avait reconnu Terre-Neuve ; en 1524, le Florentin Verrazano, au service de François Ier, avait reconnu les côtes de Floride ; en 1534, le Breton Jacques Cartier, de Saint-Malo, découvrit le Canada ; on avait donné à tout le nord de l'Amérique le nom de Nouvelle-France ; mais, de colonie proprement dite, on ne peut citer que celle que François Ier fonda, en 1540, au Canada, sous Roberval, et qui devait échouer misérablement.

de se joindre à eux, Coligny, comme l'assure formellement Théodore de Bèze, « favorisait autant qu'il pouvait le parti de la religion. » C'est même à cette occasion qu'il entra, pour la première fois, en relation avec Genève ; voici à quel propos :

Nicolas Durand, sieur de Villegagnon, marin distingué, qui avait pris part à l'expédition de Charles-Quint en Afrique, et auquel le roi avait confié le soin d'amener à son bord Marie Stuart d'Écosse en France, avait été nommé par Henri II vice-amiral de Bretagne. D'un caractère mobile et emporté, il rencontra à Brest de l'opposition à ses ordres et résolut de quitter l'Europe pour aller fonder une colonie en Amérique. Villegagnon s'ouvrit de son projet à Coligny et « lui déclara son intention être entièrement de trouver et fortifier en l'Amérique quelque place, qui servirait de retraite à ceux de la religion qui s'y voudraient retirer, pour peu à peu peupler le pays et y avancer l'Église de Dieu engagnant les habitants à la connaissance de la vérité (1). »

C'était, on le voit, le premier projet de ces émigrations pour cause de liberté religieuse, qui devaient un siècle plus tard peupler de fugitifs anglais les régions de l'Amérique du Nord et semer partout dans le monde les huguenots français.

Villegagnon était-il sincère au début de son entreprise ? Rien ne nous oblige à en douter. Il s'était

---

(1) Théodore de Bèze, *Hist. eccl.* (édition 1883, t. Ier, p. 185). Puisque nous citons ici pour la première fois cette histoire, nous nous faisons un devoir de rendre hommage à l'admirable travail de MM. Baum et Cunitz, qui ont préparé cette édition monumentale de l'œuvre à laquelle Bèze a donné son nom.

rattaché au parti protestant, mais c'était un esprit bizarre, « fantastique », comme dit Bèze, et dont l'ambition déçue devait faire plus tard un être pervers. Coligny accueillit son projet avec empressement ; il en parla au roi, « lui remonstrant, dit Bèze, non pas ce qui concernait le royaume de Dieu, mais les commodités que lui et son royaume pouvaient tirer de ces quartiers-là, à l'exemple des Espagnols. » Henri ne se serait guère intéressé à une émigration protestante, et resta toujours implacable envers ses sujets hérétiques ; mais le renom des colonies espagnoles devait le tenter. Il confia à Villegagnon le commandement de deux vaisseaux.

Le départ eut lieu du Havre, vers le milieu de l'été 1555 ; le 15 novembre suivant, on jeta l'ancre dans la baie de Rio-Janeiro. Villegagnon s'empara d'une petite île à laquelle il donna le nom de Coligny, commença à y élever un fort et écrivit à l'amiral pour demander qu'on lui envoyât de nouveaux colons, avec deux ministres protestants.

Coligny fit transmettre cette demande au Consistoire de Genève, par l'entremise d'un de ses anciens voisins du Gâtinais, un seigneur huguenot, le sieur du Pont, qui habitait sur le territoire de la république. « L'Église de Genève, raconte Jean de Léry (1), rendit premièrement grâces à Dieu de l'amplification du règne de Jésus-Christ en pays si lointains, même en terre si estrange, et parmi une nation laquelle voire-

---

(1) L'un des émigrants qui rejoignit Villegagnon et qui a laissé le très intéressant récit de son voyage au Brésil, d'où nous extrayons nos citations.

ment était du tout ignorante le vrai Dieu. » On décida que les émigrés seraient placés sous la conduite du sieur du Pont; on leur adjoignit deux ministres de l'Évangile, Richier et Chartier, et quelques artisans experts ; la lettre de Villegagnon avertissait les colons des difficultés et des dangers du voyage. « Il leur faudrait se contenter de manger, au lieu de pain, d'une certaine farine faite de racine, et quant au vin, nulle nouvelle, car il n'y en croît point. » Tous ceux donc, dit Jean de Léry, « qui, aimant mieux la théorique que la pratique de ces choses, n'ayant pas volonté de changer d'air, d'endurer les flots de la mer, la chaleur de la zone torride, ni de voir le pôle antarctique, ne voulurent point entrer en lice, ni s'enrôler et embarquer en tel voyage. » Les émigrants partirent de Genève au nombre de quatorze.

Ils passèrent par Châtillon-sur-Loing, « auquel lieu ayant trouvé M. l'amiral de Coligny en sa maison des plus belles de France, non seulement il nous encouragea de poursuivre notre entreprise, mais aussi avec promesse de nous assister pour le fait de la marine; nous mettant beaucoup de raisons en avant, il nous donna espérance que Dieu nous ferait la grâce de voir le fruit de nos labeurs. »

Au départ de Honfleur, le 20 novembre 1556, les émigrés étaient au nombre de 290, « y compris six jeunes garçons que nous menâmes pour apprendre le langage des sauvages. » Ils s'embarquèrent sur trois vaisseaux.

Le 9 mars 1557, ils arrivèrent à l'île de Coligny. Villegagnon les accueillit à bras ouverts : « Mes enfants, car je veux être votre père, leur dit-il, comme Jésus-Christ étant en ce monde n'a rien fait pour lui, ainsi tout ce qu'il a fait a été pour nous, aussi ayant cette espérance que Dieu me préservera en vie jusqu'à ce que nous soyons fortifiés en ce pays, et que vous vous puissiez passer de moi, tout ce que je prétends faire ici est tant pour vous que pour tous ceux qui viendront à même fin que vous êtes venus. Car je délibère d'y faire une retraite aux pauvres fidèles qui seront persécutés en France, en Espagne, et ailleurs outre-mer, afin que sans crainte ni du roi, ni de l'empereur ou autres potentats, ils y puissent servir Dieu selon sa volonté. »

Rien n'était plus édifiant, au début, que l'attitude de Villegagnon priant Dieu dévotement, avec grands soupirs, d'étendre « sa bénédiction sur ce lieu de Coligny et pays de France antarctique. » Personne mieux que lui ne parlait de religion et de réformation chrétienne. Mais bientôt l'impression changea. On s'aperçut qu'il y avait en lui l'étoffe d'un despote. Non seulement il astreignait les colons à un travail matériel écrasant, mais il prétendit leur imposer ses vues théologiques. Sur deux points, il était en désaccord avec les huguenots : l'épiscopat et la sainte Cène; il se rapprochait de la tradition catholique; la dispute bientôt l'aigrit; à ces disciples de Calvin, il déclara que Calvin était « un méchant hérétique dévoyé de la foi. »

Ses compagnons, indignés de cette volte-face, supposèrent qu'elle avait été tramée; que d'avance il s'était vendu au cardinal de Lorraine et avait contrefait d'être de la religion ; mais, s'il voulait nuire aux huguenots, qu'avait-il besoin de tenter une si grande aventure et d'y risquer au début sa propre vie? L'explication est plus simple. Villegagnon était un de ces êtres tyranniques et mobiles que la contradiction exaspère et que la passion pervertit. Il devait mourir fou, et son attitude, dès l'arrivée des colons genevois, trahit déjà l'égarement de son esprit. Cet égarement le conduisit bientôt à un acte d'odieuse perfidie. Quelques-uns des colons, qui étaient évidemment les calvinistes les plus ardents de la troupe, ne pouvant supporter son joug, déclarèrent vouloir retourner en France; Villegagnon les y encouragea; mais, parmi les papiers qu'il confia au capitaine du navire qui les emmenait, « il y avait, raconte Jean de Léry, un procès qu'il avait fait et formé contre nous et à notre insu, avec mandement exprès au premier juge auquel on le baillerait en France, qu'en vertu d'icelui il nous retînt et fît brûler comme hérétiques qu'il disait que nous étions. » Heureusement, les fugitifs trouvèrent à leur arrivée des magistrats pleins d'humanité qui leur firent bon accueil et leur donnèrent même quelque argent pour continuer leur route. « Voilà, dit le naïf chroniqueur, comme Dieu qui surprend les fins en leurs cautelles, non seulement par le moyen de ces bons personnages, nous délivra du danger où le révolté de Villegagnon nous avait mis, mais, qui plus est, la trahison qu'il nous avait brassée étant découverte, le tout retourna à notre soulagement et à sa confusion. »

Malheureusement, cinq des colons qui étaient partis

pour la France, ayant été effrayés du mauvais état de leur vaisseau, s'étaient décidés à monter dans une chaloupe et à retourner à l'île de Coligny. Villegagnon les fit arrêter et imagina de leur intenter un procès pour cause d'hérésie; après un jugement de pure forme, il choisit trois d'entre eux : Du Bordel, Vermeil et Bourdon, les fit étrangler et précipiter dans la mer.

On comprend que de tels actes étaient de nature à ruiner la colonie; peu de temps après, Villegagnon eut la malheureuse idée de sortir de son île et d'aller essayer avec ses compagnons d'occuper sur la côte du Brésil des terres plus fertiles. C'était les vouer à une mort certaine. Les Portugais les eurent bientôt exterminés. Villegagnon revint en France, se tourna contre les réformés, publia de violents écrits de controverse contre Calvin et contre Coligny; mais, suspect aux catholiques et méprisé des protestants, il finit par perdre la raison et mourut en 1571.

Jean de Léry affirme que, si Villegagnon avait accompli sa mission et était resté ferme à son poste, « il y aurait à présent plus de 10,000 Français, lesquels, outre la bonne garde qu'ils eussent faite de notre île et de notre fort contre les Portugais qui ne l'eussent jamais su prendre, comme ils ont fait depuis notre retour, posséderaient maintenant, sous l'obéissance du roi, un grand pays en la terre du Brésil, lequel, à bon droit, en ce cas, on eût pu continuer d'appeler France antarctique. »

Nous verrons plus tard que cet échec, si désastreux qu'il fût, n'arrêta pas l'amiral dans ses projets de colonisation. Il y revint en 1560, puis en 1564, au sortir de la première guerre de religion. Aucune de ces tentatives ne dèvait réussir ; jamais le gouvernement français ne les favorisa réellement : il semble même que la trahison ait contribué à leur ruine ; mais, cependant, la vérité nous oblige à dire qu'en Floride plus encore qu'au Brésil « le malheur voulut que ceux qui n'avaient pu être domptés par les eaux ni par le feu le fussent par eux-mêmes (1) ; » les colons furent, en définitive, les auteurs responsables de l'avortement de leurs projets.

(1) René de Laudonnière, *Hist. notable de la Floride*, p. 53. Laudonnière fut le commandant de l'expédition de 1564.

CHAPITRE VI

Nouvelle tentative d'invasion de la
France par Charles-Quint. — Emmanuel-Philibert général des
Impériaux. — Campagnes de 1553 et 1554. — Bataille de Renty.
Intervention décisive de Coligny. — Coligny reçoit du roi une
compagnie de cent hommes d'armes. — Il est nommé gouverneur de Picardie. — Abdication de Charles-Quint. — Préparation de la paix de Vaucelles. — Coligny se rend à Bruxelles
où il voit Charles-Quint et Philippe II.

L'histoire de l'expédition malheureuse du Brésil nous a fait anticiper quelque peu sur les événements qui se passaient alors en Europe. Revenons en arrière, à cette date de 1553, où nous avons vu Coligny recevoir sa charge d'amiral.

Charles-Quint ne songeait qu'à une chose, réparer l'humiliant échec qu'il avait subi devant Metz. Il venait d'appeler au commandement de ses troupes Emmanuel-Philibert, duc de Savoie, l'un des capitaines les plus redoutables qu'il nous eût opposés. Pauvre comme un fils de Savoie, dépossédé de ses États par la France, Emmanuel-Philibert avait sa fortune à faire, et il devait réussir au point d'épouser bientôt la sœur de ce roi de France contre lequel il s'armait. Les surnoms de *Tête de Fer* et de *Prince aux Cent Yeux*, que lui donnèrent ses soldats, montrent quelles étaient sa ténacité et sa vigilance, dont la France devait subir les cruels effets. En un seul mois, l'armée espagnole enleva Thérouanne et Hesdin, deux des forteresses les plus importantes du nord ; dans la première, François de Montmorency, fils du connétable ; dans la seconde, Robert de La Marck, duc de Bouillon, maréchal de France, furent faits prisonniers. Ces nouvelles foudroyantes vinrent dissiper l'ivresse des courtisans de Henri II, qui croyaient déjà Charles-Quint mort de dépit d'avoir dû fuir la Lorraine. Henri se porta vers le nord, avec une petite armée dont Coligny commandait l'infanterie. Il parvint à arrêter les mouvements des Espagnols, sans remporter sur eux aucun avantage décisif. L'hiver survint, et on remit au printemps de 1554 la reprise des opérations.

Au mois de juin, le roi de France s'avança jusque dans le pays de Namur. Dinant se rendit après un furieux assaut où Coligny fut blessé. Le 8 août, les Français prirent position devant Renty ; les Espagnols les chargèrent et eurent d'abord l'avantage ; ils s'étaient habilement massés dans un bois dit le *Bois-Guillaume*, contre lequel les charges de la brillante cavalerie de Guise ne pouvaient rien. Ce fut Coligny qui devina que le nœud de l'action était là, et qui, marchant à la tête de son infanterie, délogea l'ennemi, que la cavalerie n'eût plus qu'à refouler au loin (1). « M. l'amiral, dit Brantôme, mit pied à terre, et, prenant mille à douze cents, tant arquebusiers que corselets, et des

---

(1) M. Delaborde a justement remis en lumière le rôle de l'amiral en cette affaire, dont on avait trop attribué le résultat à Guise et à Tavannes.

bons, et lui une pique au poing, à la tête, donne de telle furie et assurance avec ses gens, tête baissée, qu'en un rien il eut délogé et repoussé du bord du bois cette arquebuserie espagnole, qui montait à deux fois plus que la troupe de M. l'amiral, qui ne fut pas peu de service. »

Le soir de cette bataille, en présence du roi, une altercation des plus vives éclata entre Guise et l'amiral. Guise racontait le combat; à un moment donné, Coligny se vit forcé de le contredire; sur quoi Guise s'écria avec colère : « Ah! mort Dieu! ne me veuillez point ôter mon honneur! » L'amiral répondit : « Je ne le veux point. » — « Aussi ne le sauriez-vous, » dit Guise. Le roi leur commanda de faire la paix; mais cette querelle fit éclater au grand jour la mésintelligence qui depuis longtemps déjà les animait l'un contre l'autre, et les contemporains, de Thou, La Place, Brantôme, font dater de ce moment la division qui allait séparer à jamais les deux grands capitaines.

L'engagement de Renty fut l'action la plus importante de cette année. Les deux armées restèrent en présence jusqu'au moment où elles reprirent leurs quartiers d'hiver. Le roi, comme témoignage de satisfaction, donna à l'amiral une compagnie de cent hommes d'armes, dont Coligny fit un des meilleurs corps de l'armée (1).

(1) Les compagnies d'ordonnance ou d'hommes d'armes étaient au nombre de quinze, et chacune comprenait cent lances garnies. On entendait par lance garnie six hommes, savoir : l'homme d'armes, un page ou varlet, trois archers et un coutellier ou soldat armé d'un couteau. « Coligny, dit Sandras (livre II, p. 142), eut soin de remplir sa compagnie de gentilshommes, mais dont le service était connu, « tellement qu'elle fit

L'année 1555 retrouva les Impériaux et les Français en présence sur les frontières du nord du royaume. Antoine de Bourbon, duc de Vendôme, époux de Jeanne d'Albret, était, comme nous l'avons dit, gouverneur de Picardie; la mort de son beau-père, Henri de Navarre, l'obligea à se rendre dans les États de sa femme; il dut se démettre de son gouvernement.

Le roi de France n'hésita pas à le confier à Coligny. Cette faveur était le résultat d'un engagement secret entre le roi et le connétable. Ce dernier avait demandé, pour son fils François de Montmorency, le gouvernement de l'Ile-de-France. Or, François était encore prisonnier des Espagnols ; il était donc entendu qu'à son retour de captivité Coligny lui céderait le principal de ses gouvernements.

Dans ces fonctions nouvelles, Coligny déploya immédiatement la plus grande activité; mais il avait fort à faire : l'état des finances publiques lui permettait à peine de pourvoir aux travaux de fortification d'une province qui était à ses yeux le vrai boulevard de la France, car il avait coutume de répéter que le moindre village de Flandre et d'Artois avait plus d'importance à ses yeux qu'une province en Italie. Ses fonctions en Picardie ne l'empêchèrent pas, vers la fin de cette année, de se porter vers l'est de la France et de tendre la main au duc de Nevers, qui ravitaillait Marienbourg

honte à toutes celles qui étaient sur pied. Cependant, ce ne fut pas sans dépense, et, outre la paye du roi, il y avait tel gendarme à qui il donnait tous les ans cent écus de son argent. Le duc de Guise, qui avait l'œil sur tout ce qu'il faisait, voyant que c'était par là qu'il avait rendu sa compagnie si belle, renchérit encore par-dessus lui, et l'émulation qu'ils avaient l'un pour l'autre fut cause qu'on ne vit jamais de si belles troupes. »

et Rocroy, menacés par l'ennemi. « M. de Nevers, dit Brantôme, servit aussi très bien le roi à l'envitaillement de Marienbourg, avec M. l'amiral qui, étant venu joindre M. de Nevers en Champagne, et leurs forces étant jointes ensemble, envitaillèrent cette place avec toutes les peines pourtant et tous les maux du monde, tous les froids et pluies que jamais hiver produisit, car ce fut au commencement de novembre et à la barbe du prince d'Orange, qui avait une bonne armée de l'empereur et reine Marie pour l'empêcher, et menaçait à tous coups de les combattre. Mais MM. de Nevers et l'amiral firent ce coup-là fort heureusement, se retirant de même; qui fut une très belle exécution que le roi admira fort et tout le monde, puisqu'il fallut combattre le ciel, qui est une grande impossibilité(1). »

Charles-Quint, cependant, venait de prendre une grande décision. Dans une assemblée solennelle convoquée à Bruxelles le 25 octobre de cette année, il avait annoncé son abdication prochaine et déclaré qu'il remettait à son fils Philippe la souveraineté des Pays-Bas (2). En même temps, il manifestait le désir de conclure avec le roi de France un rapprochement et, comme première mesure, il lui offrit un échange de

(1) Brantôme, *M. de Nevers, François de Clèves*.
(2) La nouvelle de cette abdication surprit tout le monde ; Henri II, en écrivant le 5 novembre à Coligny et à Nevers pour les féliciter d'avoir sauvé Marienbourg, ajoutait : « L'empereur est fort troublé du cerveau, de sorte qu'il a peu ou point de résolution à lui, et, à la vérité, ce qu'il fait témoigne qu'il est encore plus mal de l'esprit qu'il ne dit. » Paul IV en jugeait de même, et, dans le consistoire du mois de décembre suivant, il déclarait « qu'il est notoire à chacun qu'il est *impos-mentis* » (*). Le

(*) Lettre du cardinal du Bellay, dans Ribier. (*Lettres et Mémoires d'Etat*, etc. t. II, p. 623).

prisonniers (1). Henri II se montra favorable à ces propositions et chargea Coligny de procéder à cet arrangement. Il lui adjoignit dans ce but le sieur de L'Aubespine (2).

On convint de rencontrer à Vaucelles le 13 décembre les envoyés de l'empereur, qui étaient le comte de Lalaing et le conseiller Simon Renard.

Deux questions devaient être examinées par eux : l'échange des prisonniers et la conclusion d'une trêve. Les Français estimaient que les deux questions étaient solidaires, les envoyés de l'empereur voulaient les disjoindre. Parmi les prisonniers, il y avait des hommes du plus haut rang : du côté des Français, d'Andelot, frère de Coligny; François de Montmorency, son cousin; Robert de La Marck, duc de Bouillon, maréchal de France; du côté des Impériaux, le comte de Mansfeld et le duc d'Arschot.

Les envoyés de Charles-Quint et de Philippe II posaient comme condition de l'élargissement du duc de Bouillon le retour à l'Empire de sa principauté, occupée par la France. Le duc fit preuve à cette occasion

---

pape et le roi allaient bientôt apprendre à leurs dépens que Charles-Quint, dans sa prétendue retraite, restait l'inspirateur secret et vigilant de la politique espagnole. On pouvait, cependant, le croire las de la guerre.

(1) Charles-Quint ne cédait pas seulement au désir de la paix; il avait appris qu'en ce moment même (14 octobre 1555), les Guises tramaient en Italie une alliance secrète avec le pape, alliance dont la France devait, deux ans plus tard, subir les conséquences funestes.

(2) Dès que les Guises eurent appris que cette mission était confiée à l'amiral, ils agirent par Diane de Poitiers auprès du roi pour le faire remplacer par d'Estrées; mais cette intrigue n'aboutit pas (*).

(*) Voir la lettre de François de Guise au cardinal de Lorraine, citée par M. Delaborde (t. Ier, p. 155).

de l'abnégation la plus généreuse. « Il supplia Henri II de ne vouloir consentir à la reddition de Bouillon, laquelle place il lui suppliait avouer sienne comme toutes ses autres places fortes et maisons, et que plutôt aimerait demeurer prisonnier par l'espace de dix ans et toute sa vie, et pour quelque mauvais traitement que on lui sût faire, il ne voudrait consentir aucune d'icelles (places) être rendues qui puissent préjudicier au service du roi et de son royaume. »

Ce ne fut que le 5 février 1556 que les plénipotentiaires arrivèrent à signer la trêve de Vaucelles ; la question des prisonniers restait en suspens, grâce aux procédés dilatoires que Philippe II, paraissant alors pour la première fois sur la scène, introduisait dans ces démarches. Coligny avait, pendant toutes ces discussions, fait preuve d'une très grande fermeté ; le roi se plut à le reconnaître, en lui écrivant, le 25 janvier : « Mon cousin, ayant vu la dépêche de votre dernière journée, je vous dirai seulement, outre le mémoire que je vous envoie, résolutif de ma dernière intention, *que je ne saurais être plus content et satisfait de serviteur que je suis de vous*, qui vous êtes si bien et si dignement porté au maniement de ce négoce, que jamais homme ne me fit service plus agréable, etc. » Anne de Montmorency confirmait ce témoignage en écrivant à son neveu, à la date du 6 février : « Vous avez si bien fait, que c'est beaucoup mieux que nous ne pensions et n'eussions su désirer... Je vous assurerai bien aussi que le roi est si content et si satisfait qu'il ne le peut être davantage, connaissant que vous avez si bien suivi son intention en toutes choses petites et grandes, qu'il voit bien qu'il n'y a été rien oublié (1). »

Le traité, conclu en date du 5 février, fixait une trêve de cinq ans entre « les seigneurs empereur, roi d'Angleterre, son fils, et le roi de France très chrétien. » Toutes choses devaient, pendant ces cinq ans, demeurer dans l'état où elles étaient, et chaque puissance s'interdisait toute action qui pût endommager l'autre, et tout secours donné sous forme quelconque à ses ennemis. Quant aux prisonniers, on convint d'une manière générale que ceux des deux partis seraient rendus en liberté, moyennant une rançon qui serait fixée d'après la déclaration écrite que chacun d'eux ferait de la valeur d'une année de ses revenus, gages et états; on stipula pour le duc de Bouillon, pour François de Montmorency et pour le duc d'Arschot, que leurs rançons devaient être fixées dans un délai de trois mois. Restait à faire ratifier la trêve par les souverains. Coligny et L'Aubespine furent désignés pour aller à Bruxelles recevoir le serment de Charles-Quint et de Philippe II.

(1) Remarquons ici un trait de détail qui nous montre la grandeur d'âme de l'amiral. Une des premières préoccupations de Guise, au moment de la signature de la trêve, avait été de faire partir de sa ville de Guise et de ses terres les Allemands auxiliaires qui y étaient en garnison. Il fit écrire, dans ce but, à Coligny; celui-ci, à la date du 12 février 1556, lui répondit qu'il avait déjà pourvu à cela de lui-même, « ayant envoyé lesdits Allemands en une autre garnison, *pour le désir que j'avais d'en décharger votre ville et épargner vos bois.* » Et il ajoutait : « Et vous pouvez assurer, monsieur, qu'en toute autre chose que je connaîtrai de moi-même pouvoir faire à votre avantage, profit et commodité, je n'attendrai pas d'en avoir votre commandement, mais m'y emploierai toujours promptement, selon le désir que j'ai de vous faire service. » Il était difficile de se venger plus noblement de l'hostilité que venait de lui témoigner François de Guise.

Lalaing eut la même mission auprès du roi de France (1).

Au mois de mars, Coligny partit pour Bruxelles, suivi d'une escorte d'environ mille personnes, comprenant des seigneurs de haut rang et des capitaines des diverses places de la Picardie; mais, à Cambrai, le comte de Bossut, grand écuyer de l'empereur, informa l'amiral que Charles-Quint ayant déjà convoqué à Bruxelles une assemblée de tous les ordres des Pays-Bas, il lui serait impossible de recevoir convenablement une suite aussi nombreuse; Coligny renvoya presque tous les capitaines qui l'entouraient.

Le 25 mars, l'amiral arriva à Bruxelles. Dès le lendemain, on put voir le curieux contraste de la gaieté française avec la gravité castillane qui régnait à la cour de Charles-Quint. « Ces seigneurs français assemblés chez M. l'amiral en une grande cour qui était au logis, pendant qu'il dépêchait quelques affaires, les esprits français (qui sont comme le cours du ciel en perpétuel mouvement), ne se pouvant arrêter, se mirent la plupart d'eux à jouer au cheval fondu, dont le bruit étant répandu, plusieurs gentilshommes flamands et autres de qualité y étant accourus, trouvèrent le jeu si beau, qu'ils firent de même; mais les nôtres emportèrent le prix, car il n'appartient qu'aux Français seuls de faire les choses de bonne grâce. »

Philippe II attendait l'amiral au château; mais il

(1) Les négociations relatives à la paix de Vaucelles se trouvent exposées tout au long dans l'ouvrage de M. Delaborde (t. Ier, ch. vii). Le curieux récit dont nous donnons les extraits qui suivent est évidemment emprunté à un témoin oculaire. On le trouve dans l'important recueil de Ribier : *Lettres et mémoires d'État, etc., sous les règnes de François Ier, Henri II et François II.* (Paris, 1666, 2 vol. in-folio.)

avait eu l'incroyable indélicatesse d'orner la grande salle d'une tapisserie qui représentait la défaite de François Ier à Pavie. Ce trait ne devait pas étonner ceux qui se rappelaient les mesquines avanies que l'empereur avait fait subir à son royal prisonnier pendant sa longue captivité de Madrid ; mais, en une telle occasion, il semblait presque qu'il y eût là une insulte préméditée.

Ce fut Brusquet, le bouffon de Henri II, que l'on avait emmené dans le cortège de l'amiral, qui se chargea d'en tirer vengeance.

Le lendemain, à l'issue de la messe, au moment où Philippe II jurait sur l'Évangile l'observation du traité, Brusquet se mit à crier à haute voix : *Largesse! largesse!* puis, ouvrant un sac d'écus, il les jeta au sein de l'assemblée.

L'avarice de Charles-Quint passait en proverbe; il n'était pas de ceux qui, à l'occasion d'une réjouissance, jetaient l'argent au peuple. Chacun se demandait au nom de qui agissait Brusquet. Il y eut dans l'assemblée un moment de stupeur. Philippe II regarda l'amiral, ce dernier demeura court, et comprit enfin la leçon de générosité que le bouffon se permettait de donner aux Espagnols jusque dans leur palais. Cependant, « les assistants, au nombre d'environ deux mille, tant hommes que femmes, estimant que ce fût une libéralité de ce prince, se jettent avec une furieuse ardeur à recueillir ces écus, les archers des gardes les premiers, qui vinrent jusqu'à ce pointer les hallebardes ; le reste de la multitude entra en une telle confusion, que les femmes deschevelées, leurs bourses coupées, les uns et les autres, hommes et femmes, renversés par une si étrange drôlerie, firent que ce prince fut contraint de gagner l'autel pour se soutenir, tombant à force de rire, comme aussi les reines douairières de France et de Hongrie, Madame de Lorraine et autres. » Curieuse scène de comédie, vengeance bien française, qui dérida un moment le visage hautain et morne du sinistre fils de Charles-Quint !

Le dimanche suivant, jour des Rameaux, l'amiral alla faire visite à l'empereur, qui résidait aux portes de Bruxelles, dans une petite maison où, tout en ayant l'air de commencer la vie d'ermite qu'il allait mener à Yuste, il n'en continuait pas moins, en compagnie du fameux Granvelle, à diriger toutes les affaires d'État.

Charles-Quint était habillé avec l'extrême simplicité qu'il avait toujours affichée; la goutte l'obligeait de rester étendu sur une chaise. La pièce où il se trouvait était tendue de drap noir, ainsi que tout l'ameublement.

« Sire, lui dit l'amiral, le plus grand souhait que le roi très chrétien, mon seigneur souverain, a toujours eu, a été qu'il plût à Dieu de bénir son règne d'une parfaite paix et amitié avec tous les princes chrétiens, ses voisins. Ce bénéfice a commencé à produire son germe avec vous par une trêve convenue le cinquième jour de février dernier, qui enfantera, s'il plaît à Dieu, une paix indissoluble entre vous, vos royaumes, États et sujets. Il a plu audit seigneur me députer par devers vous pour être présent au serment accoutumé et qu'il vous plaira faire pour l'observation de ladite trêve, ainsi que vous verrez par les lettres qu'il vous écrit et que je vous présente de sa part. »

La réponse de Charles-Quint fut affable et noble. Il tendit la main pour recevoir la lettre du roi ; mais, quand il voulut la décacheter, ses doigts, raidis par la goutte, lui rendirent la tâche très difficile ; Granvelle s'avança pour l'aider. Mais l'empereur, avec la bonne grâce qu'il savait si bien montrer à ses heures : « Comment, monsieur d'Arras, lui dit-il, me voulez-vous ravir ce devoir dont je suis tenu envers le roi, monsieur mon bon frère ? jà n'advienne qu'un autre le fasse que moi. » Et se tournant vers Coligny : « Que direz-vous de moi, monsieur l'amiral ? Ne suis-je pas un brave cavalier pour courir et rompre une lance, moi qui ne peux qu'à bien grand'peine ouvrir une lettre ? »

Après avoir lu le message du roi, l'empereur engagea avec Coligny un entretien sur un ton familier. Il se glorifia de descendre, par Marie de Bourgogne, de la maison de France. « Je tiens à beaucoup d'honneur, dit-il, d'être sorti, du côté maternel, de ce fleuron qui porte et soutient la plus célèbre couronne du monde. » Il demanda des nouvelles de Henri II, qu'il avait vu autrefois en Espagne lorsque la France l'y avait envoyé comme otage en remplacement de son père. « Il n'y a par manière de dire, continua-t-il, que trois jours qu'il était en Espagne jeune prince, enfant, sans poil de barbe. » L'empereur voulait savoir s'il commençait à grisonner. Coligny lui dit : « Sire, à la vérité, le roi a deux ou trois poils blancs : aussi ont bien d'autres plus jeunes que lui. — Eh ! ne vous ébahissez de cela, reprit l'empereur, c'est moins que rien. Je demande de l'état d'autrui; je veux vous rendre compte du mien. Quasi en même âge, venant de mon voyage de la Goulette jusques à Naples (monsieur l'amiral, vous savez la gentillesse de la ville, la beauté et la bonne grâce des dames qui y sont), je suis homme, je voulais mériter leurs faveurs comme les autres. Le lendemain de mon arrivée, au matin, j'avais fait appeler mon barbier pour me testonner, friser et parfumer; on me présente un miroir, je me regarde et reconnais en moi le même qu'au roi, monsieur mon bon frère. Ébahi et étonné, je demande : Qu'est-ce que ceci? Mon barbier me dit : Deux ou trois poils blancs. Il y en avait plus d'une douzaine. Otez-moi ces poils, dis-je à mon barbier, et n'en laissez aucun, ce qu'il fit. Savez-vous ce qu'il advint (adressant sa parole à tous les seigneurs français)? Quelque peu de temps après, me voulant revoir au miroir, je trouvai que, pour un poil blanc que j'avais fait ôter, il m'en était revenu trois; et si j'eusse voulu faire ôter ces derniers, en moins de rien je fusse devenu blanc comme un cygne. »

Le reste de l'entretien fut du même genre; l'empereur, reconnaissant Brusquet dans l'entourage de l'amiral, lui demanda s'il se souvenait de certaine bataille où le maréchal de Strozzi, auquel Brusquet appartenait alors, s'était enfui devant lui. « Oui, sire, il m'en souvient très bien, répondit le fou; ce fut alors que vous achetâtes ces beaux rubis et escarboucles que vous avez aux doigts. » Tous les yeux se portèrent sur les doigts de Charles que la goutte avait enflés et rougis, et les assistants et l'empereur lui-même ne purent s'empêcher d'éclater de rire : « Je sais maintenant, dit

Charles-Quint au bouffon, qu'il ne faut pas juger les gens sur ce qu'ils paraissent être; car tu fais le fou, et je t'assure que tu ne l'es pas. »

Le 29 mars, l'empereur dut prêter à son tour le serment d'observation de la trêve de Vaucelles. Coligny eut donc encore l'occasion de revoir Charles-Quint, et c'est sans doute dans cette entrevue qu'il faut placer une conversation dont parle Brantôme et dans laquelle Charles-Quint jugea les capitaines de son temps. Il mit au premier rang lui tout d'abord, « se donnant le premier lieu, comme de raison, monsieur le connétable pour le second, et le duc d'Albe pour le tiers. » Cette haute opinion des capacités militaires du connétable peut surprendre sur les lèvres d'un si bon juge. Peut-être Charles-Quint ne voulut-il, en l'exprimant, que faire un compliment à l'amiral; peut-être se souvenait-il de la tenace et victorieuse résistance que Montmorency lui avait opposée en Provence.

Leurs relations n'allèrent pas au delà de ces banalités.

C'était une coïncidence singulière que celle qui avait ainsi mis en présence le vieux souverain qui avait si longtemps porté le poids de la direction de l'Europe catholique et le jeune capitaine qui allait, à quelques années de là, prendre le premier rang dans le parti protestant. Pas un mot ne fut échangé entre eux sur la formidable controverse qui divisait l'Europe en deux camps.

Coligny ne devinait pas encore la grandeur du rôle qui l'attendait, et Charles-Quint, dont la sagacité a été trop vantée, n'a pas soupçonné un seul jour que l'avenir du monde se jouât dans cette lutte religieuse dont il avait vu, trente ans auparavant, apparaître devant lui, à la diète de Worms, le premier champion en la personne de ce petit moine augustin qui n'avait provoqué chez lui qu'un mouvement de dédain.

Coligny ne tenait pas sa mission pour accomplie s'il n'avait pas résolu la question relative aux prisonniers de guerre, parmi lesquels se trouvait son frère d'Andelot. Il s'aboucha donc dans ce but avec le funeste conseiller de Philippe II, Granvelle, dont la politique perfide et cruelle allait peser d'un poids si lourd sur les malheureux Pays-Bas. Granvelle lui opposa, dit l'amiral, des « interprétations cornues, » (1) qui remirent en question les conditions sur lesquelles il semblait que l'on fût tombé d'accord.

A la fin d'avril, Coligny était de retour en France. Après un court séjour en Picardie, il se rendit à Chambord, où résidait alors Henri II. Le roi, comme pour lui témoigner sa reconnaissance des grands services qu'il venait de rendre à la France, alla, le mois suivant, passer quelques jours à Châtillon-sur-Loing. On peut dire que ce moment marque l'apogée de Coligny dans la faveur royale. Il intervint d'une manière puissante dans les délibérations relatives aux rançons des prisonniers. Philippe II avait envoyé à cet effet auprès de la cour de France le conseiller Renard, avec lequel on finit par s'entendre.

Au commencement de juillet, d'Andelot revint d'Italie, où il avait subi une dure et longue captivité, qui,

---

(1) Lettre en date du 11 avril 1556.

pendant plusieurs mois, avait été jusqu'à la mise au secret, sans aucune liberté de correspondre avec les siens. Le lendemain de son retour, Coligny lui transmit sa charge de colonel général de l'infanterie française (1). On put craindre un moment que François de Montmorency ne vît sa captivité se prolonger beaucoup plus longtemps. En effet, le duc d'Arschot, qui était, de tous les prisonniers impériaux, celui dont la situation correspondait le plus à la sienne, venait de réussir à s'évader du fort de Vincennes. Cependant Montmorency put, lui aussi, retrouver sa liberté au moyen d'une très forte rançon, et, le 17 août, il prit possession de ses fonctions de gouverneur de Paris et de l'Ile-de-France que Coligny n'avait conservées qu'en vue de les lui transmettre. Quant à l'infortuné La Marck, duc de Bouillon, il recouvra également sa liberté, mais ce fut pour succomber peu de jours après, et la rumeur publique accusa les Espagnols de l'avoir empoisonné.

(1) M. Delaborde cite à ce sujet un trait touchant et qui montre à quel point s'aimaient ces deux frères. Le 12 juillet, Coligny écrivait une lettre relative aux affaires de Picardie; il ne la signait plus que comme gouverneur, laissant à son frère le soin de l'achever en y mettant sa signature de colonel général (t. Ier, p. 228). Cette charge avait été promise à d'Andelot par le roi, au moment où Coligny avait été nommé amiral.

CHAPITRE VII

Ligue secrète entre Paul IV et le roi
de France. — Le cardinal Carafa. — Sa mission en France et son
alliance avec les Guises pour faire rompre la paix de Vaucelles;
résistance de Coligny. — Guise part pour l'Italie. — Coligny
offre sa démission du gouvernement de la Picardie; le roi
la refuse.

En concluant la paix de Vaucelles, Coligny avait cru faire un acte sérieux. Il estimait que la France avait besoin de refaire ses forces. Anne de Montmorency pensait de même, et, en cette occasion, sa longue pratique des affaires l'inspirait sagement. Renard écrivait à Philippe II, sous la date du 24 juin 1556 : « Le connétable, qui est vieux, qui pèse l'avenir, qui connaît intérieurement les affaires du roi de France, qui sait jusqu'où se peuvent étendre ses forces, connaissant l'humeur des seigneurs et partialités dangereuses, désire soutenir la trêve contre l'impugnation de ceux de Guise et illustrer sa maison pour avoir été auteur de paix » (1).

Malheureusement, deux ambitions s'étaient rencontrées dont l'alliance allait être néfaste à la France : celles des Guises et des Carafa.

(1) Papiers d'État de Granvelle (t IV, p. 603).

François de Guise, que sa défense de Metz avait couvert de gloire, était l'idole d'une partie de la noblesse française; son frère, le cardinal de Lorraine, l'un des esprits les plus souples et les plus remuants qu'ait produits cette époque, ne formait pas des rêves d'avenir moins grands que les siens. N'avait-on pas vu des parvenus, les Sforza, les Médicis, les Farnèse, se tailler récemment des États en Italie et prendre rang parmi les familles souveraines? La branche cadette de Lorraine ne pouvait-elle pas espérer trouver, elle aussi, sa large place au soleil? Nous avons dit que déjà, en 1547, le cardinal de Lorraine rêvait la conquête du royaume de Naples au profit de l'un de ses frères. Les Guises descendaient des Anjou, anciens possesseurs de ce royaume (1); la maison de Lorraine remontait à Charlemagne, et plus tard les Guises devaient se servir de ce prétexte pour essayer de se rapprocher du trône de France. Aujourd'hui, c'est Naples qui les attirait; mais Naples était à l'Espagne, et, pour conquérir ce brillant hochet, ils allaient se déclarer les implacables adversaires de ce Philippe II que, trois ans après, ils devaient étonner par leur dévouement servile.

Les Carafa étaient une famille du royaume de Naples qu'une haine héréditaire animait contre les Espagnols. Pietro Carafa venait d'être élevé à la papauté, le 25 mai 1555, sous le nom de Paul IV; déjà avancé en

(1) Louis (fils de Jean le Bon, roi de France, mort en 1364) était duc d'Anjou; il avait épousé Marie de Châtillon, comtesse de Guise; de ce mariage était né Louis II, roi de Sicile, qui posséda le comté de Guise, ainsi que son fils René.

René de Lorraine, petit-fils de René d'Anjou, était mort en 1508, en laissant héritier de ses droits son fils Claude, père de François de Guise.

âge, ascète par ses goûts et fondateur de l'ordre des théatins, il était l'implacable ennemi de Charles-Quint; irascible et fougueux, incapable d'oublier une injure, il s'était abandonné à la direction d'un de ses neveux, Carlo Carafa.

Ce dernier est l'une des figures les plus frappantes du XVIᵉ siècle (1). Homme perdu de mœurs, ayant mené dans sa jeunesse la vie d'un condottiere et d'un vrai spadassin, il s'était tourné vers l'Église dès que son oncle était devenu pape et avait été fait par lui cardinal, le 7 juin 1555. Dès lors, il n'eut plus qu'une pensée : créer à sa famille une souveraineté en Italie ; pour y arriver, il se donna à la France comme il devait plus tard se donner à l'Espagne. Tête froide, malgré les emportements passagers où se trahit le tempérament de sa race, intelligence déliée, possédant toutes les rouéries de la séduction, vaniteux dans le succès, mais jamais abattu dans les revers, il devait être longtemps l'âme damnée et l'inspirateur néfaste de son oncle, se voir solennellement condamné par lui, mais se relever après sa mort, faire nommer le pape qui lui succéda, et, après avoir dupé tout le monde, mourir étranglé dans le château de Saint-Ange par ce pontife qui lui devait tout. Par la prodigieuse souplesse de son génie diplomatique, Carlo Carafa aurait été capable de mener

(1) Cette figure vient d'être retracée avec un singulier relief par M. Georges Duruy dans un volume fort intéressant : *Le cardinal Carlo Carafa*, étude sur le pontificat de Paul IV. (Paris, Hachette.) A l'aide de documents en grande partie inédits, M. Duruy est arrivé, par une patiente analyse des textes, à mettre en pleine lumière le rôle de Carlo Carafa et à dissiper le prestige légendaire dont les panégyristes ecclésiastiques avaient enveloppé Paul IV.

à bout les plus difficiles entreprises si quelque grand grand dessein l'avait inspiré ; il ne reste aux yeux de l'histoire qu'un comédien consommé, qui, pendant plus d'un an, leurra la France et la lança dans une misérable aventure. C'est l'un des mérites de Coligny d'avoir vu clair dès le premier jour dans l'âme de cet homme et d'avoir deviné les maux qu'il nous préparait.

Paul IV n'était pape que depuis quatre mois lorsque, sous l'influence de son neveu, il se tourna vers la France et commença à préparer avec elle une ligue secrète pour délivrer l'Italie des Espagnols.

Une question se pose ici qui a toujours embarrassé les historiens. Comment Henri II pouvait-il se prêter à de telles négociations au moment où il discutait la trêve de Vaucelles ? Faut-il croire, comme on l'a pensé, que cette trêve ne fût dans sa pensée qu'une feinte destinée à cacher son vrai jeu ? Ce serait une erreur. Le soin avec lequel cette convention fut débattue, l'insistance que le roi mit à la préparer, l'approbation explicite qu'il donna à Coligny montrent qu'il désirait la paix. Mais il ne faut pas oublier qu'il y avait à la cour de Henri deux influences rivales : celle du connétable, favorable à la trêve ; celle des Guises, du cardinal de Lorraine en particulier, que le cardinal Carafa se ménagea dès les premiers jours. Diane de Poitiers désirait tout ce qui pouvait faire la fortune des Guises ; Carafa, en adulant la maîtresse, n'avait pas oublié la reine légitime, et Catherine de Médicis s'était sentie flattée dans sa vanité d'Italienne par la perspective d'affranchir son pays du joug pesant de l'Espagne.

Les pourparlers furent conduits par le cardinal

Carafa avec une telle rapidité que, le 13 octobre 1555, un traité complet d'alliance entre la France et la papauté était préparé à Rome et accepté par le roi de France. Tout y était prévu : les forces militaires et les contributions en argent des parties contractantes, l'alliance de certains princes italiens et la neutralité des autres, le territoire que le roi de France revendiquerait et qui devait être le Milanais ou Naples, enfin la principauté à offrir aux Carafa (1). On voit que le cardinal n'avait point oublié les siens; telle était l'avidité de ces parvenus qu'ils rêvaient de faire épouser Marie, fille du comte de Montorio, par le duc d'Alençon, le dernier des fils de Henri II! (2)

Carafa croyait la partie gagnée; il attendait déjà l'armée des Français en Italie, mais Henri II oscillait entre deux politiques; au moment même où il approuvait le traité secret qu'il ne paraît pas toutefois avoir communiqué à tous les membres de son conseil privé, il pressait Coligny de poursuivre la négociation de Vaucelles. Celle-ci, comme nous l'avons dit, fut signée le 5 février. Lorsque, dix jours plus tard, la nouvelle en arriva à Rome, Carafa fut atterré, et le pape entra dans une de ces terribles colères où il se révélait tout entier (3).

---

(1) Le cardinal avait deux frères : l'aîné, Montorio, auquel Paul IV venait de donner le duché de Pagliano, arraché par lui aux Colonna, dont il s'était fait par cet acte des ennemis mortels, et le second le marquis de Montebello.

(2) Voir le document cité par G. Duruy. *Appendice*, p. 354, n° 15.

(3) Il faut tenir compte de ces faits si l'on veut connaître le vrai Paul IV et sortir de la tradition légendaire qui ne voit en lui avant tout que l'austère théatin. Il n'y a qu'à lire, par exemple, le récit de la réception que, sous

Le cardinal, toutefois, ne se laissa pas longtemps abattre; il savait qu'il avait des alliés à la cour de France, et il demanda au pape de l'y envoyer. C'est ce que fit Paul IV. Comme le scandale aurait été trop grand de voir un pape préparer une guerre, le légat eut pour mission apparente de travailler à fortifier la paix entre la France et l'Espagne; mais, pendant que Paul IV le chargeait de tenir des discours édifiants, il lui ordonnait sous main de veiller à tous les préparatifs militaires (1).

L'arrivée de Carafa en France fut un véritable triomphe : à Fontainebleau et à Paris, les grands seigneurs ainsi que le peuple se prosternaient à ses pieds. Le roi demanda comme une faveur de bien vouloir être le parrain d'un de ses enfants à cet intrigant sans mœurs qui devait mourir noté d'infamie. Henri II se mit dévotement à genoux devant lui, pour recevoir l'épée bénite que lui envoyait le saint-père. On lui fit partout des fêtes splendides, et lui, tout entier à son projet, ne perdit pas un moment pour gagner les conseillers du roi et le roi lui-même, et les amener à la rupture de la paix. L'entraînement fut si général, que

---

l'impression de la paix de Vaucelles, il fit plus tard à MM. de Selve et de Lansac, envoyés du roi. Après avoir qualifié cette paix d'invention diabolique, et dit que quiconque la conseillait était ministre du diable, ministre d'iniquité, il menaça les ambassadeurs, s'ils y poussaient, de *leur faire voler la tête de dessus leurs épaules*, et, s'animant, il répéta *qu'il enverrait par terre à centaines de telles têtes que les vôtres*, et revint plusieurs fois à cette sanglante image avec une telle rage qu'il suffoquait. (Ribier, *Lettres et Mémoires d'État servant à l'histoire de Henri II*, t. II, p. 665.)

(1) On trouvera dans l'ouvrage de M. G. Duruy, p. 160 et suivantes, les preuves de ce double langage de Paul IV.

tous cédèrent, à commencer par le connétable, qui sentit qu'il y aurait péril pour son influence à trop résister. Montmorency était connu pour ces défections habiles qu'il cachait sous son air de rudesse; la peau de lion dont il s'affublait ne dissimulait pas toujours le vieux renard. Afin d'excuser sa volte-face, il allégua la somme énorme qu'exigeait l'Espagne pour la rançon de son fils aîné, encore prisonnier. Coligny, et avec lui un petit groupe de seigneurs patriotes, exprimèrent seuls leur aversion pour la comédie qui se jouait. Un vieux parlementaire, vrai Français celui-là, Étienne Pasquier, a consigné, avec sa verve caustique, l'impression que ce spectacle lui fit (1) : « Le capitaine Carafe, écrivait-il, neveu du pape, a été fait par lui cardinal, lequel il a envoyé soudain après par deçà pour apporter au roi non les clefs de saint Pierre, afin de nous ouvrir la porte du paradis, mais l'épée de saint Paul. Vous estimez que je me moque. Il a fait voirement au roi don d'une fort riche épée, et quant et quant l'a convié au recouvrement de l'État de Naples, qui est le jouet des papes et amusoir des princes étrangers... Messieurs de la maison de Guise tiennent la main à cette nouvelle légation, comme ayant, ce leur semble, part à la querelle. » Et Pasquier ajoutait, avec un bon sens prophétique : « Bref, tout ce nouveau conseil ne nous promet rien de bon, que celui qui, comme chef de l'Église, doit être le premier père de la paix, soit le premier auteur et promoteur de guerre entre les princes chrétiens. » Carafa obtint du roi l'engagement formel que la trêve

(1) *Œuvres* (t. II, p. 73).

serait bientôt rompue ; il demanda que l'armée qu'on enverrait en Italie fût confiée au duc de Guise, promit le concours assuré des ducs de Ferrare et de Parme, et fit sonner bien haut le nombre de soldats que le pape pourrait lever. Alors, la veille de son départ, enivré de son succès et pris d'un de ces accès de fol orgueil où se révélait le fond de son être, il convoqua les ambassadeurs étrangers et, devant eux, injuria sans mesure Charles-Quint et Philippe II, annonçant que l'heure de la vengeance allait sonner. Le scandale fut tel et la maladresse si énorme qu'on l'attribua à l'état d'ivresse où il devait se trouver. A quoi servaient la dissimulation savante dont il avait enveloppé ses démarches, et le langage pacifique qu'il avait tenu au public, puisque, à la dernière heure, il trahissait son secret et le livrait à l'Espagne !

Coligny avait assisté, le cœur outré, à cette entreprise si follement conduite. Il venait à peine, après les efforts que l'on sait, de conclure la paix de Vaucelles. Toute cette œuvre si laborieusement construite allait s'écrouler, et pourquoi ? On ne pouvait alléguer ici l'intérêt de la France ; les Guises seuls y avaient profit ; et c'était pour leur créer un apanage que l'on risquait la destinée du pays dans une aventure qui pouvait finir par un désastre. Et comment s'y engageait-on ? Au mépris de la foi jurée, en se faisant délier d'un serment public, « tellement que, par ce conseil des Guises, la trêve qui, peu de mois auparavant, avait été jurée, fut violée, au grand déshonneur de la nation française et regret de l'amiral, à cause d'une telle perfidie, dont il ne se pouvait lasser de dire que les issues étaient toujours funestes, parce que Dieu est le vengeur indubitable, et en tous les siècles, des parjures (1). »

A la fin de juin, comme nous l'avons dit, la rupture de la trêve était décidée. Toutefois, le roi crut qu'il devait la tenir secrète et se réserver de choisir le moment où il attaquerait les Espagnols sans déclaration de guerre préalable. Ce fut le pape qui donna le signal des hostilités contre eux ; dès la fin de juillet, il accusa Charles-Quint et Philippe II d'avoir accordé leur appui aux Colonna, seigneurs romains, qui étaient alors en révolte contre le saint-siège. Sous ce prétexte, il fit arrêter l'ambassadeur d'Espagne à Rome, et menaça d'excommunication l'Espagne elle-même. Voyant cela, le duc d'Albe, qui gouvernait alors Naples, s'avança avec une armée dans la campagne romaine, s'empara de quelques villes, mais n'osa pas poursuivre ses avantages, probablement à cause du souvenir odieux que le siège de Rome par les soldats de Charles-Quint, en 1527, avait laissé dans tout le monde catholique. Le pape, effrayé, supplia Henri II de tenir ses promesses, et, vers la fin de l'année, le duc de Guise franchit les Alpes. Nous verrons plus loin quelle fut l'issue de cette campagne. Remarquons qu'en envoyant Guise en Italie Henri II n'avait point encore déclaré la guerre à Philippe II ; la trêve de Vaucelles semblait subsister.

L'énergie avec laquelle Coligny s'était prononcé pour le maintien de la paix, la ferme résistance qu'il opposait à l'entraînement général qu'excitait cette déplorable entreprise, avaient blessé le roi ; Coligny s'en

(1) *Vita Colinii* (1575, p. 13).

aperçut, et, sentant qu'il n'était plus l'homme de la situation, il voulut se démettre du gouvernement de la Picardie ; le roi le supplia de n'en rien faire. Coligny obéit ; mais, en écrivant à son oncle le connétable, le 26 août 1556, il laissait clairement voir que pour lui le temps de la faveur royale était passé : « Vous savez, monseigneur, lui disait-il, que la récompense de Dieu et des hommes est du tout différente de l'une à l'autre ; car celle de Dieu est après notre mort et celle du monde durant notre vie. Et ceux que Dieu aime le plus, souvent sont les plus travaillés en ce monde ; mais ceux que les princes aiment, ils le font apparaître par faveurs et bienfaits qu'ils font, ou autrement les hommes n'en croient rien. *Je vous dis ce propos pour ce que de ce dernier voyage je n'ai eu ni gracieuse parole ni autre démonstration par laquelle ni moi ni les autres hommes puissions juger que le roi ait contentement de moi.* » Et plus loin il parlait des maîtres qui veulent être servis « à leurs opinions et non point à la nôtre. » Évidemment, pour lui, l'heure de la disgrâce semblait être venue ; seul il avait osé préférer l'intérêt du pays à la faveur royale. Quant au connétable, quoique aussi opposé que lui à la guerre, il s'était décidé, en vieux courtisan qu'il était, à suivre l'opinion dominante, estimant sans doute que le départ prochain de Guise pour l'Italie lui permettrait d'être maître de la situation (1).

(1) A ce moment (octobre 1556), il faut noter, dans la vie de Coligny, un trait qui prouve que, s'il savait résister au roi, quand le salut du pays l'exigeait, il n'hésitait pas non plus à tenir tête à son oncle le connétable lorsqu'une question morale était en jeu.

François de Montmorency, fils aîné de ce dernier, et par conséquent cousin germain de l'amiral, auquel le liait une étroite amitié, s'était épris d'une demoiselle de Piennes, fille d'honneur de la reine, « que sa noblesse, sa vertu et sa beauté rendaient digne de son assiduité (*). » Il lui avait promis le mariage et s'en était ouvert à Coligny. Le vieux connétable, qui n'en savait rien, avait de son côté formé le projet de marier son fils à Diane, veuve du duc de Castro et fille naturelle de Henri II. L'orgueil du courtisan fut singulièrement flatté lorsque le roi lui eut accordé son consentement à cette union. Le connétable ne doutait pas que son fils ne pensât comme lui. Désespéré par cette proposition, François de Montmorency demanda instamment à Coligny d'agir en sa faveur, d'avertir le roi, de lui dire le véritable état des choses, de supplier Henri II de ne pas s'irriter de son refus. Coligny se chargea de cette mission délicate. Le connétable ayant préparé un grand festin auquel le roi avait consenti à venir, « comme ledit sieur roi arriva en sa maison avec la suite des seigneurs, lui dit qu'il voudrait que Dieu lui eût fait tant de grâce que de pouvoir faire démonstration du vouloir qu'il a de témoigner au monde l'obligation qu'il a audit sieur roi *pour l'honneur qu'il lui faisait d'allier et marier son fils à sa bâtarde* (**). « Coligny, dans une occasion précédente, et lorsqu'il s'agissait du mariage d'une fille de Diane de Poitiers avec d'Aumale, s'était exprimé sur ce point avec une franchise assez rude ; il ne pensait pas, comme son oncle, que de telles alliances apportassent un très grand honneur et qu'il y eût lieu à cette occasion de parler de la grâce de Dieu. Le roi, prévenu par lui, prit à part le connétable au moment où on allait se mettre à table et le mit au courant des choses, disant qu'il ne voulait point aller à la traverse de l'amour que son fils portait à la demoiselle de Piennes, à laquelle il s'était fiancé. « Ledit connétable en fut si perplexe qu'il fut mélancolique tout le long du souper (***). »

Le lendemain, il ne songea qu'à faire rompre cette promesse de mariage, disant qu'il recourrait pour cela au pape, s'il le fallait. François résista, et, en homme d'honneur qu'il était, invoqua son amour et sa parole jurée. Le connétable ne voulut rien entendre, s'emporta, et, malgré les instances de Coligny, fit sonner bien haut son autorité paternelle ; il en vint à la violence, obtint du roi la séquestration de Mlle de Piennes, allégua (ce qui était faux) une annulation de la promesse de mariage obtenue du pape, délia son fils de son engagement, et réussit enfin à lui faire épouser la duchesse de Castro. Telles étaient les allures despotiques de celui que Henri II appelait familièrement son compère et auquel il ne savait rien refuser. (Voyez sur cet incident, outre Le Laboureur, de Thou, Brantôme et La Place.)

(*) Le Laboureur, *Addit. aux Mémoires de Castelnau* (t. II, p. 386).
(**) Lettre de Renard à Philippe II, citée par M. Delaborde (t. Ier. p. 237).
(***) *Id.*

CHAPITRE VIII

[Rupture de la trêve. — Les hostilités
sont déclarées. — Marche en avant d'Emmanuel-Philibert. — Coligny
s'enferme dans Saint-Quentin. — Commencement du siège.

Coligny s'était rendu en Picardie, où d'Andelot l'avait suivi. Il étudiait avec anxiété l'attitude des Impériaux, et s'efforçait de fortifier les places de la frontière. Dès que François de Guise fut arrivé en Italie, où il emmenait la fleur de l'armée française, Henri jugea que le moment était venu de jeter le masque, et ordonna à Coligny de franchir la frontière sans déclaration de guerre et de s'emparer d'une des places ennemies. Cette manière de violer la paix jurée était, il faut le dire, une vraie trahison. Nous savons à quel point Coligny répugnait à un tel acte ; cependant le principe de l'obéissance passive l'emporta sur sa volonté. Il résolut de surprendre Douai. Il y avait alors en cette ville un Italien, ancien banquier de Lucques, ruiné et misérable, qui s'était bâti aux portes de Douai une espèce d'ermitage ; vêtu de bure comme un ermite, il allait mendiant son pain de porte en porte, mais, en réalité, il était prêt à se vendre à qui l'achèterait ; il connaissait parfaitement les abords de la ville et vint au camp français pour offrir ses services en qualité d'espion. Sur ses indications, l'armée française s'approcha de Douai dans la nuit de l'Épiphanie, le 6 janvier 1557, à l'heure où, dans toutes les maisons, on célébrait la fête des Rois ; mais une vieille femme, dont la fenêtre donnait sur le rempart, vit les Français qui s'avançaient dans l'ombre, et « par ses longs et enroués cris de : « arme, arme ! » donna l'éveil à la garnison (1). L'amiral se retira et se jeta sur Lens en Artois, qu'il prit et brûla. La volonté du roi était accomplie, et c'était au plus intègre de ses capitaines qu'était échue la honte de cette perfidie, aussi malhabile qu'odieuse. Le roi essaya un moment de revenir sur les faits accomplis, mais c'était trop tard : les Impériaux avaient à leur tour, sur bien de points, envahi la frontière et commis des déprédations en Picardie et en Champagne. Le 31 janvier, Henri II déclara la guerre à Philippe ; toutefois, plusieurs mois devaient s'écouler avant qu'on en vînt à une action décisive.

Coligny ne perdait pas son temps ; mais les hommes lui manquaient. Les regards de Henri II étaient tournés vers l'Italie ; c'est là qu'on envoyait les meilleures troupes ; aucun renfort n'arrivait à l'amiral.

Tout autre était l'attitude des ennemis. Philippe II correspondait sans relâche avec son père. Il l'avait même supplié, au lendemain de la déclaration de guerre, de quitter sa retraite de Yuste, estimant qu'au seul bruit de cette nouvelle le monde serait troublé. Charles-Quint ne voulut pas sortir de sa solitude ; mais il déploya au service de son fils une activité prodi-

---

(1) La Popelinière, *Hist.* (t. Ier, livre IV).

gieuse, levant des troupes, pressurant l'Espagne, pour obtenir d'elle des impôts et des emprunts considérables (1); Philippe avait pour général en chef Emmanuel-Philibert de Savoie, dont nous avons déjà parlé; outre son infanterie espagnole, la meilleure de l'Europe, il enrôlait des Allemands; il pouvait disposer des énormes ressources des Pays-Bas, de l'excellente cavalerie néerlandaise, conduite par des chefs jeunes et impatients de se distinguer, les Horn, les Egmont, et Guillaume, prince d'Orange. Non content de cela, il passa en Angleterre pour décider sa femme, Marie Tudor, à s'allier avec lui contre la France. Les Anglais n'avaient aucun motif sérieux pour prendre part à la lutte. Mais Marie était dévouée corps et âme à son mari, dont le cœur sec et froid n'eut jamais pour elle un élan d'affection. Le fanatisme de Philippe correspondait à son propre fanatisme; c'était bien le chevalier de ses rêves. Elle obtint donc du Parlement une déclaration de guerre contre Henri II, le 7 juin 1557, et lui envoya un héraut d'armes pour la lui notifier. Henri le reçut à Reims, et lui déclara qu'il ne le traitait avec courtoisie que parce qu'il était envoyé par une dame; il se plaignit hautement de la perfidie de l'Angleterre, comme si lui-même avait quoi que ce fût à reprocher aux autres, au moment où il venait de rompre la trêve. Les hostilités ainsi déclarées, la reine fit partir d'Angleterre une armée de huit mille hommes; parmi eux se trouvaient lord Pembroke, lord Clifton, les trois fils du comte de Northumberland, et beaucoup d'autres

(1) Voir sur ce point Mignet : *Charles-Quint; son abdication*, etc., p. 269.

jeunes gens de la noblesse anglaise. Le duc de Savoie disposait donc de plus de cinquante mille hommes d'infanterie et de douze mille chevaux.

L'armée française n'en comptait que vingt-trois mille, dont un tiers d'Allemands mercenaires. Elle n'avait que fort peu de gendarmerie, car l'élite des vieilles bandes avait suivi Guise en Italie. En attendant l'arrivée du connétable, le roi lui avait donné pour chef le duc de Nevers, gouverneur de Champagne, bon général, mais qui n'était pas à la hauteur de son redoutable adversaire. Nevers mena son armée à Pierrepont; mais là on apprit que l'ennemi s'était porté brusquement sur Saint-Quentin, qu'il menaçait d'enlever. S'il y parvenait, la route de Paris lui était ouverte. Coligny comprit le danger et réclama aussitôt la périlleuse mission d'aller s'enfermer dans Saint-Quentin. Il savait que, s'il pouvait arrêter quelques semaines l'ennemi sous ses murs, la France aurait le temps de rappeler ses armées et de sauver sa capitale; mais il était également convaincu que ce résultat ne serait obtenu que s'il se sacrifiait lui-même. En effet, Saint-Quentin n'avait point de garnison; ses bourgeois s'étaient toujours refusés à en recevoir en alléguant leurs franchises municipales; ses fortifications ne consistaient qu'en une vieille enceinte sans bastions, que l'artillerie ennemie commandait du dehors, et qui, en certains endroits, tombait en ruine. Une défense prolongée était impossible; c'était donc une défaite que l'amiral acceptait d'avance : c'était l'immolation volontaire de sa propre gloire.

Le 2 août, au point du jour, Coligny quitta Pierrepont avec quelques compagnies seulement; arrivé à Ham, il ordonna à ses capitaines de renvoyer leurs valets, puisqu'il s'agissait de s'enfermer dans une ville où les vivres seraient rationnés; il ne put donc emmener avec lui que 450 hommes, avec lesquels il entra la nuit suivante dans cette ville, dont l'enceinte, pour être bien gardée, aurait exigé, selon le témoignage d'un officier ennemi, au moins huit mille soldats (1). Le capitaine de Breuil, Breton, qui en était le gouverneur depuis dix jours seulement, n'avait lui-même qu'un petit nombre d'hommes. C'était d'abord la compagnie dite du Dauphin, comprenant une centaine de soldats, plus une quarantaine de canonniers bourgeois, autant d'archers. La ville ne possédait que quinze pièces d'artillerie et vingt et une arquebuses à crocs. Dès le 2 août, les Espagnols l'avaient investie et avaient même tenté sur le faubourg d'Isle une première attaque infructueuse, qui fut repoussée par les milices bourgeoises, auxquelles le maire de la ville, nommé Gibercourt, avait réussi à communiquer le courage dont il fit lui-même preuve jusqu'au bout.

Saint-Quentin est situé sur la rive droite de la Somme et au nord-ouest de cette rivière ; un seul pont le mettait en communication avec le faubourg d'Isle, situé sur la rive gauche, et qui n'était protégé que par une enceinte assez basse. Du côté du sud-ouest, la ville était entourée de vastes marais qui rendaient toute attaque impossible; les ennemis l'avaient investie par

---

(1) Ch. Gomart, *Récit du siège de Saint-Quentin par un officier espagnol* (p. 411).

le nord, par l'est et par le sud. Vers l'est, sa muraille s'étendait en ligne droite, formant une succession de courtines sans bastions et flanquées de simples tours rondes, faisant saillie des deux tiers de leur épaisseur. L'absence de bastions permettait à l'ennemi de s'avancer jusqu'au pied des courtines. Un ingénieur, Saint-Rémy, qui était avec l'amiral, avait soutenu plusieurs sièges fameux. Il déclara sans hésiter « ne s'être jamais trouvé en si mauvaise place. »

Telle était la ville où s'était jeté Coligny; c'est là qu'il allait soutenir un siège qui est resté fameux. Nous allons essayer de le retracer, en nous inspirant du journal qu'il en a lui-même laissé; c'est un récit d'une cinquantaine de pages, d'une langue simple, sobre et grave, vrai style de narration militaire. Il n'y a pas là un mot qui vise à l'effet, pas un seul retour complaisant de l'écrivain sur lui-même, mais on y sent une émotion contenue et comme la vibration de l'âme d'un héros (1).

A peine arrivé dans la ville, Coligny se rendit au faubourg d'Isle et décida de le défendre le plus long-

---

(1) Le *Discours* de Coligny sur le siège de Saint-Quentin a été souvent reproduit. Il faut, pour être juste, le compléter par les récits du siège empruntés aux archives de la ville et reproduits par Gomart. *Extraits originaux d'un manuscrit de Quentin de la Fons* (Saint-Quentin, 1856), et *Siège de Saint-Quentin et bataille de Saint-Laurent* (Saint-Quentin 1859). Les différences, d'ailleurs peu importantes, entre ces manuscrits et le récit de l'amiral, portent avant tout sur le rôle joué par les habitants. Coligny, parlant en soldat, ne fait pas grand cas du rôle joué par les milices bourgeoises; les Mémoires cités par M. Gomart relèvent, au contraire, le courage des habitants. Il faut enfin citer un document extrêmement curieux, également publié par M. Gomart. C'est le *Récit du siège de Saint-Quentin par un officier espagnol*, ouvrage remarquable, dont l'auteur n'est pas connu.

temps possible, afin de conserver sur la rive gauche une position par où il pût tendre la main à l'armée française. Le boulevard qui le bordait était dominé par des maisons situées au dehors, et que les Espagnols occupaient; le 3 août, les assiégés firent une sortie pour les en déloger, mais ne réussirent qu'à incendier quelques maisons.

Le même jour, l'amiral réunit les notables à l'hôtel de ville, ordonna qu'on rassemblât tous les outils, hottes et paniers qui pourraient servir au travail des remparts ; qu'on organisât tous les habitants, hommes et femmes, en bandes ; qu'on fît enfin l'inventaire de toutes les armes et de toutes les provisions qui pouvaient se trouver dans la cité. Il prit aussi des mesures pour assurer le fonctionnement des moulins à blé et pour empêcher le gaspillage des munitions.

Cela fait, il appela ses capitaines, et répartit entre eux les divers quartiers de la ville : « D'une chose les suppliai-je tous ; c'était que ce que chacun connaîtrait ou penserait être bon de faire, qu'il m'en avertît, et que je le recevrai toujours de bien bonne part, même pour ce qu'il y avait des gens de bien et expérimentés dedans les compagnies et qui s'étaient trouvés en d'autres sièges, que l'on leur dît qu'ils me feraient plaisir de m'avertir de ce qu'ils penseraient pouvoir servir (1). »

Il ordonna ensuite que l'on coupât tous les arbres situés près du rempart; puis il monta au clocher de la grande église et étudia « l'assiette du guet des enne-

(1) *Récit du siège de Saint-Quentin* (1665 p. 192).

mis » et l'endroit le plus favorable par où l'on pourrait faire entrer dans la ville des secours. Pendant qu'il y était, Jarnac, Téligny et Luzarches firent une sortie en manière de diversion vers l'est, du côté de Rémicourt.

Le 4 août, nouvelle sortie, dont l'amiral dut se reposer sur Téligny, car, dit-il, « j'avais une si grande douleur de tête que je fus contraint de me mettre sur un lit au logis de M. de Jarnac (1). »

Mais la reconnaissance ne réussit pas; Téligny, voyant le désordre qui se mettait parmi les siens, alla les rejoindre, n'écoutant que son courage, « encore qu'il ne fût point armé et monté sur un bien mauvais courtaut; » il fut enveloppé par les ennemis et laissé pour mort sur la place. L'amiral, apprenant cela, déclara qu'il le voulait avoir « mort ou vif. » On alla le chercher, et, à peine ramené, il expira. Les jours suivants, il n'y eut pas de grands engagements; un Écossais, dont nous ignorons le nom, avait inventé des fusées pleines de soufre pilé et de poudre à canon que *le choc faisait enflammer;* grâce à ce moyen, on put mettre le feu aux maisons dans lesquelles les Espagnols s'étaient établis pour tirer sur le rempart. L'amiral, pendant ce temps, s'occupait activement de l'enquête au sujet des vivres; les bourgeois n'en avaient déclaré que pour trois semaines, on en trouva de suffisants pour trois mois (2).

(1) Bien que Coligny eût une apparence robuste, on le voit souvent atteint par des indispositions violentes et par des accès de fièvre qui mettent sa vie en danger.

(2) C'est ce que déclare Coligny; mais, comme le remarque avec raison M. Gomart, cette estimation supposait que l'on ferait sortir les bouches inutiles, nécessité cruelle à laquelle Coligny dut recourir par deux fois.

Coligny sentait cependant l'absolue nécessité de recevoir des renforts ; il réussit à faire parvenir un message au connétable, et, le 6 août, celui-ci lui envoya d'Andelot avec 4,000 hommes. D'Andelot s'avança par l'ouest, du côté de la porte de Pontoilles, que les ennemis n'avaient point encore investie, car c'était l'emplacement que l'on réservait aux douze mille Anglais envoyés par Marie Tudor et que l'on attendait d'heure en heure. Mais les Espagnols eurent vent de l'arrivée de d'Andelot. Celui-ci n'eut que le temps de battre en retraite et d'exécuter le 8 août un vaillant retour offensif, qui lui permit de se dégager ; le même jour, les Anglais arrivèrent avec une nombreuse artillerie, et la ville se trouva étroitement bloquée sur tous les points.

Dans la nuit du 8 au 9 août, les batteries espagnoles furent placées en face du faubourg d'Isle dans une position dominante. L'amiral se décida donc à l'évacuer, ce qu'il fit après l'avoir incendié. Au point du jour, au moment où les batteries allaient commencer leur feu sur toute la ligne, une épaisse fumée leur cacha la retraite des Français qui, traversant la Somme, se repliaient dans la ville. Un grave accident vint compliquer cette retraite. Un magasin à poudre, situé dans une tour qui flanquait la porte d'Isle, sauta ; l'explosion tua une quarantaine de soldats et produisit une brèche par où vingt-cinq hommes auraient pu passer. Heureusement, la fumée qui s'élevait du faubourg ne permit pas aux Espagnols de s'en apercevoir, et les Français, à force d'énergie, parvinrent bientôt à relever le rempart.

L'amiral s'occupa ensuite de rassembler dans la ville tous les hommes qui avaient fait la guerre et auxquels des armes pouvaient être utilement confiées. Il en réunit ainsi « deux cent vingt assez bien armés et en bon équipage pour le lieu. » Beaucoup de paysans réfugiés dans la ville refusaient de travailler aux remparts. Coligny fit donc déclarer que tous ceux qui ne s'y rendraient pas seraient, pour la première fois, fouettés par les carrefours et, sur un second refus, pendus, que tous ceux qui préféraient sortir de la ville le pourraient ce soir-là même par la porte de Ham, qui leur serait ouverte à cette intention. Il en sortit sept à huit cents.

« Or, dit l'amiral, l'une des choses en quoi j'avais le plus de pensement, et comme aussi celle qui était la plus nécessaire, était un moyen par lequel je pusse être secouru. » Après avoir bien examiné les abords de la place, il avisa un marais qu'il fit sonder par ses gens, et dans lequel il s'efforça de ménager des passages guéables, puis il fit avertir le connétable de tâcher de lui envoyer par là des renforts.

La situation, en effet, devenait bien grave. Coligny n'avait presque point d'artillerie; il n'avait trouvé dans la ville que quinze canons et une vingtaine d'arquebuses; impossible donc d'atteindre l'ennemi à distance; d'autre part, avec le petit nombre d'hommes dont il disposait, il ne pouvait songer sans folie à faire des sorties. Il était donc réduit à défendre les remparts, mais l'artillerie ennemie les battait avec tant de force que les ouvriers ne consentaient à les réparer « si ce n'est à coups de bâton. »

CHAPITRE IX

Le connétable s'avance pour secourir Coligny.
— Bataille de Saint-Quentin. — Déroute de l'armée française.
— Nouveaux efforts des assiégeants. — Résistance acharnée
de Coligny. — La ville est surprise. — Coligny est fait prisonnier.
— Sac de Saint-Quentin.

Le 10 août, jour de la fête de Saint-Laurent, le connétable de Montmorency quitta La Fère pour s'avancer sur Saint-Quentin. Il avait sous ses ordres douze mille Allemands, troupe médiocre, et quinze compagnies d'infanterie française, en tout seize mille fantassins et cinq mille chevaux. Son plan, du reste assez bien conçu, était le suivant : il devait s'approcher de Saint-Quentin par le sud-est, où se trouvait le faubourg d'Isle, canonner ce faubourg qui venait d'être pris par les Espagnols ; pendant qu'il les occuperait ainsi, on devait mettre à l'eau dans les marais qui étaient au sud de la ville, en aval du faubourg, des bateaux plats que l'on avait amenés de La Fère sur des charrettes, et on espérait faire passer par là deux mille hommes qui pourraient servir à défendre la ville.

Ce plan, résolument exécuté, aurait pu parfaitement réussir. Mais Montmorency n'était pas l'homme des marches rapides et des coups de main vigoureux. Il n'arriva sur la Somme que vers neuf heures, l'armée était suivie d'une masse de valets qui encombraient la route de leurs chariots. On surprit cependant les Espagnols qui, sous le feu de l'artillerie, se replièrent dans le faubourg d'Isle; le maréchal Saint-André, chargé de la fausse attaque de gauche, la poussa avec vigueur, tellement que ses boulets atteignirent le campement du duc de Savoie, qui se replia vers le nord de la ville; le moment était venu de mettre à l'eau les bateaux, mais l'opération fut lente; il se trouva qu'on pouvait à peine les faire avancer; du faubourg, les Espagnols criblaient de balles ceux qui voulaient traverser les marais; on ne réussit qu'à faire passer quatre cents hommes; heureusement, parmi eux, se trouvait d'Andelot.

Le connétable avait fait une faute énorme; un peu en amont de Saint-Quentin, une chaussée, appelée de Rouvroy, traversait la Somme par un pont étroit que les Français auraient dû occuper à tout prix. Le duc de Savoie s'aperçut de leur erreur, et, faisant filer son armée vers l'est de la ville, il la massa sur la chaussée, par où elle gagna rapidement la rive gauche, et s'avança sur la droite du connétable, en ayant soin d'allumer devant elle des feux de chaume pour masquer ses mouvements. Ce ne fut qu'à deux heures de l'après-midi que Nevers, envoyé en reconnaissance par le connétable, s'aperçut de ce mouvement tournant. Au lieu d'une simple reconnaissance faite pour ravitailler Saint-Quentin, il s'agissait de livrer bataille à une armée plus de deux fois supérieure en nombre et qui contenait les meilleurs soldats de l'Europe. Le jeune comte de

La Rochefoucauld, placé sur la droite à l'avant-garde, voyait venir le péril (1); il envoyait messager sur messager au vieux connétable et vint lui-même l'avertir; mais celui-ci s'obstinait, disant qu'il n'y avait rien à craindre, qu'il jouerait aux Espagnols « un tour de son métier ». Condé essaya de tenir tête aux ennemis; il supplia Nevers, qui commandait la cavalerie, de charger avec lui avant que ceux-ci fussent en nombre, c'était trop tard; la cavalerie flamande et néerlandaise, conduite par l'impétueux Egmont, arriva par la chaussée comme un tourbillon qui emportait tout; Condé et Nevers furent brusquement débordés et séparés du centre. Enghien, frère aîné de Condé, s'écrie qu'il ne veut pas être blessé en fuyant; il va chercher au milieu des ennemis une mort glorieuse. Le connétable essaye trop tard de battre en retraite; mais il n'avait pas le coup d'œil de grand capitaine que sa bravoure incontestable ne pouvait suppléer. Ainsi, il n'avait pas songé à occuper sur la droite le moulin de Tout-Vent, où une cinquantaine d'arquebusiers auraient pu longtemps arrêter l'ennemi. Son infanterie française fit toutefois fière figure; elle s'avança en bon ordre par la chaus-

(1) M. le duc d'Aumale, dans son *Histoire des princes de Condé*, attribue surtout à Condé les sages avertissements adressés alors au connétable. Mais nous voyons dans les Mémoires de Mergey, témoin oculaire de ces faits, que ce fut La Rochefoucauld qui vint avertir le connétable du péril, le suppliant inutilement d'arrêter l'ennemi au passage du pont, et, pendant ce temps, de faire entrer son infanterie dans les bois, où la cavalerie ennemie ne pouvait le poursuivre. « J'étais toujours avec le comte de La Rochefoucauld, dit de Mergey, et entendis tous les discours qu'il eut avec le connétable, lequel n'ayant envoyé lesdits arquebusiers au moulin pour arrêter la cavalerie des ennemis, ou l'ayant oublié, fut cause de notre déroute. »

sée qui conduisait à Grand-Essigny pour gagner les bois de Jussy, où la cavalerie n'aurait pu l'atteindre. Elle présentait en reculant une forêt de piques contre laquelle venaient se briser les charges de la cavalerie flamande et des pistoliers allemands. Emmanuel-Philibert comprit qu'il ne pouvait l'entamer qu'avec de l'artillerie. Il fit avancer ses canons, qui ouvrirent dans cette masse compacte de formidables brèches par où l'ennemi entra comme un torrent. Les auxiliaires allemands tournèrent bride; des compagnies de chevau-légers anglais au service de la France passèrent à l'ennemi; l'infanterie essaya vainement de se reformer; elle fut en grande partie tuée sur place.

En peu d'instants, la victoire des alliés fut complète. La moitié de l'armée française était anéantie; l'autre prisonnière ou en fuite. Le duc de Nevers seul réussit à se frayer un passage à la pointe de l'épée, et, quand il arriva à Laon, il n'avait plus que six mille soldats. Parmi les prisonniers se trouvaient, outre le connétable, les ducs de Montpensier et de Longueville, le maréchal Saint-André et beaucoup de grands seigneurs français. L'armée de Philippe n'avait, disait-on, perdu que cinquante hommes. Quand le roi arriva au camp le lendemain, on lui offrit tous les étendards français.

C'était la plus brillante victoire que l'Espagne eût remportée depuis celle de Pavie. Philippe II paraissait pour la première fois sur un champ de bataille. On ne l'y revit plus depuis. Ce n'est pas qu'il eût horreur du sang. Peu d'hommes en ont fait plus répandre que lui. Mais sa nature pusillanime répugnait aux périls de la guerre. C'est à saint Laurent qu'il fit l'honneur de sa victoire, et c'est en souvenir de ce jour qu'il devait construire l'immense et triste palais de l'Escurial qui, par sa forme semblable à celle d'un gril, rappelle l'instrument de supplice du martyr.

On croyait que les Espagnols marcheraient sur Paris; c'était l'avis de leurs meilleurs généraux; rien ne protégeait la capitale de la France; la panique y régnait. Charles-Quint s'attendait si bien à cette marche en avant, qu'il ne put cacher sa colère lorsqu'il apprit que son fils restait devant Saint-Quentin. Philippe ne voulut rien risquer; d'ailleurs, le duc de Nevers, qui avait rassemblé les débris de l'armée, fit bonne contenance, envoya traiter de l'échange des prisonniers, et put faire croire, par son attitude, que la France était encore en état de lutter.

Coligny n'apprit pas immédiatement toute l'étendue de la défaite essuyée par le connétable. Il l'avait vu s'éloigner après l'entrée dans la ville, par le moyen des bateaux, des quatre cents hommes parmi lesquels se trouvait d'Andelot. « Encore, écrit-il, que toute la troupe qui était ordonnée pour entrer dans la ville avec le sieur d'Andelot n'y fût pas venue, pour l'empêchement qu'elle eut des ennemis, si peut-on penser quel plaisir j'eus en voyant ce qui était entré, et principalement le dit sieur d'Andelot, pour y avoir *un second moi-même* et sur lequel je me pouvais tant reposer. »

Le lendemain, les Espagnols firent connaître aux assiégés leur victoire, et hissèrent en vue des remparts les drapeaux qu'ils avaient pris aux Français; les habitants en furent consternés, et un découragement profond saisit la plupart des combattants. Les ouvriers se cachaient dans les caves et les greniers pour ne plus travailler aux remparts (1). Il fallut redoubler d'énergie. D'Andelot, heureusement, était là : « Bien, puis-je dire, écrit l'amiral, que sans lui je fusse demeuré sous le faix, car je n'eusse pu satisfaire seul à la peine qu'il fallait avoir, de laquelle il prit la meilleure part, depuis qu'il fut entré dans la ville. »

Cet éloge n'avait rien d'exagéré. On le vit dès le jour même de l'arrivée de d'Andelot; celui-ci, qui avait traversé la Somme à la nage, prit à peine le temps de sécher ses vêtements avant d'avoir inspecté les remparts.

Nous avons dit que la muraille du côté de l'est était la plus menacée; depuis que les Espagnols occupaient le faubourg d'Isle, ils avaient établi là des batteries qui, par-dessus la Somme, prenaient cette muraille en écharpe et la balayaient tellement qu'on n'y pouvait placer un canon. D'Andelot fit immédiatement placer sur le haut du rempart des bateaux qu'il fit remplir de terre, et qui formèrent un véritable parapet, derrière lequel les artilleurs et les arquebusiers français purent trouver un abri.

Chaque jour que l'on gagnait était une chance de

---

(1) Cette défaillance des habitants n'est point avouée dans les manuscrits de la ville; d'après eux, ce serait la situation des remparts, dominés par l'artillerie ennemie, qui empêchait les assiégés de s'y tenir. M. Gomart partage cette manière de voir. Il est difficile de croire, toutefois, que Coligny ait accusé injustement les habitants; il n'hésite point à reconnaître ailleurs que ce n'est point à eux, mais aux soldats réguliers de la compagnie du Dauphin qu'il faut attribuer l'abandon de la brèche et le succès de l'assaut final des ennemis.

salut de plus pour la France, c'est ce que Coligny comprenait; aussi, bien qu'il ne se fît aucune illusion sur l'issue du siège, multipliait-il les moyens de résistance. Un ingénieur fort habile, Saint-Remy, faisait creuser des contre-mines pour aller à la rencontre des chemins couverts par lesquels les Espagnols s'avançaient jusqu'au pied des courtines. Ce qui manquait surtout à la défense, c'étaient des arquebusiers. Nevers, prévenu par l'amiral, promit d'en envoyer trois cents; ceux-ci s'approchèrent de nuit des marais de la Somme et tentèrent de les franchir dans des bateaux plats, mais l'alerte ayant été donnée, cent vingt seulement purent entrer; c'était le 22 août. La veille, les Espagnols, qui disposaient enfin de 50 pièces de siège venues de Cambrai, avaient ouvert contre le mur du côté de l'est un feu terrible et sans relâche; au nord et à l'ouest, les batteries flamandes et anglaises canonnaient également la place; la maçonnerie des murailles était de si mauvaise qualité qu'elle ne pouvait résister aux boulets et s'effondrait partout.

Le 24 août, on fut obligé, pour ménager les provisions, de faire encore sortir de la ville 600 bouches inutiles; le parti était cruel, car les malheureux fugitifs avaient à redouter toutes les violences de la part des assiégeants, rendus furieux par une résistance à laquelle ils ne s'attendaient pas.

La consternation des habitants redoublait. Coligny se promenait de nuit, se mêlait aux groupes, recueillait les propos.

Voyant les dispositions générales, il rassembla ses capitaines, leur déclara « qu'il était bien résolu de garder cette place et que si l'on l'oyait tenir quelque langage qui approchât de faire composition, il les suppliait tous qu'ils le jetassent comme un poltron dedans le fossé par-dessus les murailles; que, s'il y avait quelqu'un qui lui en tînt propos, il ne lui en ferait pas moins. »

« Le 24 août, Philippe II commanda aux archers anglais de lancer sur la ville huit flèches; chaque flèche était entourée d'un papier par lequel Sa Majesté offrait aux habitants, s'ils voulaient se rendre, de leur donner la vie sauve, la facilité d'aller où ils voudraient, sans être dépouillés de ce qu'ils possédaient, les engageant à se bien rendre compte que l'amiral les trompait par de fausses promesses et que si, comme il en était certain, la ville était prise d'assaut, ils seraient tous passés au fil de l'épée. Ces flèches furent remises à l'amiral qui, après en avoir lu les papiers, y répondit en usant du même moyen, et les papiers qu'il envoya dans le camp espagnol ne contenaient que ces seuls mots : *Regem habemus!* (1) ». Cette réponse, dans son héroïque simplicité, avait quelque chose de sublime. On y reconnaît la loyauté de l'amiral et ce culte de la patrie, qu'il incarnait dans son roi; or il n'a pas même mentionné ce trait dans son récit du siège, c'est un étranger qui nous l'a conservé !

Le 27 août, la situation devenait très grave; l'artillerie ennemie avait ouvert onze brèches dans les murailles de la ville: Coligny restait inébranlable.

---

(1) Ch. Gomart, *Récit du siège de Saint-Quentin, par un officier espagnol* (p. 394).

« Vous voyez, disait-il à ses hommes, comme les ennemis renforcent leurs batteries, et est à croire qu'ils feront aujourd'hui un grand effort. Je vous prie que chacun se prépare de les bien repousser et recevoir cette première fois, et puis Dieu nous conseillera ce que nous aurons à faire. »

Mais ces recommandations étaient inutiles. Coligny ne pouvait faire passer dans les âmes de tous les défenseurs de Saint-Quentin l'héroïsme qui l'animait; l'instant fatal approchait.

Ce jour-là même, comme on pouvait le prévoir, un assaut général fut donné. L'amiral avait réparti les 800 hommes dont il disposait de manière qu'ils pussent défendre les onze brèches déjà pratiquées par l'artillerie ennemie.

Sur les deux heures de l'après-midi, lorsque le feu de leurs batteries eut balayé autant que possible les remparts, les Espagnols s'avancèrent; Coligny combattait vaillamment à sa brèche, lorsque, se retournant, il vit des soldats de la compagnie du Dauphin s'enfuyant dans la ville, et les ennemis déjà parvenus à la tour que cette compagnie venait de leur abandonner lâchement. La panique s'était emparée de ces soldats, troupe jeune et mal aguerrie. Furieux de cette lâcheté, Coligny se jeta au milieu des fuyards et s'efforça de les ramener au rempart; mais il était trop tard. En un clin d'œil, il se vit entouré d'ennemis et abandonné de tous les siens, si ce n'est d'un jeune page nommé d'Aventigny et de deux de ses serviteurs. Un Espagnol, nommé Francisque Diaz, l'attaqua et échangea avec lui quelques coups d'épée; mais l'un des serviteurs lui ayant dit que c'était l'amiral, il changea d'attitude, détourna l'arme d'un arquebusier qui allait tirer sur Coligny, et demanda à ce dernier de se reconnaître son prisonnier, puis il l'emmena au camp espagnol en passant par la brèche que l'amiral avait défendue et par laquelle, remarque avec fierté ce dernier, aucun ennemi n'avait pu passer.

En sortant de la ville, Coligny put voir au loin la troupe de d'Andelot qui combattait encore; c'était le dernier effort tenté pour défendre ce boulevard de la France. Saint-Quentin était aux mains de l'ennemi!

Francisque Diaz conduisit l'amiral devant le duc de Savoie qui, après l'avoir toisé du regard, le confia à Cazères, l'un de ses maîtres de camp.

Le lendemain, le duc de Savoie l'invita à dîner avec le comte de La Rochefoucauld, mais ce fut pour lui faire un insolent accueil. Le caractère d'Emmanuel-Philibert n'était pas à la hauteur de ses talents de soldat. Sa haine contre la France était profonde et son avidité proverbiale. Dépouillé de son duché, il avait pris pour devise : *Spoliatis arma supersunt*, et les armes pour lui étaient avant tout un moyen de s'enrichir. Suivant la coutume de beaucoup de capitaines de son temps, il trafiquait de ses prisonniers, exigeant d'eux des sommes énormes; chacune de ses campagnes était pour lui une spéculation, et on prétend qu'il gagna de ce chef, par sa victoire de Saint-Quentin, plus de 500,000 écus (1). Un général professant d'autres prin-

---

(1) C'est ce qu'affirme un historien qui lui est favorable, Guichenon. *Histoire de Savoie* (t. II, p. 245).

cipes aurait eu le droit d'en vouloir aux Français pour la manière dont ils avaient rompu la trêve et d'en faire retomber la responsabilité sur Coligny; mais Emmanuel-Philibert manifestait le plus complet scepticisme à l'endroit de ces engagements qui, selon lui, ne liaient que les faibles (1). Il aurait dû, au moins, rendre justice, comme homme de guerre, à la bravoure que venait de déployer Coligny. Il préféra l'humilier, en le faisant asseoir au bout de sa table, « ne lui disant une seule parole, ni ne faisant semblant de le voir (2). »

Quant à son frère d'Andelot, bien décidé à ne pas se laisser reprendre par les Espagnols et se souvenant de sa rude captivité d'Italie, il se hasarda à travers les les marais, risqua de s'y noyer, mais put rejoindre le camp français.

L'amiral avait une première préoccupation bien naturelle, se justifier de sa défaite aux yeux de son roi. Il savait que Henri II ne lui était plus favorable, et que ses ennemis ne manqueraient pas, pour lui nuire, de s'armer de son insuccès. « J'ai un extrême regret, écrivit-il au roi à la date du 30 août, de n'avoir pu satisfaire à la bonne volonté et obligation grande de vous faire service, mais ce qui me réconforte, c'est que Votre Majesté est si raisonnable qu'elle se contentera quand elle saura que j'ai fait jusqu'à la fin ce qui convient faire à un gentilhomme de bien et d'honneur. » Il lui racontait comment la ville avait été surprise à la

(1) Voir, sur le duc de Savoie, Lothrop-Motley, *Histoire de la fondation des Provinces-Unies* (1re partie, ch. II).
(2) *Mémoires du sieur Jean de Mergey.*

suite de l'abandon par la compagnie du Dauphin du poste qu'elle aurait dû défendre. « Il est raisonnable, ajoutait-il, que ceux qui avaient la charge de cette brèche soient ouïs et allèguent leurs raisons. Quant à moi, de ce que j'en ai vu et connu, je vous dirai que s'ils se fussent là aussi bien opiniâtrés à la défendre comme firent généralement tous les autres endroits, je serais encore dedans Saint-Quentin à vous faire service. J'ai un grand crève-cœur de penser que nous ayons été forcés par l'un des plus forts endroits, quasi sans combattre, et même que, des autres brèches, les ennemis en étaient en partie repoussés, et que nos gens y furent pris par derrière. » Nobles regrets et qui attestent sa vaillance; mais, à supposer même que cette attaque du 27 août eût été repoussée, il est certain que la place n'aurait pu tenir longtemps sous le feu écrasant de l'artillerie ennemie, et, dans l'impossibilité absolue où la France était de le secourir, Coligny a fait tout ce qui était possible.

Comme l'a dit éloquemment M. Delaborde, « Retenir avec une poignée d'hommes, pendant dix-sept jours (1), sous les murs d'une place démantelée une armée colossale; la réduire à ne pas oser, dans l'élan de sa victoire, se diriger sur la capitale, et donner par là à l'armée vaincue le moyen de rassembler ses débris et de se reconstituer : voilà le prodige qu'accomplit Coligny par l'ascendant de son indomptable énergie. A l'aspect de ce prodige et en l'appréciant dans toute sa portée, l'histoire est donc fondée à déclarer que, par

---

(1) Il y en eut, en réalité, vingt-cinq, du 2 au 27 août.

sa résistance héroïque, l'amiral sauva la France à Saint-Quentin. » Mais ce service immense, Henri II ne sut pas même le reconnaître, et c'est par le silence du dédain qu'il répondit à l'amiral.

L'officier étranger inconnu qui nous a laissé sur le siège de Saint-Quentin tant de précieux renseignements raconte ici un trait touchant : « L'un des soldats espagnols placés près de l'amiral lui dit un jour : « Pourquoi votre seigneurie reste-t-elle silencieuse? (Il » ne parlait jamais.) Les affaires de France vont bien, » et nous avons encore à prendre le roi. » L'amiral répondit : « Avant trente jours le roi viendrai ci avec » une puissante armée, et tu verras ce qui se passera. » — D'ici à trente jours, répondit le soldat, nous au- » rons pris La Fère, Guise, Le Catelet et Péronne. — » Tu ne dis même pas, dans cette heure de malheur, » *s'il plaît à Dieu*, dit l'amiral très fâché (1). »

Saint-Quentin fut livré au pillage et au carnage pendant deux jours entiers. On tua les habitants qui ne purent pas offrir de rançon. Comme la ville était riche, le butin fut considérable ; quelques soldats se vantèrent d'avoir eu pour leur part jusqu'à 12,000 ducats. Philippe II donna l'ordre qu'on sauvât la vie des femmes ; on leur ouvrit donc la cathédrale, où plus de trois mille trouvèrent un refuge ; mais les soldats, avant de les y conduire, leur enlevèrent ceux de leurs vêtements qui avaient quelque valeur, et, pour leur faire avouer où étaient leur argent et leurs bijoux, ils les

---

(1) Gomart, *Récit du siège de Saint-Quentin, par un officier espagnol* (p. 410).

frappaient de leurs épées et les mutilaient. D'autres femmes se réfugièrent dans le camp, en réclamant la protection de l'évêque d'Arras, qui accompagnait le roi. Le 28 au soir, le feu fut mis partout dans la ville ; alors Philippe, qui avait laissé les malheureux habitants exposés à tous les outrages, se préoccupa pieusement de recueillir le corps de saint Quentin et les autres reliques que contenaient les églises. Le 29 août, le roi déclara qu'avant qu'il fît son entrée solennelle dans la ville, elle devait être complètement évacuée. Les 3,500 femmes qui s'y trouvaient furent conduites au loin sur le territoire français ; c'était pitié de voir ce long et lugubre cortège ; beaucoup d'entre elles avaient d'horribles blessures ; telles, âgées de plus de quatre-vingts ans, avaient leurs cheveux blancs couverts de sang ; d'autres portaient leurs petits enfants ; elles poussaient des cris de douleur en voyant dans les rues les cadavres de leurs pères, de leurs époux ou de leurs fils.

Le 30 août, le roi fit son entrée dans la malheureuse ville, qui, un mois auparavant, offrait le paisible spectacle d'une cité prospère. Sur les ruines fumantes, les cadavres étaient encore entassés et leur odeur empestait l'atmosphère. « Je me promenais dans la place, en regardant autour de moi, dit l'officier espagnol que nous avons déjà cité, et il me semblait voir une seconde destruction de Jérusalem ; ce qui me frappait surtout, c'était de ne plus trouver un seul citoyen de la ville, personne qui fût ou qui osât se dire Français ! Comme les choses de ce monde sont vaines et passagères, me disais-je. Il y a six jours, que de richesses dans cette ville, et maintenant il n'y reste pas pierre sur pierre ! » (1).

(1) Quentin de La Fons, dans son *Histoire particulière de la ville de Saint-Quentin*, dit que les remparts restèrent longtemps renversés, tellement qu'en hiver les loups entraient parfois dans la ville, et qu'au moment où il écrit, c'est-à-dire quatre-vingt-dix ans après le siège, Saint-Quentin n'avait pas recouvré l'état où il était auparavant.

CHAPITRE X

Captivité de Coligny. — Campagne de Guise en Italie. — Promesses trompeuses de Carafa. — Triste fin de l'expédition française. — Guise est rappelé. — Il surprend Calais. — Paix avec les Anglais. — Mariage du dauphin François avec Marie Stuart.

Il semblait que Philippe II dût enfin se décider à marcher sur Paris ; mais il n'était pas l'homme des décisions rapides : la méthode de temporisation qui devait diriger toute sa politique lui fit perdre, en cette occasion, les résultats de son immense succès. Il savait d'ailleurs que la France s'armait de toutes parts ; que Paris, revenu de sa stupeur, organisait une énergique résistance, grâce, il faut le reconnaître, à l'initiative de Catherine de Médicis. « C'est la plus belle page de sa vie. Le roi était à Compiègne ; elle se trouvait seule à Paris ; une panique s'était emparée de tous les esprits. De son propre mouvement, de sa propre inspiration, elle se rend au Parlement, et là, faisant un chaleureux appel au patriotisme de ses membres, elle s'exprime, nous dit l'ambassadeur vénitien, avec tant de sentiment, tant d'éloquence, qu'un subside fut voté par acclamation, et que les notables de la ville offrirent 300,000 livres. Elle les remercia avec des paroles si expressives et si douces qu'elle arracha des larmes à toute l'assistance (1). » Philippe II savait aussi que François de Guise, rappelé d'Italie, allait débarquer à Marseille. D'ailleurs, son armée était composée, en grande partie, de mercenaires qui, gorgés de butin, menaçaient de déserter; les Anglais et les Espagnols se détestaient; Philippe était averti par Marie que l'Écosse attaquait l'Angleterre, et que celle-ci réclamait le renvoi de ses troupes. Cette armée immense risquait de fondre entre ses mains. Il se borna à occuper quelques villes de Picardie, et n'alla pas plus loin. Dès les premiers jours d'octobre, il retourna à Bruxelles, et de là donna l'ordre de licencier ses troupes. Cet avortement d'une invasion qui semblait formidable révélait tout ce qu'il y avait de factice dans la puissance extérieurement si imposante de l'héritier de Charles-Quint.

Pendant ce temps que devenait Coligny?

Le 31 août 1557, deux compagnies d'arquebusiers emmenèrent l'amiral à Lille, puis à L'Écluse, petit port militaire situé près de l'embouchure de l'Escaut, sur la frontière de la Zélande, et dont le triste château devait lui servir de prison (2). Le duc de Savoie avait consenti à laisser auprès de lui ceux de ses domestiques dont il aurait absolument besoin, mais en leur défendant de communiquer avec le dehors; toutes les lettres que recevrait ou qu'expédierait Coligny devaient passer sous les yeux d'Emmanuel-Philibert. L'amiral allait subir la surveillance tracassière que Philippe II

---

(1) Hector de La Ferrière, *Lettres de Catherine de Médicis*, Introd., p. LII.

(2) Le connétable, blessé et fait prisonnier à la bataille du 10 août, avait été conduit au château de Gand.

aimait à exercer sur ses prisonniers d'État, et dont on trouve la trace à chaque ligne dans l'énorme correspondance de ce monarque, plus fait pour le métier de sbire que pour celui de souverain (1).

A peine arrivé dans sa prison, l'amiral, qui toute sa vie fut sujet à des accès de fièvre, tomba gravement malade; les émotions et les périls qu'il venait de traverser auraient suffi à ébranler une constitution plus robuste que la sienne. Pendant quarante jours sa vie fut en danger.

Dès qu'il eut repris ses forces, il se mit à rédiger son discours sur le siège de Saint-Quentin, dont nous avons donné de si nombreux extraits. Il l'écrivait pour se justifier; il savait que le roi l'avait condamné sans l'entendre, et les nouvelles qu'il recevait de France lui apprenaient que la fortune des Guises, devenus ses ennemis avoués, avait rapidement grandi dans le désastre qui frappait le royaume. Nous devons exposer rapidement ici le rôle que François de Guise fut alors appelé à jouer.

Nous l'avons vu partant pour l'Italie, vers la fin de 1556. Rendons-nous compte de l'état de ce pays pour voir ce que valaient les brillantes promesses que Carafa avait fait miroiter devant ses yeux.

Naples et Milan appartenaient aux Espagnols; le duc d'Albe occupait Naples avec une armée petite sans doute, mais qui comptait plusieurs corps de ces redoutables bandes espagnoles auxquelles personne alors

---

(1) Qu'on en juge par les conditions vraiment atroces auxquelles il réduisit plus tard l'illustre Lanoue dans sa captivité de cinq ans.

ne savait résister. Le duc de Parme, Ottavio Farnèse, était inféodé à l'Espagne; Gênes également. Venise, malgré tous les efforts de Carafa, était fermement décidée à garder une neutralité prudente. Florence n'écoutait que son intérêt, et Philippe II y dominait par son ambassadeur. Devant tous ces États hostiles ou neutres, qu'est-ce que Carafa avait à offrir à la France ? Outre l'alliance du pape, celle du duc de Ferrare, Hercule d'Este, époux de Renée de France et beau-père de Guise. Ailleurs, à Sienne, à Naples, des promesses de soulèvements, mais c'était tout. L'armée pontificale ne comptait pas; elle n'avait su que se faire battre chaque fois qu'elle avait rencontré les Espagnols en pleine campagne, et si le duc d'Albe n'était pas encore entré dans Rome, c'était uniquement par scrupule religieux. D'ailleurs, plusieurs des nobles romains, et parmi eux un chef de premier ordre, Marc-Antoine Colonna, servaient sous le drapeau espagnol. Le trésor pontifical était à sec, et Carafa avait dû contracter en France un emprunt au taux exorbitant de 22 pour 100. Telle était la situation vraie. Le cardinal de Lorraine, s'il n'avait pas été aveuglé par son ambition, aurait pu le comprendre, car il était venu en Italie pour tâcher d'ébranler le sénat de Venise, et il n'y avait recueilli que des hommages et des refus. François de Guise, qui s'était prêté avec tant de complaisance à la comédie que Carafa venait de jouer en France, aurait dû se douter que cet Italien à l'esprit retors pourrait bien un jour le jouer lui-même; et, en effet, à la veille même de l'entrée de Guise en Italie, le cardinal pratiquait sous main le duc d'Albe, et lui offrait la paix moyennant la cession de Sienne aux Carafa (1). Voilà ce que valait cet allié, qui parlait de délivrer l'Italie du joug espagnol !

Guise ignorait tout cela. Il put, au début, croire la campagne facile. Il amenait avec lui douze mille fantassins et une brillante cavalerie. La Savoie appartenant à la France, Guise traversa aisément les Alpes ; mieux eût valu pour la France qu'il s'y fût heurté à son duc Emmanuel-Philibert, qui, à ce moment même, préparait sur nos frontières du nord son écrasant succès de Saint-Quentin.

A Reggio, Guise rencontra son beau-père, le duc de Ferrare. Brissac, gouverneur du Piémont, conseillait de prendre le Milanais. On eût eu, dès le début, une situation solide, le Piémont, Milan, Ferrare formant un noyau compact ; mais ce n'était le compte ni de Carafa, qui voulait sa principauté, ni de Guise, qui convoitait Naples. On avança vers le midi. Dès ce moment, les déceptions commencèrent ; Hercule d'Este garda son armée, ne voulant pas, avec raison, laisser ses frontières dégarnies ; Paul IV n'avait presque point de soldats à donner à Guise.

En revanche, il excommunia solennellement Charles-Quint et Philippe II, et le jour du vendredi saint, où l'Église prie pour les hérétiques, les juifs et les musulmans, il refusa de prier pour l'empereur. Mieux eût valu donner à Guise les soldats qu'on lui avait promis.

Guise, pour pénétrer dans le Napolitain, vint le 24 avril attaquer la petite ville de Civitella ; cette

---

(1) Le fait est formellement attesté par Pietro Norres. Voyez G. Duruy (p. 202).

place fut énergiquement défendue : les assiégés n'avaient que deux canons à opposer à l'artillerie française ; ils en firent un habile usage et repoussèrent tous les assauts. Les semaines se passaient ; Guise se morfondait devant cette citadelle qui le narguait ; il attendait en vain les soulèvements des populations qu'on lui avait promis ; un jour, voyant le triste état des troupes que lui amenait Montebello, frère du cardinal Carafa, il l'accusa en face d'empocher la solde de ses soldats et de ne pas avoir son effectif au complet. Il alla plus loin même et donna à entendre que Carafa pouvait bien le trahir. Pour le calmer, celui-ci se vit forcé d'envoyer à Paris deux de ses neveux pour otages. Le 15 mai, Guise dut lever le siège de Civitella, qui l'avait arrêté vingt-deux jours ; il renonçait à entrer dans le Napolitain et prenait une position défensive, sentant bien que le petit nombre de ses troupes ne lui permettait pas de se hasarder en pleine campagne. Le duc d'Albe, que son caractère portait plutôt à la prudence, l'observait de près. Pendant que les deux armées restaient en présence, Paul IV, qui venait de faire venir 3,000 Suisses, les dirigea sur Paliano, patrimoine d'un de ses neveux, afin de le protéger au moins contre les Espagnols ; pour les encourager au combat, il les avait nommés des anges envoyés du ciel ; le 27 juillet, les anges furent exterminés jusqu'au dernier par le redoutable Colonna. Paul IV, épouvanté, somma Guise de se replier sur Rome ; celui-ci obéit, mais à contre-cœur, il semblait désintéressé de cette campagne, et venait même d'envoyer plusieurs détachements à Ferrare pour protéger son beau-père. Les

Espagnols, sous ses yeux, s'emparèrent de la ville de Segni (1).

Le 23 août, la terrible nouvelle du désastre de Saint-Quentin arrivait à Rome. Rien ne peut donner une idée de la consternation qu'elle produisit. Paul IV allait se trouver seul en face d'un ennemi partout victorieux. Mais le cardinal Carafa, qui savait que le duc d'Albe ne voulait à aucun prix recommencer le sac de Rome, lequel avait fait exécrer le nom de Bourbon, commença sur-le-champ des négociations secrètes avec lui ; la France étant vaincue, il n'avait plus rien à attendre d'elle et, sans hésiter, il allait se donner à l'Espagne ; le 14 septembre, il signait une convention qui donnait satisfaction au duc d'Albe ; mais, pour ménager l'orgueil de Paul IV, il lui cachait quelques-unes des stipulations qu'il avait dû subir (2).

Henri II écrivit immédiatement à François de Guise de revenir en France. Il lui révélait toute l'étendue du désastre de Saint-Quentin : « Reste, ajoutait-il, à avoir bon cœur et ne douter de rien (3). » Les Valois ont toujours eu de ces mots chevaleresques au lendemain des désastres qu'amenait leur impéritie. On peut croire que Guise n'était que trop heureux de sortir de ce mauvais pas. Sa dernière entrevue avec Paul IV est restée célèbre. « Partez donc, lui dit le vieux pontife ; aussi bien, vous avez fait peu de chose pour le service

---

(1) Elle fut prise le 15 août, et ce qui peut donner une idée de l'atrocité de ces guerres, *la population tout entière* fut exterminée avec des raffinements de cruauté.
(2) Ce fut cette tromperie qui, révélée plus tard au vieux pontife, lui ouvrit les yeux et l'amena à renier et à maudire son neveu.
(3) Ribier (t. II, p. 700).

de votre roi, moins encore pour l'Église et rien du tout pour votre honneur (1). »

On vit sur les routes de l'Italie du Nord passer les débris de la brillante armée que Carafa y avait appelée six mois auparavant. La misère de ces soldats était telle que le duc de Guise offrit au duc de Ferrare de lui engager tous ses biens pour obtenir cent mille écus, « étant, par nécessité, le soldat contraint d'aller en chemise et pieds nus mendier son pain de ville en ville (2). »

Ainsi, la patrie envahie, une armée écrasée à Saint-Quentin, une autre fuyant l'Italie, tel était le dernier résultat de l'aventure dans laquelle Paul IV, dirigé par un intrigant, avait lancé la France!

Mais la France ignorait ce qui se passait au delà des Alpes. Tout entière à la stupeur causée par le désastre de Saint-Quentin, elle redemandait à grands cris une armée et un chef, et lorsqu'elle apprit que François de Guise était débarqué à Marseille, elle le salua d'une immense acclamation. N'était-il pas le sauveur de Metz? N'est-ce pas lui seul qui pouvait réparer le désastre éprouvé par le défenseur malheureux de Saint-Quentin?

Avec cette légèreté trop naturelle à notre race, on comparait superficiellement ces deux sièges, sans tenir compte de la différence des circonstances dans lesquelles ils avaient été soutenus. A Metz, Guise occupant une place des plus fortes, avec des troupes excel-

(1) Fra Paolo Sarpi, *Hist. du Concile de Trente* (livre V, p. 415).
(2) Lettre de Guise au duc de Ferrare, de Rome le 4 septembre 1557. Ribier (t. II, p. 703).

lentes, luttant contre un ennemi redoutable, sans doute, mais qu'un terrible hiver décimait tellement, qu'un de ceux qui se trouvaient dans la ville a pu dire avec vérité : « J'étais au siège de Metz et témoignerai toujours que M. de Guise y a bien servi, mais si faut-il confesser que la saison de l'hiver y a plus servi que nulle autre (1). » A Saint-Quentin, Coligny défendant avec une poignée d'hommes une cité démantelée contre soixante mille soldats que tout favorisait. Dans le premier de ces deux sièges, l'armée de secours, par des diversions habiles, avait inquiété Charles-Quint au point de le faire renoncer à son entreprise ; dans le second, elle n'était apparue que pour se faire écraser. N'importe! On saluait en François de Guise le grand vainqueur des Espagnols. Aussi Henri II, malgré l'inquiétude que lui inspirait la maison de Lorraine, dut-il, sous la pression de l'opinion publique, nommer François son lieutenant général, avec des pouvoirs presque illimités (5 octobre), et confier les finances et l'administration à son frère le cardinal.

François de Guise sut d'ailleurs, par son énergie, se montrer digne du rôle qui lui était confié. En arrivant à Compiègne, suivi des soldats qu'il ramenait d'Italie, il y trouva une véritable armée, que le duc de Nevers avait reformée avec les débris de celle de Saint-Quentin. Il occupa l'attention de l'ennemi en manœuvrant le long de la Meuse, puis tout à coup, vers la fin de décembre, il dirigea ses troupes par des

---

(1) Le vidame de Chartres, dans La Place. *Comment.* cité par M. Delaborde.

marches forcées vers la Flandre et se présenta devant Calais.

L'idée d'attaquer cette ville ne lui appartenait cependant pas. C'était un plan qu'avait mûrement préparé Coligny et pour lequel il avait donné des instructions à son lieutenant Senarpont. L'amiral, plus de deux ans auparavant, en avait entretenu le roi, et lui avait même confié qu'il avait fait étudier les abords de la place, de manière à pouvoir s'en emparer par un coup de main. Henri II s'était souvenu de cet entretien. Aussi Brantôme a-t-il pu dire avec raison que Coligny « fut le premier inventeur de cette entreprise. » Le roi dépêcha Feuquières à Châtillon-sur-Loing avec l'ordre de demander à la comtesse de Châtillon les papiers de l'amiral relatifs à cette affaire. On les y trouva. L'amiral y conseillait d'attaquer la place en hiver, « d'autant qu'alors l'Anglais, se fiant en la mer et aux eaux qui regorgent et s'enfluent plus fort qu'en été, n'y jetait grand nombre de gens et la garnison était fort petite. » Ces prévisions étaient parfaitement fondées; d'ailleurs, Marie Tudor ne croyait point que cette cité pût être menacée au lendemain de l'écrasante défaite de Saint-Quentin. Depuis deux cent dix ans, Calais appartenait à l'Angleterre, et elle passait pour tellement forte que l'on avait écrit sur l'une de ses portes :

> Il sera vraisemblable que Calais on assiège
> Quand le fer ou le plomb nagera comme liège (1).

Guise poussa l'attaque avec la plus grande énergie.

---

(1) R. de Bouillé, *Hist. des ducs de Guise* (t. Ier, p. 123).

Il était bien pourvu d'artillerie, et avait confié son aile gauche à d'Andelot. Le 3 janvier 1558, les Français attaquèrent simultanément les deux forts de Nieullai et de Risbank, qui protégeaient la ville; le feu des assiégeants, habilement dirigé, les démantela rapidement, et les Français s'en emparèrent le soir même. De là, pendant trois jours, ils battirent en brèche la ville elle-même et son château. Le 4 janvier, d'Andelot reçoit la mission difficile de passer par le rivage entre la mer et la ville, à la marée basse, avec quinze cents arquebusiers, et d'aller creuser, sous le feu de l'ennemi, un canal par lequel pourrait s'écouler l'eau du fossé que les Français devaient franchir pour monter à l'assaut. On n'accomplit cette œuvre, presque impossible sur un terrain marécageux et mouvant, qu'à l'aide de claies enduites de poix, que Senarpont avait préparées et sur lesquelles les soldats marchent pour ne pas enfoncer. Quand le fossé est vidé, le 6 au jour naissant, Guise s'avance avec les siens, passe un bras de mer ayant de l'eau jusqu'à la ceinture, entre par la brèche et occupe la ville; lord Wentworth, qui commandait la citadelle, obtient une capitulation honorable, et, le 9, Calais est évacué par les Anglais (1);

(1) M. de Bouillé, dans son livre d'ailleurs si remarquable et si exact sur les ducs de Guise, suppose bien gratuitement que c'est par malveillance contre François de Guise qu'on a revendiqué pour Coligny l'honneur d'avoir préparé la prise de Calais. Le fait est cependant parfaitement vrai, et Brantôme le raconte comme une chose connue de tous. Il n'infirme, du reste, en rien, l'habileté et la vigueur dont Guise a fait preuve dans l'exécution de ce plan. L'accusation de malveillance pourrait d'ailleurs être retournée contre les Guises. En effet, il est certain : 1° que Coligny seul avait préparé l'attaque de Calais, que Guise n'avait pu l'improviser et qu'il l'a exécutée d'après les plans de l'amiral et avec le concours si pré-

Guise ne déshonora sa victoire par aucune cruauté, et la conduite des Français offrit un contraste frappant avec les scènes hideuses qui avaient marqué la prise de Saint-Quentin. La garnison et les habitants eurent la vie sauve et purent se retirer en Angleterre et en Flandre, mais ils durent abandonner leurs armes et leurs biens aux vainqueurs.

Cinquante officiers anglais furent seuls retenus prisonniers avec lord Wentworth. Quelques jours plus tard, la forteresse de Guines dut également se rendre. Les Anglais ne possédaient plus rien en France. Au lendemain d'une catastrophe où Paris même était menacé, l'effet de cette victoire fut immense. François de Guise apparut aux yeux de tous comme le sauveur du pays. « La foule oublia que, tandis que l'heureux aventurier compromettait naguère la France au fond de l'Italie, un homme de devoir l'avait sauvée en se dévouant sciemment au rôle de vaincu (1). »

Un nouvel événement allait consacrer la grandeur des Guises en les plaçant en quelque sorte sur les marches du trône. On sait que leur sœur aînée, Marie de Lorraine, avait épousé en 1538 Jacques V d'Écosse. Devenue veuve en 1542 et déclarée régente du royaume au nom de sa fille Marie Stuart, elle avait envoyé cette dernière en 1548 à la cour de France.

---

cieux de son lieutenant Senarpont ; 2° que c'est d'Andelot qui, par sa bravoure, a joué le rôle principal dans l'attaque ; 3° que quelques mois plus tard les Guises, oubliant tout cela, épiaient en ennemis la correspondance de l'amiral, dénonçaient d'Andelot au roi et lui enlevaient sa charge de colonel de l'infanterie française. Voilà les faits dans leur simplicité. *Cui que suum.*

(1) Henri Martin.

Accueillie avec empressement par Henri II, Marie avait reçu une éducation brillante ; les arts, la musique en particulier, la passionnaient ; tous les contemporains, jusqu'au grave chancelier de L'Hospital, affirment qu'à quinze ans sa beauté exerçait un charme irrésistible. « Notre petite reinette écossaise n'a qu'à sourire, disait Catherine de Médicis, pour faire tourner toutes les têtes françaises. » On comprend donc le prestige qu'elle exerça sur le dauphin François, auquel on l'avait fiancée. Les Guises étaient impatients de conclure ce mariage ; ils obtinrent qu'il fût célébré au printemps de cette année, malgré la santé débile et l'extrême jeunesse du prince, qui n'avait que quatorze ans et demi. Le Parlement écossais conféra au dauphin le titre de roi d'Écosse. Quant aux Guises, qui dominaient entièrement leur nièce, ils avaient obtenu de Marie qu'elle signât un acte secret par lequel elle faisait don de son royaume à la couronne de France, et cela quelques jours avant l'acte public de son mariage (24 avril 1558), dans lequel elle jurait solennellement, ainsi que son époux, de conserver l'indépendance et les libertés de l'Écosse ! C'est par cet acte perfide, vraie trahison envers son peuple, que cette enfant charmante inaugurait, sous l'inspiration de ses oncles, cette destinée tragique devant laquelle l'âme s'arrête suspendue entre l'indignation et la pitié.

Les Guises étaient donc à l'apogée de leur fortune ; le connétable et Coligny, captifs, ne pouvaient leur porter aucun ombrage ; quant à d'Andelot, il venait de rendre à François de Guise le plus signalé des services par sa vaillance au siège de Calais, mais l'esprit soupçonneux des Lorrains ne désarmait pas pour cela ; François de Guise, au moment même où il attaquait Calais, profitait de sa situation de lieutenant général pour prendre connaissance de la correspondance échangée par l'amiral captif avec sa famille (1), et nous verrons bientôt avec quelle habileté le cardinal, son frère, chercha à perdre les Châtillons dans l'esprit du roi.

(1) Voir sur ce point la lettre caractéristique de Guise à M. de Humières, publiée pour la première fois par M. Delaborde (t. I*er*, p. 323).

CHAPITRE XI

Coligny dans sa prison. — Crise religieuse de l'amiral. — D'où lui vinrent ses croyances nouvelles? — Sa correspondance avec Calvin. — Attitude de Charlotte de Laval. — Influence de Calvin sur la réforme française. — Ce que fut cette Réforme au début.

Revenons à Coligny. On peut dire qu'il était assailli par l'un de ces coups de la fortune qui abattent les plus braves et risquent d'aigrir les plus généreux. Être défait, subir une captivité des plus dures, se sentir méconnu par le roi qu'il avait si héroïquement servi, voir son rival triompher au moyen de plans qu'il avait longuement médités, c'était plus qu'il n'en fallait pour remplir sa coupe d'amertume. Eh bien! c'est alors qu'il va nous apparaître sous un jour nouveau. Nulle plainte ne lui échappe; les ambitions et les regrets terrestres ne le possèdent plus; un autre idéal l'attire. Des convictions puissantes s'emparent de son âme et vont faire de lui l'un des plus grands caractères de son temps. Son *Discours* sur le siège de Saint-Quentin se terminait par ces mots : « Tout le reconfort que j'ai, c'est celui qu'il me semble que tous les chrétiens doivent prendre, que tels mystères ne se jouent point sans la permission et volonté de Dieu, laquelle est toujours bonne, sainte et raisonnable et qui ne fait rien sans juste occasion, dont toutefois je ne sais pas la cause et dont aussi peu je me dois enquérir, mais plutôt m'humilier devant lui en me conformant à sa volonté. »

Ces paroles, datées du 28 décembre 1557, indiquent la direction qu'ont prise ses pensées, et ce sentiment austère de la souveraineté divine trahit manifestement l'influence de la doctrine réformée.

D'où lui venait cette foi ? Tous les témoignages sont unanimes sur ce point (1). C'est son frère d'Andelot qui, par ses entretiens, l'a conduit dans la voie nouvelle. « M. Dandelot, dit Brantôme, avait épousé toujours pour prison le château de Milan depuis qu'il fut pris à Parme... J'ai ouï dire à aucuns et même à aucuns soldats espagnols, vieux mortes-payes dans Milan, que, durant sa prison, n'ayant autre exercice, se mit à la lecture et à se faire porter toutes sortes de livres, sans que les gardes les visitassent, car pour lors l'inquisition n'y était si étroite comme depuis, et que là et par là il s'apprit la nouvelle religion, outre qu'il en avait senti quelque fumée, étant allé en Allemagne, à la guerre des protestants. »

C'est donc d'Andelot qui, le premier des trois Châtillons, se rattacha ouvertement à la Réforme ; il était trop lié avec ses frères pour ne pas leur faire part de ses convictions ; nous avons vu d'ailleurs que l'éduca-

---

(1) Sauf, toutefois, celui de l'auteur de la *Vita Colinii*, qui affirme que l'amiral fut le premier gagné à l'Évangile, et que le cardinal Odet et d'Andelot « furent, à son exemple, ardemment excités à l'étude de la religion. » (*Vita Gasparis Colinii*, 1575, p. 28.) Nous avons dit, dans notre Préface, qu'une telle erreur ne se comprendrait pas sous la plume d'Hotman, qui avait été l'un des familiers de d'Andelot.

tion qu'ils avaient reçue de leur mère devait les disposer à recevoir les idées nouvelles ; Coligny ne cachait pas sa sympathie pour les protestants, et Bèze affirme que, depuis plusieurs années déjà, il cherchait à protéger en toute circonstance « ceux de la religion. » Mais il est probable que sa vie de soldat et les charges nombreuses qu'il remplissait ne lui avaient guère laissé de loisir pour étudier les doctrines des réformés. Son long emprisonnement au fort de L'Écluse d'abord et, à partir du mois de mars 1558, au château de Gand, lui permit d'aller au fond de ces questions. D'Andelot lui procura un exemplaire de la Bible et un ouvrage dont nous ignorons le titre, mais qui devait être probablement quelque exposé des doctrines nouvelles. Coligny se sentit gagner peu à peu par ces croyances ; grave d'ailleurs, lent et toujours réfléchi, il ne devait se décider que près de deux ans plus tard à se rattacher à la nouvelle Église ; mais, dès 1558, il lui appartient déjà par le cœur. Charlotte de Laval, sa femme, quoique séparée de lui, s'engageait de son côté dans la même voie ; aussi voyons-nous, dès cette année, Calvin entrer en correspondance avec les deux époux.

Depuis longtemps, sans doute, le réformateur savait que Coligny était sympathique à la cause protestante. L'Église de Genève se rappelait avec quelle bienveillance il avait accueilli les émigrés qui, de cette ville, s'étaient rendus au Brésil. Mais c'est alors, pour la première fois, que l'amiral entre en relation directe avec Calvin.

Ce dernier suivait avec une ardente sollicitude les destinées des réformés français. Genève, cette citadelle du protestantisme, où Calvin exerça sa prodigieuse activité de trente années, était placée à deux pas de la France et de la Savoie, qui l'enserraient de bien près et qui souvent faillirent l'étouffer. S'enfonçant comme un coin entre ses deux puissants voisins, elle leur était, selon le mot d'un contemporain, « une écharde en la chair. » Sa conservation tient du prodige. Durant un demi-siècle, le projet de la détruire fut l'idée fixe de la diplomatie catholique; plusieurs fois, les vieilles bandes espagnoles, se rendant par la Franche-Comté dans les Pays-Bas, passèrent à quelques lieues de son territoire; le vainqueur de la France, Emmanuel-Philibert, fut pendant vingt et un ans son voisin et la couva de son regard d'homme de proie. Heureusement, les Suisses étaient là avec leur redoutable infanterie, la seule qui pût alors se mesurer avec celle de l'Espagne, et l'ours de Berne tenait le Savoyard en respect. Genève avait une meilleure sauvegarde encore : l'indomptable courage de ses citoyens, l'ardeur de leur foi religieuse qui jamais ne faiblit.

Ce n'était pas une race souple et d'un caractère facile. Calvin le leur dit souvent en face; chassé par eux une première fois, il dut lutter sans cesse contre leur humeur remuante et batailleuse. Sous les menaces toujours grondantes de l'étranger, au milieu des querelles intestines, le réformateur faisait son œuvre. « Je ne crois point, dit Théodore de Bèze, qu'il puisse se trouver son pareil (1). » Et Bèze énumère ses tra-

---

(1) Voir, pour ces citations diverses, la *Vie de Calvin*, par Théodore de Bèze, publiée par M. Alfr. Franklin.

vaux ordinaires : une prédication quotidienne, outre deux sermons le dimanche, dans la vaste cathédrale, devant ces immenses auditoires où se pressaient, avec les Genevois, des réfugiés de tout pays; ses ouvrages d'une si forte doctrine, ses leçons de théologie nourries d'une science si profonde de l'Écriture et des Pères, son action sur les jeunes ministres qu'il préparait pour le martyre; et tout cela, avec une santé ruinée de bonne heure, un corps amaigri, un asthme qui parfois l'étouffait, un visage émacié, mais éclairé par un regard d'une douceur froide, dans lequel on devinait cependant l'indomptable fermeté de son âme. « Je ne sais, dit Bèze, si homme de notre temps a eu plus à ouïr, à répondre, à écrire, ni de choses de plus grande importance. La seule multitude et qualité de ses écrits suffit pour étonner tout homme qui les verra, et plus encore ceux qui les liront... Nous lui faisions remontrance d'avoir plus d'égard à soi; mais sa réplique ordinaire était qu'il ne faisait comme rien, et que nous souffrissions que Dieu le trouvât toujours veillant et travaillant comme il pourrait jusqu'à son dernier soupir. »

Ce que Bèze affirme, nous pouvons le vérifier en présence de cette correspondance énorme qui a vu récemment le jour (1). On y mesure l'étendue de ce ministère qui, par ses lettres quotidiennes, embrassait l'Europe protestante tout entière, traitant des questions de doctrine et de discipline, affermissant les Églises,

---

(1) Dans l'édition monumentale des *Calvini Opera* de MM. Reuss, Baum et Cunitz.

apportant la consolation aux fidèles persécutés. « Nous vîmes quelquefois, dit Étienne Pasquier, nos prisons regorger de gens abusés, lesquels sans cesse il exhortait, consolait, confirmait par lettres, et ne manquait de messagers auxquels les portes étaient ouvertes, nonobstant quelques diligences que les geôliers y apportassent (1). »

A ceux qui liront aujourd'hui ces lettres, Calvin apparaîtra plus grand qu'ils ne pensaient. On est saisi en voyant à quel point cette âme est dévorée par le souci de la cause divine, par l'amour de ceux qui la servent. Dans ces milliers de feuilles que des messagers intrépides emportaient par tous les chemins de la France, on ne trouvera pas une page à cacher. Calvin n'a jamais mis la main dans aucune intrigue ni dans aucun complot. Tel il s'est montré en public, tel nous le retrouvons partout. S'il écrit à Coligny et aux plus grands seigneurs du parti, il leur parle avant tout de leur âme à sauver ; pas un mot oblique et fuyant, pas une flatterie, pas de concession non plus aux exigences de leur position, pas de calcul des intérêts terrestres à ménager. Envers les rois eux-mêmes, sa franchise est inflexible et va souvent jusqu'à la rudesse ; jamais il ne sacrifie le devoir à la politique, et pourtant cet homme de fer a des mots d'une pitié profonde lorsqu'il s'agit de fortifier les plus humbles ; un manœuvre, un tisserand recevra de lui des paroles qui le soutiendront à la dernière heure. D'un bout à l'autre de cette correspondance, c'est la même note d'une monotonie sou-

---

(1) *Recherches sur la France*, l. VII.

vent sublime, le même : *Sursum corda* qui ne faiblit jamais. Bossuet lui a reproché la tristesse de son style; l'évêque de Meaux aurait dû la respecter, car c'était l'ombre que projetaient sur son âme et sur son langage les tortures et les exécutions atroces dont il fut pendant trente ans le témoin.

Je ne fais point ici une apologie; Calvin a eu ses duretés de caractère, ses excès de logique et ses redoutables erreurs. Il n'a pas compris la liberté religieuse. Je sais bien que la mort de Servet fut avant tout le crime de son siècle, et qu'à Grenoble, aussi bien qu'à Genève, Servet aurait été brûlé; cela est vrai, mais cela n'excuse pas cette âpre intolérance, ces mots implacables dont Calvin poursuit sa malheureuse victime, son : *Vivum exire non patiar* (1). Calvin lui-même, à son lit de mort, s'est accusé, non de la mort de Servet (car jusqu'au bout il a cru que l'hérétique devait être frappé par la loi), mais de ses impatiences et de ses colères. Sur ce point, il faut renoncer à l'absoudre; l'histoire cependant doit, pour être juste, le juger par l'ensemble de sa vie, et cette vie est grande, car elle nous révèle, à chacune de ses pages, la foi la plus sincère servie par la conscience la plus intègre. Ce n'est pas l'une des moindres gloires de Calvin d'avoir été le conseiller de Jeanne d'Albret, de d'Andelot, de Coligny.

La première lettre que Calvin adresse à l'amiral est datée du 4 septembre 1558 :

---

(1) « Je ne souffrirai point qu'il sorte d'ici vivant. » C'est le mot que Calvin écrivit en apprenant que Servet allait se rendre de Grenoble à Genève.

« Monseigneur, lui écrivait-il, j'espère qu'après avoir lu la présente, d'autant qu'elle vous sera un témoignage du soin que j'ai de votre salut, vous ne me tiendrez pas mauvais que je vous l'aie écrite..... Je ne vous ferai pas plus longue excuse, étant bien persuadé que la révérence que vous portez à mon Maître vous fera trouver bon ce que vous verrez être procédé de lui et vous être proposé en son nom. Je n'userai pas non plus de longues exhortations pour vous confirmer en patience, pour ce que j'estime, et même j'ai entendu que notre bon Dieu vous y a tellement fortifié par la vertu de son esprit que j'ai plus d'occasion de lui en rendre louange que de vous inciter davantage (1). Et de fait, c'est ici surtout que la vraie magnanimité se doit montrer, de surmonter toutes nos passions, non seulement pour être victorieux, mais pour offrir un vrai sacrifice d'obéissance à Dieu, et nous y accorder paisiblement. Or, puisqu'il vous a donné telle constance, il n'est plus besoin, comme on dit, de vous y exhorter. Seulement, je vous prierai de penser plus outre, c'est que Dieu, en vous envoyant cette affliction, vous a voulu comme retirer à l'écart pour être mieux écouté *de lui* (2). Car vous savez assez, monsieur, combien il est difficile, parmi les honneurs, richesses et faveurs du monde, de lui prêter l'oreille,

---

(1) On peut juger par là que la conversion de Coligny était déjà chose accomplie et tenue pour certaine.

(2) C'est bien là le texte de cette lettre, tel que l'ont publié M. Jules Bonnet et MM. Baum, Cunitz et Reuss. Il nous semble pourtant qu'il y a ici une erreur et que la phrase doit se lire ainsi : *Pour être mieux écouté de vous.*

pour ce qu'on est par trop distrait çà et là, et comme évanoui, sinon qu'il use de tels moyens pour recueillir ceux qui sont à soi. Non pas que les dignités, états et biens temporels soient incompatibles avec la crainte de Dieu, attendu même que, selon qu'il élève les hommes, il leur donne occasion de s'approcher tant plus de lui, et d'être plus incités à l'honorer et le servir ; mais je crois que vous avez expérimenté que ceux qui sont le plus avancés au monde y sont tellement occupés et comme tenus captifs qu'à grand'peine prennent-ils loisir de s'appliquer à bon escient à l'étude principale, qui est de faire hommage à Dieu, de se dédier pleinement à lui et d'aspirer à la vie céleste. Par quoi, monsieur, je vous prie, d'autant que Dieu vous a donné cette opportunité de profiter en son école, comme s'il voulait parler à vous privément en l'oreille, d'être attentif à goûter mieux que jamais ce que vaut sa doctrine, et combien elle nous doit être précieuse et aimable, et vaquer diligemment à lire sa sainte parole pour en recevoir instruction, et pour prendre une racine vive de foi, afin que vous soyez confirmé pour le reste de votre vie à batailler contre toutes tentations. »

La lettre se terminait par une exhortation à ne pas se laisser entamer par la corruption du siècle et à persévérer dans la grâce de Dieu.

Le même jour, Calvin fortifiait Charlotte de Laval par des exhortations analogues, en lui montrant l'utilité des afflictions : « De fait, lui disait-il, quand nous avons le vent en poupe, comme on dit, il est bien difficile que nos esprits en s'égayant ne s'égarent... » Il la stimulait à servir Dieu malgré les murmures et les haines du monde : « C'est bien raison, continuait-il, que nous soyons dédiés à celui qui nous a si chèrement rachetés, et, selon l'amour qu'il nous a porté, que nous prisions plus sa grâce que toutes les faveurs du monde. » Il demandait à Dieu, en terminant, qu'il la fortifiât « en constance invincible ».

Arrêtons-nous un moment à cette date, qui a été décisive dans la vie de l'amiral. L'histoire n'est rien, si elle ne nous fait pas pénétrer, sous le jeu des événements, jusqu'aux mobiles intérieurs auxquels obéissent les hommes. Essayons de comprendre quelle est la croyance nouvelle qui va désormais inspirer Coligny.

Le grand mouvement d'émancipation religieuse, dont Luther avait été l'initiateur en Allemagne, s'était également produit en France dans des proportions plus restreintes et sans cet éclat extérieur qui frappe l'imagination et passionne les foules. Dès 1512, lorsque le nom de Luther était encore ignoré, Lefèvre d'Étaples enseignait à Paris une doctrine qui, sous une forme moins incisive et moins saisissante, annonçait celle du moine augustin. Les premiers disciples de Lefèvre, Guillaume Farel en particulier, devaient devenir plus tard les ardents promoteurs d'une Réforme populaire. Celle-ci, dès 1535, trouva en Calvin le génie qui érigea en système les croyances nouvelles et donna à l'Église naissante une organisation simple et puissante. Œuvre immense qui, malgré ses lacunes, ses erreurs et ses étroitesses, devait survivre à l'action des siècles ! Dès lors, elle avait grandi sous l'âpre souffle d'une persécution terrible, et quoique les premiers réformés français aient porté le nom de luthériens, elle avait eu, dès le début, sa vie propre et son caractère original.

Ceux qui ne voient dans la Réforme française qu'une insurrection politique, ceux qui l'expliquent par un simple affranchissement de la raison éveillée au souffle puissant de la Renaissance se condamnent à ne jamais la comprendre. Qu'on l'étudie, au contraire, dans ses monuments authentiques, soit dans les confessions de foi de ses premiers martyrs, soit, ce qui vaut mieux encore, dans les épanchements intimes de leurs âmes, on s'apercevra qu'elle est avant tout l'avènement d'une vie religieuse nouvelle qui naît d'une nouvelle manière de concevoir les rapports de l'homme avec Dieu.

Qu'affirme la Réforme au début? Deux choses. D'une part, renversant la hiérarchie et le sacerdoce du prêtre, elle rétablit la relation directe du fidèle avec Dieu par le moyen des saintes Écritures dans lesquelles seules, selon elle, Dieu s'est révélé d'une manière authentique. D'autre part, tandis que l'Église faisait du salut le but suprême à atteindre par les œuvres méritoires et les expiations du croyant appelé à compléter ainsi l'œuvre de la rédemption, la Réforme déclare que le salut est une grâce, vrai point de départ de la vie chrétienne, source toujours ouverte de toute sainteté. La souveraineté divine s'exerçant dans l'Église et dans l'âme individuelle par la parole révélée et par la grâce, tel est le dogme central de la Réforme, telle est la croyance qui inspirera désormais Coligny, et si on ne tient pas compte de cette croyance, on se met dans l'absolue impossibilité de le comprendre.

Il faut dire ici, en passant, un mot d'un problème religieux qui est au fond de toutes les grandes luttes du XVIᵉ siècle et que la plupart de nos historiens ont éludé ou méconnu : je veux parler de cette doctrine du serf arbitre, qui joue alors un rôle immense et au nom de laquelle s'est faite l'œuvre d'émancipation religieuse la plus grande que connaisse l'histoire. Résoudre ce problème en disant qu'il n'y a là qu'une contradiction prodigieuse entre la doctrine et la vie, entre la logique et la nature humaine, c'est vouloir expliquer le mystère par le paradoxe, c'est renoncer à découvrir le vrai lien des choses et les mobiles qui font agir l'humanité. Comparer la prédestination calviniste au fatalisme musulman, quand leurs conséquences ont été si diamétralement opposées, c'est n'avoir jamais pénétré dans les profondeurs spirituelles des hommes de ce temps-là.

Il est certain qu'à ses débuts la Réforme a nié le libre arbitre ; que Coligny a, sur ce point, partagé sans hésitation les croyances de ses coreligionnaires. Il n'est pas moins certain que jamais hommes n'ont senti plus énergiquement que les huguenots d'alors la réalité de la responsabilité morale et n'ont combattu plus vaillamment pour la liberté. Comment expliquer cette contradiction ?

Remarquons tout d'abord que le mot de liberté a un sens très variable et très étendu. Dans l'acception courante de ce terme, l'homme est libre quand il fait ce qu'il veut. Celui-là donc est libre qui volontairement va au plaisir, à la jouissance basse, à la dégradation, et si tout son être l'y porte, si sa conscience reste muette, sa liberté semble intacte. Mais mettez devant lui un autre but, un idéal quelconque, justice, devoir, obéissance, sacrifice, aussitôt naît en lui le sentiment de l'obstacle et de l'impuissance morale; sa foi naïve à sa liberté s'ébranle. Plus l'idéal qu'on lui propose est grand, plus ce sentiment s'accentue. Il veut le bien, il ne peut l'accomplir. Supposez que cet idéal soit la perfection même, il sentira qu'il ne peut y atteindre. En vain vous lui parlez de libre arbitre, vous n'éveillez en lui qu'un amer regret. On peut donc poser ce principe que plus l'idéal moral auquel tend l'homme est élevé, moins il comptera sur la simple liberté pour y atteindre. Et c'est là ce qui nous explique comment le christianisme authentique, non édulcoré par la philosophie, par cela même qu'il n'a jamais consenti à offrir à l'homme moins que l'idéal absolu, a parlé avec une extrême vigueur de la servitude morale où gît l'humanité. De saint Paul à Augustin, d'Augustin aux réformateurs, de ceux-ci à Pascal, à Arnauld, il y a une chaîne non interrompue de chrétiens qui tiennent le même langage et voient dans l'état naturel de l'homme un esclavage dont la grâce seule peut l'affranchir.

Est-ce là nier la liberté morale dans son essence même? Mais, dans cette dénonciation parfois si dure de notre esclavage, qu'y a-t-il au fond si ce n'est un hommage magnifique rendu à la hauteur de notre vraie destinée? A leurs yeux, la liberté, c'est la possibilité pour l'homme d'accomplir sa loi tout entière, et cette loi, c'est la ressemblance morale avec Dieu. Que l'on dise, si l'on veut, que cet idéal fut chimérique, mais que l'on en reconnaisse du moins la grandeur.

D'ailleurs, cette liberté doit être retrouvée, elle n'est pas un bien perdu pour toujours. Dieu la rend à ceux qu'il a élus. Nous touchons ici au côté le plus âpre et le plus dur de la théologie calviniste. Sans doute, l'idée de la prédestination se retrouve au fond de la doctrine chrétienne dès le commencement, et on sait dans quels termes saint Paul l'a formulée ; mais ç'a été l'erreur et l'excès du calvinisme d'en avoir fait le centre même du système chrétien, et de l'avoir développée avec une logique inflexible, qui rétrécit impitoyablement la miséricorde divine et porte atteinte au caractère même de Dieu.

Cependant, il faut faire ici une réserve : tout autre est une conviction nouvelle qui s'empare pour la première fois de l'âme humaine comme une réalité vivante, et cette même croyance réduite à l'état de formule intellectuelle et de dogme abstrait. Pour le protestant pénétré de sa misère naturelle et de sa servitude morale, la prédestination, c'était avant tout la prise de possession de son âme par la grâce d'en haut ; c'était l'affirmation joyeuse de la souveraineté divine exerçant sur lui son empire et lui rendant la liberté filiale et la faculté d'une obéissance dont l'amour est le principe. C'est là ce qui nous explique comment de cette croyance a pu jaillir une vie morale nouvelle. L'homme a retrouvé son Dieu, ou plutôt s'est senti reconquis par lui. Il ne se représente plus le salut comme un terme extrême à atteindre à force de pénitences et d'expiations. Pour lui, le salut est un fait. Il se sait sauvé, réconcilié avec Dieu, et cette conviction puissante devra inspirer tous ses actes. Loin de lui l'ascétisme monacal et les expiations qui effacent les débordements de la chair, arrière les lisières de la casuistique qui tiennent l'âme en tutelle! La conscience affranchie a trouvé sa loi dans la volonté divine. L'obéissance sera la consécration de la nature à Dieu, avec toutes ses joies légitimes et, en premier lieu, avec les saintes affections de la famille; et, dans ce siècle étrange où le mysticisme exalté s'allie si souvent aux dépravations raffinées du paganisme de la Renaissance, on voit se former cette chose admirable : le foyer protestant, et ces caractères d'une trempe inflexible, honnête et loyale, qui feront à jamais respecter dans l'histoire le nom des huguenots.

Et comment ne pas signaler ici un fait frappant? En face de la Réforme naît le jésuitisme; tous deux ont presque la même date. La Réforme affirme la servitude morale de l'homme et la nécessité de la grâce pour l'affranchir. Le jésuitisme, au contraire, proclame que le libre arbitre est resté presque intact. L'une cependant émancipe les âmes et les peuples; l'autre les asservit. L'une enfante les plus grands caractères de notre histoire; l'autre aurait fait de la France une seconde Espagne sans l'énergique réaction de l'esprit gallican et de la loyauté nationale. Nous livrons ce problème à tous les esprits pénétrants et sincères; ils se convaincront, en le sondant, de l'influence décisive qu'exercent sur les peuples ces convictions religieuses si souvent négligées par ceux qui n'étudient l'histoire qu'à la surface de l'humanité.

CHAPITRE XII

*Intrigues des Guises contre Odet et d'Andelot. —
Défection momentanée de celui-ci. —
Traité de Cateau-Cambrésis. — Coligny est rendu à la liberté. —
Appréciation du traité. —*

Nous avons essayé d'expliquer la transformation qui s'accomplissait dans l'âme du prisonnier du château de Gand. Mais, nous l'avons dit, Coligny ne devait céder que peu à peu à ses convictions nouvelles. Ce n'est que dans l'année qui suivit sa sortie de prison qu'il entra résolument dans les rangs des réformés.

Son frère, d'Andelot, l'avait précédé dans cette voie ; l'opinion publique soupçonnait Odet, le cardinal, de s'y engager également, et c'est pendant que l'amiral était captif en Belgique que se passèrent deux faits que nous devons mentionner.

François de Guise et son frère le cardinal de Lorraine avaient conquis auprès du roi la première place, l'un par ses brillants services militaires, le second par son habileté ; le mariage de leur nièce avec le dauphin François portait leur faveur au comble ; la captivité du connétable et de Coligny semblait leur avoir laissé toute liberté d'exercer leur influence. Et cependant ils savaient que Henri II ne les aimait pas et que Anne de Montmorency était resté son conseiller de prédilection (1).

Les deux Lorrains avaient donc compris que le plus sûr moyen pour eux d'affermir leur autorité et de s'imposer à tous était de prendre hardiment la tête du parti catholique, et de rendre suspects aux yeux du roi les Châtillons, que l'on commençait à accuser d'être favorables à l'hérésie. Le cardinal de Lorraine recourut à un parti très habile. Il sollicita du pape un bref pour établir en France l'inquisition telle qu'elle régnait en Espagne ; Paul IV, dont nous connaissons le fanatisme, n'avait pas besoin d'être excité dans ce sens ; il publia le 26 avril 1557 un bref pontifical qui instituait en France trois grands inquisiteurs : les cardinaux de Lorraine, de Bourbon et de Châtillon. Le Parlement de Paris eut la faiblesse d'approuver ce bref, le 15 janvier 1558, quoique l'inquisition fût odieuse aux Français. Le cardinal de Lorraine, dit à ce sujet Théodore de Bèze, avait « usé ainsi d'une merveilleuse ruse envers celui de Châtillon, sachant qu'un contre deux ne ferait point de nombre, espérant que par ce moyen il le mettrait comme à la géhenne, et que, s'il se déclarait favorisant en sorte quelconque ceux de la religion, ce serait le vrai moyen de le désarçonner et de lui faire perdre tout crédit et à ses frères (2). » Odet vit immédiatement le piège ; s'il acceptait, il était obligé de sévir contre la Réforme ; s'il refusait, il se dénonçait

---

(1) La Place affirme que l'absence et la captivité du connétable n'empêchaient pas le roi de le consulter sur toute chose.

(2) *Histoire ecclés. des Églises réformées.* Édition de 1883 (t. Ier, p. 137).

en quelque sorte aux yeux de la France catholique. A ce moment, ses convictions nouvelles n'étaient pas assez formées pour l'engager à une démarche décisive. Ce n'est que trois ans plus tard qu'il devait embrasser ouvertement la Réforme. Mais il réussit à se soustraire au périlleux honneur que voulait lui conférer le pape. D'ailleurs, le projet d'établir l'inquisition en France devait bientôt être écarté par suite de la défaveur publique qu'il rencontra.

Ne pouvant réussir dans leurs projets contre l'aîné des Châtillons, les Lorrains songèrent à dénoncer d'Andelot. François de Guise, dit de Thou, désirait enlever au frère de Coligny sa charge de colonel de l'infanterie française, l'une des plus considérables du royaume.

Son ambition hautaine fermait son cœur à tout sentiment de reconnaissance envers le courageux soldat auquel, plus qu'à tout autre, il était redevable de la prise de Calais. Dénoncer d'Andelot n'était pas difficile; c'était une franche et loyale nature; il ne cachait guère les croyances protestantes qu'il avait rapportées de sa captivité d'Italie. Le cardinal de Lorraine était bien l'homme fait pour conduire cette intrigue. En mai 1558, il avait eu l'occasion de rencontrer Granvelle, évêque d'Arras, l'ancien conseiller de Charles-Quint, devenu l'inspirateur de Philippe II. Granvelle avait déploré la guerre par laquelle étaient séparés deux grands rois qui avaient à combattre un même ennemi également redoutable pour tous deux : l'hérésie; l'hérésie qui comptait des partisans jusque dans la cour de France ; et, précisant, Granvelle avait nettement dénoncé d'Andelot. Le cardinal de Lorraine ne manqua pas de rapporter à Henri II. cet entretien. Or, il se trouvait que, précisément alors, d'Andelot, qui séjournait dans ses terres de Bretagne, y faisait prêcher hardiment la Réforme par les ministres Carmel et Loiseleur, dont les succès étaient très grands. Le roi fut fort irrité par ces nouvelles, et enjoignit aussitôt à d'Andelot de venir, à son retour de Bretagne, le trouver à Monceaux, maison de campagne de la reine mère. Dès qu'il le vit, il lui rappela tous les bienfaits dont il l'avait comblé, et lui déclara que, « pour cette cause, il n'attendait rien moins de lui qu'un révoltement de la religion de son prince; » puis, s'animant, il lui reprocha non seulement d'entretenir des prêcheurs de la doctrine nouvelle, mais d'avoir assisté aux assemblées des luthériens au Pré-aux-Clercs, de n'aller plus à la messe, à laquelle on ne l'avait pas vu pendant toute l'affaire de Calais, et enfin d'avoir envoyé des livres de Genève à l'amiral en sa prison.

A cela, d'Andelot répondit avec une dignité calme, reconnaissant tout ce qu'il devait au roi et rappelant qu'en retour il n'avait rien épargné pour son service. « Vous ne trouverez aussi étrange, ajouta-t-il, si, après avoir fait mon devoir à votre service, je m'étudie à chercher mon salut. » Puis, reprenant les chefs d'accusation, il confessa fermement qu'il avait fait prêcher une doctrine « sainte et bonne, prise du vieil et du Nouveau Testament, approuvée des saints conciles et de la première Église. » Il n'avait pas assisté aux assemblées du Pré-aux-Clercs, mais il les approuvait hautement. Quant à la messe : « Si Votre Majesté, dit-il, s'était étudiée à s'enquérir de la vérité, vous n'en pourriez assez louer et magnifier la bonté de Dieu, lequel m'a tellement ôté le voile d'ignorance que je m'assure avec sa grâce de jamais n'y aller. » Il avait, du reste, envoyé à son frère un livre plein de consolation. « Par ainsi, dit-il en achevant, je vous supplie, Sire, de laisser ma conscience sauve, et vous servir du corps et des biens qui sont en tout vôtres. »

« Le roi, dit Théodore de Bèze qui nous a conservé le récit de cette scène, trouva fort étrange ce propos. » C'était la première fois qu'il rencontrait un protestant qui osât lui parler en face. Cette misérable hérésie, dont il faisait pendre ou brûler les partisans dans tous les carrefours de Paris, osait donc s'affirmer devant lui, et celui qui la représentait était l'un des premiers seigneurs du royaume. Le scandale était grand pour un roi qui n'entendit jamais rien aux choses de la conscience et aux yeux duquel le premier devoir d'un sujet était de suivre la religion de son prince. Le cardinal de Lorraine était présent; il ne laissa pas échapper cette occasion, poussa d'Andelot à bout en lui disant qu'il était « en très mauvais train. » Alors d'Andelot, irrité : « Je suis très certain de ma doctrine, dit-il, et vous savez mieux que vous ne dites, monsieur le cardinal; j'en appelle votre conscience en témoin si vous n'avez ci-devant favorisé cette sainte doctrine » (il faisait évidemment allusion au rôle de conciliateur entre les deux partis que le cardinal avait souvent affecté de jouer [1]), « mais, ajouta-t-il, les honneurs et les ambi-

---

(1) « On l'a souvent vu, dit Brantôme, discourir de la confession d'Augsbourg et l'approuver à demi, voire la prêcher, pour plus plaire à aucuns messieurs les Allemands que pour autre chose. »

tions vous en ont du tout détourné, voire jusques à persécuter les membres de Jésus-Christ ! »

C'était trop pour le roi. Montrant le collier que d'Andelot avait au cou : « Je ne vous avais pas donné cet ordre, lui dit-il, pour en user ainsi, » et, sur la réponse de d'Andelot, qu'il ne l'avait pas accepté au prix de sa conscience, le roi, furieux, saisit un plat qui se trouvait devant lui, le jeta à terre et en blessa le dauphin qui était à ses côtés, puis il fit arrêter d'Andelot par ses archers et donna l'ordre de l'enfermer à Melun. Quand le pape apprit cela, il trouva que le roi se montrait trop clément et, dans une conversation avec le chargé d'affaires de France à Rome, il exprima avec amertume son indignation de ce qu'on ne l'avait pas fait brûler sur-le-champ.

Les Guises avaient atteint leur but; la charge de colonel général de l'infanterie française, qui depuis si longtemps appartenait aux Châtillons, leur était retirée et passa à Blaise de Montluc, l'implacable ennemi des protestants.

Quant à d'Andelot, il resta d'abord inébranlable et reçut dans sa prison des lettres de Calvin. Il écrivit au roi un exposé détaillé de ses croyances, se déclarant prêt à le servir en tout, pourvu que sa conscience fût sauve. Mais le cardinal de Lorraine fit venir auprès de lui, dans sa prison, dit Bèze, « un docteur nommé Ruzé, confesseur du roi, homme stylé à la courtisanerie et à la sorbonique. » Les efforts de ce personnage, qui ne justifiait que trop son nom, furent d'abord inutiles; d'Andelot tenait ferme : il écrivit même aux membres de l'Église de Paris, à la date du 1er juillet 1558, une lettre pleine de courage (1). Tous les regards des protestants du royaume étaient dirigés vers sa prison. Ruzé cependant conversait chaque jour avec lui, et parvint à lui persuader qu'il pouvait au moins *assister* à la messe et satisfaire ainsi le désir du roi. La conscience du frère de Coligny ne pouvait accepter ce compromis sans une sourde protestation, mais les instantes supplications de sa femme l'ébranlaient. Lorsqu'on apprit qu'il allait céder, ce fut un cri de douleur et de honte dans tout le parti protestant. Les distinctions commodes de la casuistique « sorbonique » révoltaient la loyauté huguenote. Assister à la messe dans un tel moment, c'était une vraie désertion de la cause. Macard, pasteur de l'Église de Paris, envoya à d'Andelot une énergique remontrance; il lui rappela qu'un « grand peuple » avait les yeux sur lui et l'exhorta à « achever fidèlement sa course si briesve en le mettant en face de l'éternité. » Cette exhortation fut vaine. D'Andelot, raconte Théodore de Bèze, consentit à ce qu'une messe fût dite en sa présence, *sans autre abjuration verbale*, et il obtint ainsi de sortir de prison; mais l'historien ajoute : « Ce que, néanmoins, il reconnut depuis avoir fait par grande infirmité qu'il a toujours condamnée jusques à sa mort et amendée par tous les moyens qu'il est possible de désirer. Mais cela ne laissa pas d'être tourné pour lors en grand scandale (2). » Le pasteur de

---

(1) Voir le *Bulletin de la Société d'hist. du protest. français* (t. III, p. 245.)

(2) *Hist. eccl.* (t. Ier, p. 170). Il faut lire sur cet épisode l'article de M. Jules Bonnet : *Jean Macard, un an de ministère à Paris*, sous Henri II. *Bulletin de la Soc. d'hist. du protest. français*, (t. XXVI).

l'Église de Paris lui reprocha sa faiblesse avec une fidèle énergie, et il ne fallut pas moins que le dévouement, désormais inviolable, de d'Andelot à la cause réformée pour effacer le souvenir de cette faute que lui-même ne se pardonna jamais.

L'amiral, cependant, restait toujours captif à Gand; mais le moment approchait où la paix devait se conclure entre la France et l'Espagne. Les succès de François de Guise à Calais et à Thionville (23 juin 1558) avaient été compensés par la déroute que, le 13 juillet, le comte d'Egmont avait infligée à l'armée du général de Termes, à Gravelines.

Philippe II désirait vivement mettre fin aux hostilités, et sa pensée dominante à ce moment déjà était l'union des puissances catholiques pour arriver à écraser l'hérésie. D'autre part, le connétable, dont l'influence sur Henri II restait, comme nous l'avons vu, fort grande, ne pouvait plus supporter sa captivité qui, en se prolongeant, augmentait chaque jour l'influence des Guises. Ceux-ci essayèrent d'abord de continuer la guerre, qui avait été si favorable à leurs intérêts particuliers. François de Guise fit des efforts acharnés auprès du roi, « me remontrant tous les jours, écrivait celui-ci à Montmorency, que j'ai plus de moyens de faire la guerre que j'en eus jamais, et que je n'en saurais tant perdre, faisant la guerre, que j'aurais si vous venez d'accord (1); » mais les Guises comprirent que le roi voulait en finir; d'ailleurs, le cardinal de Lorraine

---

(1) Voir dans Delaborde (t. Ier, p. 345) cette curieuse lettre où l'on devine à quel point Henri II se sentait obsédé par les Guises.

s'était entendu avec Granvelle, et, comme il voulait assurer la grandeur de sa maison en se mettant à la tête du parti catholique, le concours de Philippe II lui devenait nécessaire. Aussi, dès que les négociations s'entamèrent avec l'Espagne (septembre 1558), il obtint d'y prendre part. Le 17 octobre, on conclut à Cercamp une suspension d'armes qui dut être plusieurs fois renouvelée. La mort de Marie Tudor arrêta quelque temps les pourparlers, mais on les reprit bientôt. Comme gage de sa bonne volonté, Philippe II rendit, moyennant rançon, la liberté au connétable, qui put quitter les Pays-Bas le 14 décembre, et vint directement à Saint-Germain, où Henri II lui fit l'accueil le plus empressé. Il profita de cela pour présenter au roi son neveu d'Andelot, que Henri reçut avec beaucoup de grâce, comme si rien ne s'était passé. Diane de Poitiers, que l'ambition des Guises commençait à inquiéter profondément, se tournait vers Montmorency. Pendant ce temps, Coligny traitait avec Emmanuel-Philibert la question de sa rançon, que le duc de Savoie avait fixée au chiffre énorme de cinquante mille écus d'or au soleil; Charlotte de Laval dut, pour les trouver, faire appel au dévouement de ses vassaux. Enfin, au commencement de février 1559, Coligny put s'acheminer vers la France. Sa captivité avait duré dix-sept mois.

Le 24 avril de cette année fut conclu, entre les puissances belligérantes, le fameux traité de Cateau-Cambrésis. Marie Tudor, l'épouse de Philippe II, était morte en répétant la parole fameuse : « Ouvrez mon corps, vous trouverez le nom de Calais écrit sur mon cœur; »

la protestante Élisabeth venait de lui succéder. L'alliance entre l'Espagne et l'Angleterre était donc rompue de fait. Philippe II, nous l'avons vu, était las de la guerre (1). D'autre part, le roi, le connétable et les Guises avaient également hâte de conclure la paix, chacun en vue de ses intérêts particuliers. Nul, en cette occasion, ne songea vraiment à la grandeur de la France. Si Coligny avait été mêlé à ces négociations, on peut être certain qu'elles auraient pris une autre direction et qu'il eût défendu énergiquement, comme à Vaucelles, les intérêts du pays.

En réalité, le traité de Cateau-Cambrésis imposait à la France de bien durs sacrifices. Elle garda Calais; mais, pour ménager les susceptibilités anglaises, elle s'engagea à le restituer dans huit ans; c'était là une clause à laquelle personne au fond ne croyait. L'empire laissa à la France les Trois-Évêchés. Henri et Philippe se jurèrent amitié perpétuelle, et s'engagèrent à hâter la réunion d'un concile général pour amener toute l'Église chrétienne à l'union. Philippe devait épouser Élisabeth de France, fille aînée du roi, alors âgée de treize ans.

Emmanuel-Philibert, duc de Savoie, vainqueur de Saint-Quentin, enrichi par les rançons de tant de capitaines français, devenait beau-frère de Henri, par son alliance avec sa sœur Marguerite, et reprenait presque

(1) Il écrivait le 12 février à son ministre Granvelle : « J'ai déjà dépensé un million deux cent mille ducats que j'ai retirés d'Espagne... et j'ai besoin d'un autre million d'ici au mois de mars prochain... L'Espagne ne peut rien faire de plus pour moi. Il me semble être en tels termes, que sous peine de ruine, je me doive accommoder... Qu'à aucun prix on ne rompe. » Voir H. Martin (*Hist. de France*, t. VIII, p. 476).

tous ses États, la Savoie, la Bresse, le Bugey et plus de la moitié du Piémont. C'était laisser les ennemis de la France aux portes mêmes de Lyon.

Henri abandonnait, en outre, tous ses alliés d'Italie, qui s'étaient compromis pour lui. Il rendait à Philippe Marienbourg, Thionville, Yvoi, Damvilliers, Montmédy. Les meilleurs capitaines français, Monluc et Brissac protestèrent avec énergie. François de Guise résista à son frère, le cardinal de Lorraine, et dit au roi : « Sire, vous voulez donner en un jour ce que ne vous ôteraient pas trente années de revers. » On ne parla pas des stipulations secrètes; mais la suite devait prouver que l'un des points sur lesquels Granvelle et Charles de Lorraine avaient le plus insisté était l'union de toutes les forces des deux royaumes pour l'extermination des huguenots (1). Telle fut la fin humiliante pour la France du sanglant duel qui avait mis aux prises depuis plus de quarante ans la maison d'Autriche et les Valois.

(1) « Soudain que la paix fut faite, M. le cardinal de Lorraine, qui en avait été l'un des premiers entremetteurs, déclara, en plein Parlement, que l'opinion du roi avait été de la faire à quelque prix et condition que ce fût, pour de là, en avant, vaquer plus à son aise à l'extermination et bannissement de l'hérésie de Calvin. » (Ét. Pasquier, livre IV, lettre 3, cité par M. Delaborde.)

CHAPITRE XIII

Situation des protestants français au moment où Coligny revient de sa captivité. — Premier synode des Églises réformées de France à Paris. — Ambassade du duc d'Albe. — Projets du roi contre les protestants. — La mercuriale. — Mort du roi.

L'année 1559, qui avait vu l'heureux retour de Coligny dans sa patrie, s'ouvrait sous de sinistres auspices pour la cause religieuse à laquelle son cœur adhérait déjà. Il allait bientôt s'y rattacher ouvertement; à ce moment, il observe encore une attitude de réserve. Pour être plus libre, il offre de résigner ses fonctions de gouverneur de Picardie, mais le roi s'y oppose. Lorsque les envoyés anglais viennent assister à la prestation de serment de Henri II pour l'observation de la paix, Coligny les accompagne jusqu'à l'entrée de la cathédrale, mais n'assiste point à la messe, ce qui fut remarqué.

Au printemps de cette année, les protestants de Paris étaient cruellement traqués; plusieurs fois on les avait surpris dans leurs assemblées, et les peines les plus sauvages leur étaient appliquées sans scrupule. « *La mort*, tel est le refrain monotone qui revient dans tous les édits de ce temps. La mort, pour avoir mal parlé de la messe; la mort, pour avoir assisté aux assemblées; la mort, pour avoir distribué des livres de Genève. Par moments, les parlements se relâchaient dans leurs poursuites; mais, sur la dénonciation violente de quelque prédicateur, les pénalités étaient de nouveau appliquées, et cependant le nombre des protestants augmentait tous les jours (1).

C'est alors que, le 25 mai 1559, dans une rue étroite du faubourg Saint-Germain, se réunissent les délégués des Églises pour délibérer en commun dans un premier synode national (2); œuvre héroïque, car leur vie est à la merci du premier espion venu, et ils n'ont plus à attendre que la mort par l'estrapade, c'est-à-dire la combustion prolongée sur les bûchers des carrefours. Ce qui frappe, dans de telles circonstances, c'est le calme de ceux qui délibèrent, c'est la sagesse de leurs décisions. Un pasteur de vingt-deux ans, François Morel, les préside; en quatre jours, ils tracent les grandes lignes de leur confession de foi; au reste, depuis plus de vingt-cinq ans, leurs martyrs la réci-

---

(1) Le gouvernement reculait quelquefois devant l'effet produit par les exécutions publiques, et l'on commençait à étrangler secrètement les prisonniers dans leurs cachots, comme Philippe II allait le faire en Espagne. Qu'on lise, entre tant d'autres procès-verbaux d'alors, celui de l'exécution de Gaspard de Heu, seigneur du Buy, ancien échevin de Metz, ami de la France, mais protestant. Il est livré par le cardinal de Lorraine; il veut bien mourir « avec Jésus-Christ, mais pas avec la sainte Église; » on l'étrangle au château de Vincennes pendant qu'il récite le Symbole des apôtres, et le procès-verbal ajoute : « Ce fait, avons fait secrètement retirer ledit exécuteur de la justice et défendu à lui et à son valet de dire ni révéler aucune chose de ladite exécution. » (Bullet. de la Société d'hist. du prot. franç. t. XXV, p. 164.) Gaspard de Heu était le beau-frère du fameux La Renaudie. Ce dernier, comme nous le verrons, devait s'en souvenir.

(2) En dehors de l'Église de Paris, il n'y en eut que dix de représentées, vu le péril des temps.

taient devant leurs juges, et tous leurs interrogatoires nous montrent quelle unité de croyance les ralliait. En même temps, ils jettent les bases de cette discipline ecclésiastique qui assure aux laïcs, c'est-à-dire au peuple chrétien, tous leurs droits dans l'Église, mais où se retrouvent, à côté des grands principes qui ont fait la force du protestantisme dans l'histoire, les erreurs du temps, surtout en matière de liberté religieuse, car la discipline mettait encore le glaive du magistrat au service de la vérité (1).

Au lendemain même de cette réunion des proscrits, Paris saluait l'arrivée d'une députation envoyée par Philippe II; à sa tête se trouvait le duc d'Albe, qui venait épouser, au nom du roi d'Espagne, Élisabeth de France, fille de Henri II ; les princes lorrains étaient allés à sa rencontre ; des fêtes magnifiques furent célébrées à cette occasion. Or, parmi les envoyés du monarque espagnol se trouvait un jeune seigneur, dont la bravoure avait été remarquée à Saint-Quentin, Guillaume de Nassau, prince d'Orange. Lui-même a raconté plus tard un incident qui se passa alors et qui devait laisser dans sa vie une trace profonde. Se trouvant un jour à la chasse avec le roi Henri, celui-ci, le prenant pour un bon catholique (ce qu'il était encore à cette époque), se mit à lui exposer « le fond du conseil du roi d'Espagne et du duc d'Albe »; ce fond était l'extermination projetée de tous les suspects de la religion en

---

(1) Voir de Félice, *Histoire des protestants de France* (l. I, ch. IX); Henri Lutteroth, *la Réformation en France dans sa première période*, (pages 149 et suivantes), et Dieterlen : *le Synode général de Paris en 1559.*

France et dans toute la chrétienté. « Je confesse, ajoute le prince, que je fus lors tellement ému de pitié et de compassion envers tant de gens de bien qui étaient voués à l'occision et généralement envers tout ce pays, auquel j'avais tant d'obligation et auquel on voulait introduire une inquisition pire et plus cruelle que celle d'Espagne... Voyant, dis-je, ces choses, je confesse que dès lors j'entrepris à bon escient d'aider à faire chasser cette vermine d'Espagnols hors de ce pays (1). »

C'est donc, on peut le dire, à la même époque, et sous l'impression des mêmes sentiments, provoqués par les sanglants projets de Philippe et des Guises, que Guillaume d'Orange et Coligny, sans se connaître encore, formaient le projet de se rattacher au parti protestant.

Henri II, dont l'intelligence avait toujours été faible, cédait de plus en plus à l'influence du cardinal de Lorraine. Il s'irritait de voir le parlement montrer souvent de l'indulgence aux calvinistes. On comptait dans ce corps trois partis qui se dessinaient toujours plus nettement : tout d'abord les catholiques fanatiques, tels que le premier président, Gilles Lemaistre, pour lesquels l'hérésie était un attentat digne de mort; un parti modéré, auquel on commençait à donner le nom de *politique* et qui rêvait la coexistence possible de deux religions dans le royaume; enfin, des protestants, dont quelques-uns s'étaient déclarés, tels que le célèbre

---

(1) Apologie de Guillaume, IX⁰ du nom, prince d'Orange, dans La Pize. (*Tableau de l'histoire des princes d'Orange*, p. 485.)

Anne Du Bourg. Une des chambres du parlement, celle de la Tournelle, avait commué une sentence de mort portée contre trois réformés en la peine du bannissement. Comme cette chambre renfermait des juges éminents, tels que Séguier et du Harlay, le procureur du roi résolut de convoquer la *mercuriale,* ou assemblée de remontrance, pour le dernier mercredi d'avril ; c'était obliger les conseillers à donner leur avis sur la question religieuse. Quelques-uns eurent le courage de parler de réforme et de la nécessité d'assembler un concile général ; là-dessus éclatèrent les protestations des violents, tels que Lemaistre et le président Minard. Après la séance, ces derniers firent plus : ils vinrent trouver le roi et le supplièrent d'intervenir ; le cardinal de Lorraine, qui inspirait toute cette campagne, joignit ses instances aux leurs : « Oui, sire, lui dit-il, venez au parlement, quand cela ne servirait qu'à faire paraître au roi d'Espagne que vous êtes ferme en la foi, » et il ne craignit pas de conseiller au roi de profiter de la présence du duc d'Albe et des seigneurs venus à l'occasion du mariage de sa fille pour donner le spectacle de l'exécution d'une demi-douzaine de conseillers luthériens (1).

Le 15 juin, Henri II, cédant à ces détestables conseils, se rendit aux Augustins, où siégeait le parlement, le Palais de justice étant alors occupé par les ouvriers qui le préparaient en vue de la célébration du mariage d'Élisabeth. Il commanda à son procureur général de

(1) Ce fait est attesté par le maréchal de Vieilleville (*Mémoires,* livre VII), qui s'efforça en vain d'empêcher Henri II de se rendre au parlement.

prononcer la mercuriale contre les conseillers mal pensants; le premier président Lemaistre rappela ensuite la piété de Philippe-Auguste, qui avait fait en un seul jour brûler six cents Albigeois. Mais ces menaces n'intimidèrent point certains conseillers qui, ce jour-là, firent preuve d'un courage héroïque; c'étaient Claude Viole, Du Faur, et surtout Anne Du Bourg; ce dernier défendit les luthériens sans s'inquiéter des colères qu'excitait son langage. Il rappela tous les vices, tous les crimes qui restaient chaque jour impunis, montra que les protestants n'avaient jamais violé les lois, ni menacé l'ordre, que ce qu'ils demandaient, c'était la réforme de l'Église d'après la parole de Dieu, et finit en s'écriant : « Ce n'est pas chose de minime importance que de condamner ceux qui, au milieu des flammes, invoquent le nom de Jésus-Christ. »

Furieux, le roi donna au connétable de Montmorency l'ordre d'arrêter sur-le-champ Anne Du Bourg et quatre de ses courageux collègues. Le connétable en chargea Montgomery qui, plus tard, devait jouer un si grand rôle dans le parti huguenot.

On jeta ces magistrats en prison. Quelques jours après, le roi expédiait d'Écouen des lettres patentes ordonnant à tous les juges d'appliquer avec la dernière rigueur les lois contre les hérétiques. Le 24 juin, à l'instigation du pape Paul IV, il faisait proposer, par Montmorency, au duc d'Albe de s'entendre avec Philippe II pour détruire Genève, « cette sentine de toute corruption » (1).

---

(1) Lettre du duc d'Albe à Philippe II, publiée par M. Mignet dans le *Journal des Savants* (année 1857, p. 171).

Le 29 juin, dans un tournoi célébré à l'occasion du mariage, il est blessé par la lance de Montgomery, qui pénétre sous la visière de son casque jusque dans la cervelle. D'Aubigné affirme que, comme on l'emportait à l'hôtel des Tournelles, il exprima son regret d'avoir persécuté tant de gens de bien (1).

Le 10 juillet, il rend le dernier soupir; Coligny fut au nombre des dignitaires qui veillèrent sur sa dépouille mortelle. « Et finalement, chose bien remarquable, advint sans y penser que, pour parer son lit d'honneur, à la façon des rois trépassés, on lui mit au-dessus de son lit une riche tapisserie contenant l'histoire de la conversion de saint Paul, avec ces mots, couchés en bien grosses lettres : *Saul, Saul, cur me persequeris?* c'est-à-dire : « Saul, Saul, pourquoi me « persécutes-tu? » Ce qui fut vu et noté par plusieurs, jusques à ce point que le connétable, qu'on avait fait garde du corps, en étant averti, y fit mettre une autre pièce (2). »

(1) *Histoire univers.*, t. Ier, livre II.
(2) Théodore de Bèze (*Histoire ecclés.* Édition de 1883, p. 226).

CHAPITRE XIV

Avènement de François II. —
Les Bourbons sont écartés ainsi que le connétable. — Alliance
étroite des Guises avec Philippe II. — Intervention de Coligny
en faveur des réformés de Paris. — Assemblées de Vendôme
et de La Ferté.

La mort imprévue de Henri laissait le pouvoir aux mains d'un enfant de seize ans, François II, que les Guises dominaient entièrement par la jeune reine, leur nièce, la séduisante Marie Stuart. Mais si cette alliance les avait rapprochés du trône, elle ne pouvait pas anéantir les droits des vrais princes du sang, c'est-à-dire des Bourbons. Chacun comprit dès le premier jour qu'une lutte d'influence allait éclater entre eux et les Lorrains.

Les Bourbons, depuis la révolte du fameux connétable Charles, avaient été toujours suspects aux Valois; Henri II, comme François Ier, les avait systématiquement éloignés de toutes les grandes charges; ils étaient alors représentés par trois princes : Antoine, que son mariage avec Jeanne d'Albret avait élevé depuis cinq ans au trône de Navarre, et ses deux frères, le cardinal Charles, chez lequel l'intérêt catholique l'emportait sur tout le reste et qui, après avoir servi les Guises, devait mourir comme roi des ligueurs, et

Louis, prince de Condé, alors dans toute la fougue de l'âge, et que son héroïsme à Metz, à Renty, à Saint-Quentin, à Calais, à Thionville, avait déjà rendu célèbre.

Le bruit commençait à courir qu'Antoine et Louis adhéraient au parti réformé; la nouvelle était exacte, mais les faits devaient cruellement démentir les espérances immenses que les calvinistes français y rattachaient. Antoine, caractère versatile et mou, était incapable d'une résolution suivie. Il avait précédé dans sa conversion au protestantisme sa vaillante compagne; mais, tandis que Jeanne se donnait tout entière à la cause nouvelle, lui devait la trahir honteusement. Chez Condé, les convictions étaient plus fortes, le caractère chevaleresque et l'imagination héroïque; mais sa légèreté naturelle devait souvent le livrer sans défense à l'emportement des passions et le faire manquer à sa destinée.

Il semble que le connétable de Montmorency aurait dû, dès que les Guises arrivaient au pouvoir avec François II, se rallier au parti des princes; mais, entre ces derniers et lui, il y avait d'anciennes rancunes; le Languedoc, qui autrefois relevait de la Navarre, en avait été détaché par Henri II, qui en avait donné le gouvernement à Montmorency, et tout récemment le connétable, principal négociateur du traité de Cateau-Cambrésis, n'avait fait aucune réserve pour rendre à la France la partie de la Navarre que détenait encore l'Espagne. D'ailleurs, si les princes, soit par intérêt politique, soit par conviction, soit sous l'influence de leurs femmes, inclinaient vers la Réforme, le connétable, alors presque septuagénaire, restait catholique très décidé et ressentait même pour les novateurs une haine aveugle qui finit par faire de lui l'allié des Lorrains.

Mais, au lendemain de la mort de Henri II, la situation du connétable ne fut pas facile. Lui, que le feu roi appelait familièrement son compère, vit les deux Guises faire immédiatement bonne garde autour de François II, « sans permettre qu'aucun approchât de sa personne, et encore moins lui parlât, sinon en la présence de l'un d'eux, avec si bonne garde qu'ils ne le perdaient de vue (1). » Toutefois, « ce vieux routier, accoutumé de longtemps à diverses mutations, s'y porta si discrètement, qu'il trouva moyen d'avoir honneur en ce qui lui était brassé pour son déshonneur. » Huit jours après la mort du roi, « ayant dîné de bon matin, il donna rendez-vous à ses fils et à ses neveux, les Châtillons, et se présenta brusquement au Louvre, afin de saluer François au sortir de son repas. Mais les Guises avaient fait la leçon à ce dernier. Le connétable, voulant obtenir du roi un mot qui le confirmât dans ses dignités, parla de sa fidélité passée et des services rendus par ses neveux, espérant que le roi voudrait bien les maintenir dans leurs places, que, quant à lui... » Ici, François « l'arrêta court et lui dit qu'il accordait sa demande, principalement envers l'amiral de Châtillon, duquel il espérait se servir; que, quant à lui, il le confirmait en ses états et voulait qu'il jouît de ses pensions,

---

(1) La Planche. Il faut lire dans cet historien toute la scène qui suit. Impossible de raconter avec plus de verve cette comédie de cour. Saint-Simon ne peindra pas mieux les scènes analogues dont il sera témoin.

sa vie durant; » mais, au moment où le connétable reprenait bon espoir, le roi ajouta que, voulant soulager sa vieillesse, il avait décidé de répartir entre ses deux oncles, les Guises, les principales fonctions du royaume; « qu'il avait baillé à l'un la charge des finances et celle d'État, et à l'autre le commandement sur ce qui concernait le fait de guerre; » que si, par conséquent, le connétable désirait se reposer, il le pouvait, et que, quand il voudrait siéger au conseil, il serait toujours le bienvenu.

L'affront était dur à digérer; Montmorency changea immédiatement ses batteries, affirma qu'il était venu exprès pour être déchargé de ses fonctions, puis il ajouta : « Quant à ce qu'il plaît à Votre Majesté me retenir de son conseil, je la supplie aussi m'en excuser d'autant que deux choses ne me le peuvent permettre : l'une, d'être soumis à ceux auxquels j'ai toujours commandé, et l'autre, qu'étant plein de jours et quasi radotant (ce dit-on), mon conseil pourrait peu ou point servir. » Après avoir ainsi soulagé son orgueil blessé, Montmorency se rendit chez Catherine, auprès de laquelle il espérait pouvoir trouver un accueil plus favorable, d'autant qu'il avait souvent, dans le passé, soutenu sa cause; il aimait à rappeler qu'il avait autrefois « moyenné son mariage » et empêché qu'elle ne fût répudiée pour cause de stérilité. Mais, sur un faux rapport des Guises, Catherine croyait qu'au lendemain de la mort de Henri, le connétable avait écrit au roi de Navarre pour l'appeler, ce qui l'avait irritée; elle lui en voulait aussi d'avoir été l'ami le plus intime, le compère du feu roi. Pour justifier sa froideur, elle allégua dit La Planche, des propos légers que le connétable avait tenus sur elle ; enfin, elle lui fit si froide mine qu'il se décida à se retirer sur ses terres en attendant des jours meilleurs.

Les Guises demeuraient donc les maîtres du jeune roi, et Théodore de Bèze n'exagérait pas lorsque, à la date du 12 septembre 1559, il écrivait à Bullinger : « Les Guises se sont tellement partagé le pouvoir qu'ils n'en ont laissé au roi que le nom. » On commençait, du reste, à remarquer que les partisans des Lorrains insistaient sur le fait qu'ils descendaient de Charlemagne par les femmes, et qu'en conséquence ils avaient des droits éventuels au trône.

Alors se passe un fait dont les historiens n'ont pas toujours assez marqué l'importance, c'est l'évolution des Guises. On ne peut nier que jusque-là ils n'eussent été, le duc surtout, résolument patriotes et opposés à l'Espagne. Mais, en 1559, brusquement, cette attitude change, et la faveur de Philippe II devient leur point de mire. Pour qui va au fond des choses, tout s'explique lorsqu'on se rappelle l'alliance étroite du cardinal de Lorraine avec Granvelle ; c'est Granvelle qui a dirigé l'attention des Guises sur la nécessité de résister avant tout à l'hérésie, de se mettre résolument à la tête du parti catholique et de s'appuyer désormais sur l'Espagne, et c'est ainsi, seulement, que l'on peut comprendre comment, à peine arrivés au pouvoir, ils s'empressèrent d'envoyer à Philippe II des hommages de vrais vassaux. Le cardinal lui écrit dès le mois d'août, qu'il « a délibéré de ne lui faire service de moindre affection qu'au roi de France, » et le duc s'exprime dans des termes d'une égale soumission (1). Philippe II accepte le rôle qu'on lui confère et écrit à François II « qu'il lui porte telle affection, qu'il se déclare tuteur et protecteur de lui et de son royaume, comme aussi de ses affaires, lesquelles il n'a en moindre recommandation que les siennes propres. » En lisant ces paroles, on voit comment, sous l'influence de Granvelle et du cardinal de Lorraine, tout avait changé depuis Metz et Saint-Quentin.

L'année 1559 marque donc un changement décisif dans les destinées de la France; jusque-là sa politique était anti-espagnole, elle sera désormais antiprotestante; Charles-Quint était son ennemi; Philippe II devient son conseiller. Depuis que Granvelle et le cardinal de Lorraine se sont rencontrés et compris, une alliance existe entre ces deux hommes, et, comme Coligny le dira plus tard sur son lit de mort, rien ne se fera dans les conseils de la France sans que le roi d'Espagne en soit aussitôt averti.

Au fond de l'Escurial, le sinistre fils de Charles-Quint ourdit silencieusement la trame dont il rêve d'enlacer l'Europe. Ce que son père n'a pu faire par les armes, il veut l'accomplir par la diplomatie. On a quelquefois parlé de son génie politique. Où le voit-on? Cet homme a méconnu son temps et conduit l'Espagne vers la décadence dont on ne revient pas. Ennemi du grand jour, fuyant les débats publics, comme il a fui les champs de bataille, il veut, pour son œuvre de nuit, la morne solitude de sa triste retraite; une rigide

---

(1) Voir dans Delaborde (t. Ier, p. 387) le texte de ces deux lettres.

étiquette y ferme l'accès à toute pensée nouvelle : nulle parole libre et franche n'y vibrera plus. Mais, chaque jour et presqu'à chaque heure, les courriers arrivent chargés des rapports de ses émissaires, qu'il a semés partout en Europe. Jamais l'espionnage n'a été pratiqué sur une si vaste échelle. Philippe ne se fie à personne ; en travaillant avec ses conseillers, il mesure toutes ses paroles ; il a la timidité de l'orgueil, qui lui fait craindre de se compromettre en livrant les hésitations et les indécisions de sa pensée ; il ne contredit personne en face, il semble approuver celui qui lui parle, et le lendemain ce dernier apprend que le roi a décidé sa perte.

Auprès de chacun de ses émissaires, il y a un agent secret, qui surveille l'émissaire lui-même. Infatigable et lent, le roi rassemble ces lettres et les compare ; il rédige lui-même les réponses dans un langage plein de sous-entendus et de réticences, ne s'engageant jamais sans se préparer une retraite, cachant un piège sous une promesse, trahissant ses amis eux-mêmes, et forcé, pour se retrouver dans ces complications sans fin, de noter dans la marge de la minute de telle lettre que la chose qu'il affirme est fausse, et d'enregistrer ainsi ses mensonges et ses perfidies avec une candeur cynique plus effrayante que les emportements de la colère ou de la haine. C'est qu'en effet Philippe ne s'emporte jamais. Sur la toile où l'a peint le Titien, son regard sec et dur ne révèle que trop son âme ; blême et froid, cet Espagnol a le flegme d'un Flamand ; son père lui a transmis la croyance inflexible à ses droits de souverain, qui le mettent au-dessus de tout et du pape lui-même; de sa race, il a gardé la morgue hautaine et le fanatisme que rien n'attendrit. Sans remords, il ordonne l'assassinat; sans s'émouvoir, il livre à la torture celui que la veille encore il appelait son ami. Dans sa volumineuse correspondance, cet homme, qui vit tant de souffrances et commanda tant de supplices, ne laisse pas échapper une parole de pitié.

Granvelle était déjà et devait rester son conseiller de prédilection, et Granvelle, pour mieux observer la France, avait placé à Paris, comme ambassadeur, son propre frère, Perrenot de Chantonnay. Ces deux frères se valaient, et le mal qu'ils ont fait à la France ne se mesure pas. Nés sur la frontière, Français par la langue, ayant toute la finesse des Francs-Comtois, et sachant la cacher sous un air de rudesse, ils servaient bien mieux les intérêts de Philippe que ne l'auraient fait de vrais Espagnols; chez ces derniers, l'orgueil et l'infatuation castillane produisaient souvent l'aveuglement et l'obstination dans le parti pris. Les autres savaient s'assouplir au besoin et suppléer par la ruse à la force. Chantonnay, du premier jour, prit à Paris sa place, se mit à pratiquer la noblesse, commença à s'y créer une clientèle au service de l'Espagne, inaugurant sourdement ce régime de corruption qui devait, trente ans plus tard, mettre à la solde de Philippe tous les chefs de la Ligue, et offrir à ce dernier la couronne même de la France.

Devant l'attitude nouvelle des Guises, le sentiment national devait se réveiller. Dès la fin d'août, Antoine de Navarre arrivait à Vendôme et y convoquait son frère le prince de Condé, les Châtillons, le comte de La

Rochefoucauld, le vidame de Chartres, Antoine de Croy, futur neveu de Condé, et d'autres seigneurs attachés au parti de Montmorency. La réunion fut très agitée. Condé et le vidame voulaient qu'on rédigeât sur l'heure un appel aux armes pour délivrer le roi de la tyrannie des Lorrains. Coligny craignait tout ce qui pouvait ressembler à une révolte. Il conseilla de recourir à des représentations solennelles adressées au roi et à la reine mère. Antoine de Navarre fut chargé, comme prince du sang, de réclamer pour son frère et lui une part dans la direction des affaires et une situation digne de leur rang. Beau projet qui devait avorter par l'incapacité et la lâcheté de l'époux de Jeanne d'Albret!

Coligny et Condé, son neveu, se décidaient en même temps à intervenir, pour la première fois, en faveur des protestants.

L'Église de Paris, se voyant cruellement persécutée, avait décidé de recourir à l'amiral et à sa sœur aînée, Mme de Roye, belle-mère de Condé. Sur leur conseil, l'Église adressa directement une lettre à Catherine. Les réformés rappelaient que, « vivant le feu roi Henri et de longtemps, ils avaient beaucoup espéré de sa douceur et bénignité, en sorte qu'outre les prières qui se faisaient ordinairement pour la prospérité du roi, ils priaient Dieu particulièrement qu'il lui plût la fortifier tellement en son esprit qu'elle pût servir d'une seconde Esther; » que maintenant ils s'adressaient à elle et la suppliaient de ne « permettre ce nouveau règne être souillé du sang innocent, lequel avait tant crié devant Dieu qu'on s'était bien pu apercevoir son ire avoir été embrasée; pour laquelle éteindre il n'y avait d'autre moyen que de donner relâche aux pauvres affligés et les écouter en leurs justifications. » Catherine fut heureuse de ce qu'on s'adressait à elle; elle comprenait déjà que le parti des protestants était une force qu'elle pourrait avoir, dit La Planche, « à sa dévotion » en une extrémité pressante.

En même temps, le 26 août, elle recevait une lettre d'un ancien gentilhomme de la reine Marguerite de Navarre, nommé Villemadon, lettre qui produisit sur elle une certaine impression (1).

Villemadon lui rappelait comment, autrefois, lorsqu'elle était délaissée par le feu roi, « elle avait eu son recours à Dieu, goûtant et lisant sa parole et chantant avec grand plaisir les psaumes traduits en rime française, entre lesquels elle avait choisi comme pour soi le 141e, encore qu'il ne fût pas de la traduction de Marot (2), commençant ainsi :

> Vers l'Éternel, des oppressés le père,
> Je m'en irai, lui montrant l'impropère (3)
> Que l'on me fait, et lui ferai prière
> A haute voix qu'il ne jette en arrière
> Mes piteux cris, car en lui seul j'espère.

La reine, disait Villemadon, devait se souvenir comment Dieu l'avait alors exaucée, en lui donnant des

---

(1) On la trouve dans le recueil de documents publié au XVIIe siècle, sous le nom de *Mémoires de Condé* (t. Ier).

(2) Il faut noter, en passant, ces mots. Marot était le poète à la mode : citer ou chanter du Marot ne tirait pas à conséquence; mais chanter un psaume qui n'était pas de la traduction de Marot, c'était chose plus grave et comme un signe qu'on inclinait à l'hérésie.

(3) *Impropère*, affront, inconvenance; anglais : *improper*.

enfants. Après cela, tout avait bien changé. Le cardinal de Lorraine avait corrompu la cour, et, maintenant, la France était livrée aux ennemis de Dieu ; le seul recours possible était de s'appuyer sur les princes du sang, et « qu'elle avisât à conduire ses enfants en la voie du bon roi Josias. »

Cette mention des princes du sang donna à réfléchir à Catherine; elle se demanda si la lettre n'avait pas été écrite sous leur inspiration. Elle se résolut donc à user de ruse, « promit au prince de Condé, à la belle-mère d'icelui et à l'amiral, de faire cesser la persécution, pourvu qu'on ne s'assemblât, et que chacun vécût secrètement et sans scandale. »

Elle fit plus, et, prenant à part son amie, Mme de Montpensier, « qu'elle savait être de leur parti », elle feignit d'être obligée, à son grand regret, de subir la pression des Guises, se plaignit du mépris où elle était et assura qu'avec le temps elle accorderait « toute faveur aux pauvres affligés. »

Cependant, les semaines s'écoulaient et rien ne montrait que la reine mère songeât à tenir ses promesses. La persécution continuait à sévir implacable, et l'on annonçait même qu'Anne Du Bourg allait être bientôt condamné au bûcher. Or on préparait le sacre du jeune roi, et cette fête pouvait être l'occasion d'une mesure de clémence. L'Église adressa donc à la reine mère une nouvelle lettre. Les réformés rappelaient que, pour se conformer à son désir qu'ils ne fissent pas de « scandale », ils avaient tenu leurs assemblées « si petites que l'on ne s'en était comme point aperçu, de peur qu'à cette occasion, elle ne fût importunée par leurs ennemis de leur courir sus de nouveau »; mais ils ne voyaient point les effets de ses promesses. La lettre contenait des termes assez hardis ; on annonçait que si Du Bourg était exécuté, « il y aurait grand danger que les hommes, pressés par trop grande violence, ne ressemblassent aux eaux d'un étang, la chaussée duquel rompue, les eaux n'apportaient, par leur impétuosité, que ruine et dommage aux terres voisines; » non qu'ils eussent jamais conseillé eux-mêmes aucune révolte, mais il y avait une foule d'hommes qui, sans se ranger à leur discipline ecclésiastique, ne pourraient plus souffrir les abus ; « de quoi ils avaient bien voulu l'avertir, afin qu'advenant quelque meschef, elle ne pensât iceluy procéder d'eux. »

Cette espèce de menace irrita beaucoup Catherine. Trouvant cette lettre « fort âpre et dure », elle dit : « Eh bien! on me menace, cuidant me faire peur, mais il n'en sont pas encore où ils pensent; » toutefois, elle se radoucit, disant « n'entendre rien en cette doctrine, » et affirmant que si quelques semaines auparavant elle avait dit « être émue à leur désirer bien, c'était plutôt par une pitié et compassion naturelle qui accompagne volontiers les femmes que pour être autrement instruite et informée si leur doctrine était vraie ou fausse; car, quand elle considérait ces pauvres gens être ainsi cruellement meurtris, brûlés et tourmentés, non pour larcin, volerie ou brigandage, mais simplement pour maintenir leurs opinions et pour icelles aller à la mort comme aux noces, elle était émue à croire qu'il y avait quelque chose qui outrepassait la raison naturelle. » En parlant ainsi, Catherine avait l'air sincère; on fit donc auprès d'elle des instances nouvelles, et cette fois ce fut l'amiral qui s'en chargea. Depuis que Catherine était veuve, « la voyant souvent en grande détresse, entre autres propos, il l'admonestait d'avoir recours à la prière et se consoler en la parole de Dieu, où elle trouverait ferme consolation, sans s'amuser à la doctrine des moines et docteurs de l'Église romaine, qui, plutôt par leur sophisteries amenaient les consciences en un désespoir qu'à une vraie consolation; que, pour recevoir cette consolation, il était nécessaire de communiquer avec quelqu'un des ministres de l'Église réformée, et que, si elle le trouvait bon, il s'assurait de lui en faire venir un de l'Église de Paris, qui la contenterait, et que Sa Majesté en aurait autre et meilleure opinion qu'auparavant. Ce que la reine mère feignant de trouver bon, elle le pria de le vouloir faire venir, l'assurant qu'il ne lui serait fait aucun mal ni déplaisir. De fait, à voir les contenances de la reine, il semblait qu'elle eût singulière affection à cette conférence. »

Ce fut Mme de Roye qui, de Villers-Cotterets, où se trouvait alors la cour, envoya un messager à cheval à Paris, pour transmettre à l'Église cette grande nouvelle.

Nous savons, par une lettre latine que François Morel, l'un des pasteurs de cette Église, adressa le 11 septembre à Calvin (1), que l'on convoqua aussitôt le Consistoire pour délibérer sur cette grave

---

(1) *Opera Calvini*, vol. XVII, p. 632. M. Athanase Coquerel fils dans son *Histoire de l'Eglise réformée de Paris*, en a donné la traduction.

question. Mᵐᵉ de Roye demandait qu'on envoyât à la reine Laroche-Chandieu, l'un des ministres les plus capables : « Qu'elle ait une conversation avec notre Chandieu, disait-elle, et il est à espérer qu'elle changera d'avis et nous deviendra favorable. » On débattit longtemps le pour et le contre. Pouvait-on se fier à la reine ? Ne risquait-on pas de dénoncer Chandieu et de l'exposer à une mort certaine ? D'autre part, Mᵐᵉ de Roye suppliait qu'on ne laissât pas échapper une telle occasion. Enfin, Chandieu trancha la question lui-même, en déclarant qu'il était prêt à partir. On pria Dieu de le garder et de le diriger. Son départ laissa ses amis dans une cruelle anxiété.

C'était au moment du sacre du roi ; la reine mère venait de se rendre à Reims, et elle avait dit que Chandieu devait se trouver dans un village aux environs, qu'elle le ferait venir sans que personne pût se douter de rien. Il y alla, y resta un jour entier et ne reçut aucun message. De retour à Paris, Catherine refusa de le recevoir. A partir de ce moment, les protestants surent qu'ils n'avaient rien à attendre d'elle.

Ils ne pouvaient pas compter davantage sur Antoine de Navarre. Ce dernier était venu à la cour pour remplir la mission dont l'avait chargé l'assemblée de Vendôme ; mais, à peine arrivé, il se laissa circonvenir par les discours mielleux de Catherine, et subit même les affronts que les Guises lui prodiguaient sans que sa dignité en parût atteinte. On n'envoya personne à sa rencontre ; lorsqu'il arriva à Saint-Germain, il trouva ses bagages dans la cour ; aucun appartement ne lui avait été préparé, et il dut accepter l'hospitalité que lui offrit d'assez mauvaise grâce le maréchal Saint-André. On le traitait comme un roi de comédie, et finalement, pour se débarrasser de lui, on lui confia la mission de conduire jusqu'à la frontière d'Espagne Élisabeth, la jeune épouse de Philippe II.

Cette abdication morale d'Antoine, que Calvin, dans sa correspondance, qualifie de honteuse trahison (1), faisait de Condé le véritable chef du parti de la résistance. Aussi, après le départ de son frère, Condé convia au château de La Ferté la plupart des seigneurs qui avaient déjà fait partie de l'assemblée de Vendôme. Les mêmes opinions s'y heurtèrent, et, pour le moment, on conclut qu'une prise d'armes ne pouvait avoir lieu. Coligny se retira donc à Châtillon, où son frère Odet vint le rejoindre.

(1) « Quum ejus ignavia nihil fuerit turpius, accessit tandem et proditio. » (*Calvinus Vermiglio.*, 4 oct. 1559.)

CHAPITRE XV

Coligny participe pour la première fois au culte réformé. — Son opinion sur la sainte Cène. — Persécution terrible de l'Église réformée de Paris. — Procès et supplice du conseiller Anne Du Bourg. — Coligny se démet du gouvernement de la Picardie.

On peut fixer à la date où nous sommes parvenus, c'est-à-dire à la fin de l'année 1559, l'adhésion extérieure et publique de l'amiral au parti réformé. Son premier biographe dit que l'initiative, en cette grave décision, vint de sa courageuse compagne, Charlotte de Laval. « Se voyant, raconte-t-il, être si souvent et avec tant d'affection pressé d'elle, l'amiral résolut de lui en parler une seule fois, comme il fit, lui représentant, bien au long que depuis tant d'années il n'avait vu ni ouï dire qu'aucun, soit en Allemagne ou en France, qui eût fait profession ouverte de la religion, ne se fût trouvé accablé de maux et de calamités; que par les édits des rois François Ier et Henri II, rigoureusement observés par les Parlements, ceux qui en étaient convaincus devaient être brûlés vifs, à petit feu, en place publique et leurs biens confisqués au roi. Toutefois, si elle était disposée avec tant de confiance à ne refuser la condition commune de ceux de la religion, que de son côté il ne manquerait point à son devoir. Sa réponse fut que cette condition n'était pas autre que celle qui avait toujours été en l'Église de Dieu, et ne doutait point qu'elle n'y demeurât jusqu'à la fin du monde. En suite de quoi, s'étant donné la foi l'un à l'autre, l'amiral commença peu à peu d'amener, par de pieux discours, ses domestiques et ses amis à la connaissance de Dieu, etc. (1). »

Une question doctrinale l'avait un moment arrêté sur le seuil de la communion réformée; il avait abandonné le dogme de la transsubstantiation sur lequel il avait longtemps disserté, dit le même auteur, avec de très savants pasteurs des Églises de France, mais il inclinait à croire que, suivant l'opinion de Luther, « la présence du corps de Christ, c'est-à-dire de sa chair, de ses os et de son sang fût, en quelque manière, mêlée avec le pain et le vin. » Un jour, se trouvant à un prêche que l'on tenait en cachette dans un lieu appelé Vatteville et où la Cène du Seigneur devait être célébrée, « il demanda à la compagnie des fidèles de ne pas se scandaliser de son infirmité, mais de prier Dieu pour lui, et requit le ministre de traiter avec un peu plus d'éclaircissement du mystère de la Cène. » Le ministre exposa donc la doctrine calviniste, d'après laquelle il y a dans la Cène deux éléments, l'un terrestre, l'autre spirituel. Dans l'ordre terrestre, il ne se fait aucun changement, le pain et le vin restant ce qu'ils étaient; mais le fidèle, s'il a la foi, participe au corps spirituel de Jésus-Christ, « crucifié, ressuscité et

---

(1) *Vita Gasparis Colinii*, 1575, p. 22 et seq. Nous citons presque toujours cet écrit, d'après la traduction faite au XVIIe siècle, traduction dont le style rend fort bien la simplicité du texte latin.

glorifié. » « Saint Augustin, ajouta le ministre, a très bien dit et véritablement dit que manger la nourriture qui ne périt point, mais demeure en vie éternelle, c'est de croire en Christ : « Pourquoi, disait-il, prépares-tu » tes dents et ton estomac ; crois et tu auras mangé, et » ne prépare pas le gosier, mais le cœur. » « L'amiral, instruit par ces paroles, rendit premièrement grâce à Dieu, puis à toute l'Église et, dès lors, résolut en son esprit de participer à ce sacré et saint mystère au premier jour qu'il se célébrerait. Ce qui ayant été divulgué par toute la France, il est impossible de dire la joie et consolation que toutes les Églises en reçurent. »

Pour mesurer ce qu'il y avait d'héroïque dans cette décision, prise si simplement par l'amiral et sa femme, il faut se représenter qu'à la fin de cette année la persécution sévissait dans toute la France avec une fureur nouvelle.

Malgré les belles promesses que Catherine venait de faire à Mme de Roye, le gouvernement appliquait avec une impitoyable cruauté les édits en vigueur. On y regardait à deux fois, sans doute, avant de frapper les réformés appartenant à un rang élevé, parce qu'on tenait à faire croire que l'hérésie ne recrutait de disciples que dans la populace, parmi les artisans. Le fait était vrai au début.

Rien n'est plus inexact que l'opinion qui attribue à la noblesse les premiers et rapides progrès de la Réforme française. Le martyrologe de Crespin, pour un ou deux nobles, mentionne des milliers de gens du peuple ; mais, comme un historien très catholique, Florimond de Rémond, l'a remarqué, ceux que gagnait la Réforme étaient « surtout les peintres, horlogers, imagiers, orfèvres, libraires, imprimeurs et autres qui, en leurs métiers, ont *quelque noblesse d'esprit* (1). »

En 1549, on avait créé, dans les parlements, pour les crimes d'hérésie, les chambres ardentes, afin de « mieux dépêcher la matière ». En 1551, l'édit de Châteaubriant déféra ces crimes aux tribunaux séculiers aussi bien qu'aux juges ecclésiastiques ; absous par les uns, on pouvait être condamné par les autres. Les arrêts devaient être exécutés sans appel. La loi offrait à la cupidité le plus odieux des appâts ; le dénonciateur avait droit au tiers des biens des victimes. Si les accusés s'exilaient, le roi s'emparait de leurs propriétés. » Diane de Poitiers devait à ces confiscations une grande partie de son immense fortune. Le cardinal de Lorraine avait institué un vaste système d'espionnage, destiné à découvrir les assemblées secrètes des réformés. Des misérables vinrent dire qu'il s'y passait des infamies. La populace ignorante n'était que trop portée à le croire. Il n'était pas de crime qu'on n'imputât aux hérétiques. Dans les jours de danger public, on se ruait sur eux ; on l'avait fait au lendemain de la déroute de Saint-Quentin.

Certains signes extérieurs dénonçaient souvent les protestants : la simplicité de leur costume, leurs feutres sans plumes, leurs pourpoints de couleurs sombres. On remarquait qu'ils ne juraient jamais. « Le *certes* seul ou *en vérité* étaient leur serment ordinaire (2). » Par contre, ils avaient toujours le nom du Seigneur à

---

(1) Florimond de Rémond, *Hist. de l'hérésie de ce siècle* (t. VII, p. 931).
(2) Florimond de Rémond (p. 865).

la bouche. On ne leur pardonnait pas leur austérité, qu'on prenait pour de l'hypocrisie, ni leur dédain des commandements de l'Église. On raillait leur attitude grave, on imitait leur accent, leurs expressions bibliques. Les réformés ripostaient, se moquant à leur tour des moines, de leur crasse ignorance, du luxe des prélats et de leurs désordres, du latin d'église, du culte des saints et des reliques. Certes, c'était là un thème souvent rebattu depuis le moyen âge; mais, ce qui faisait rire chez Rabelais devenait sur leurs lèvres un crime. Leurs pamphlets circulaient partout, lus avidement par leurs adversaires eux-mêmes, qui faisaient des gorges chaudes en voyant tel grand seigneur ou tel évêque peint avec une verve satirique irrésistible. Ces écrits s'élevaient parfois à la plus âpre éloquence. Telle l'*Épitre au Tigre de France*, dirigée contre le cardinal de Lorraine; Hotman, en l'écrivant, s'était inspiré de la première catilinaire de Cicéron. Le cardinal remua ciel et terre pour découvrir l'auteur, saisit l'ouvrage et fit étrangler l'imprimeur et un pauvre marchand chez lequel on en trouva un exemplaire.

A défaut de pamphlets, des anecdotes circulaient de bouche en bouche et jetaient une note gaie dans ce concert de violentes controverses. Ainsi, au commencement du carême, on racontait que la nièce de l'amiral, la princesse de Condé, se trouvant à Paris, la Sorbonne lui avait envoyé deux émissaires pour savoir si réellement elle n'observait pas le maigre. Ils devaient lui adresser des admonestations à ce sujet, et retenir soigneusement ses réponses. C'étaient deux docteurs d'une belle corpulence. « Étant entrés dans la salle du logis, dit La Planche, il s'y trouva d'aventure un gentilhomme nommé Séchelles, du pays de Picardie, qui les aimait comme une épine en son dos, pour le mal qu'il avait reçu d'eux. Toutefois, ne le connaissant point, ils lui déclarèrent leur légation. » Séchelles, s'adressant sur-le-champ à la princesse : « Madame, lui dit-il, messieurs de Sorbonne ont eu crainte que vous ne manquiez de chair en ce carême, et voici deux gras et gros veaux qu'ils vous envoient. » Sur quoi, « ces vénérables honteux » s'enfuirent, aux éclats de rire de tous les assistants. On comprend si la cour s'égaya de cette aventure.

Le plus souvent, presque toujours, la scène était tragique. Sous le danger des délations continuelles, nul n'était sûr du lendemain. On inventa, dit de Thou, une foule d'artifices pour perdre les réformés. Ce fut alors qu'on plaça au coin des rues, derrière des grillages, des statues de la Vierge et des saints, devant lesquelles on allumait des chandelles ou des cierges. On s'attroupait en foule en face d'elles et on chantait des cantiques. Une assiette était là, où les passants devaient déposer leurs offrandes. Quelqu'un refusait-il de payer ou de se découvrir, ou cherchait-il à s'esquiver, on criait à l'hérétique, et on l'arrêtait.

Avant la mort presque certaine pour l'hérétique, la prison, c'était la mort anticipée. Le prévenu était jeté dans les souterrains humides du Châtelet; il y avait la mise au secret dans un cachot sans lumière; le sol en était souvent disposé en pente, de sorte que le malheureux ne pouvait ni se tenir debout ni s'étendre et était obligé de s'arc-bouter sur ses talons pour ne pas rouler au fond dans la fange ; on appelait cela *la chausse à l'hypocras ;* il y avait aussi la prison commune, où tous étaient entassés, nobles et manants, hommes, femmes et jeunes filles, avec les derniers des escrocs et des misérables, au milieu des immondices et de la vermine, dans une promiscuité qui faisait horreur.

On sortait de là pour aller à l'instruction, c'est-à-dire à la torture. Des espions, enfermés avec les captifs, écoutaient leurs conversations, tâchaient de découvrir en quels lieux se tenaient les assemblées, contrefaisaient le langage des fidèles, poussant de grands soupirs et s'apitoyant sur leurs maux.

Dans les interrogatoires publics, les accusés souvent se transformaient en juges ; tel citait les Écritures avec une merveilleuse habileté, en appelait aux paroles du Christ et des apôtres, serrant les questions mieux qu'un théologien. Tel autre dénonçait d'une voix tonnante les scandales de la cour. Ainsi, ce tailleur, que Diane de Poitiers avait voulu interroger, et qui lui reprocha d'infester le royaume de son venin. Irrité, le roi avait voulu assister à son supplice ; mais lui, jusqu'au bout, dirigea sur Henri un regard si triste et si pénétrant, que le roi, effrayé, déclara qu'il ne viendrait plus voir de telles scènes. Traînés au bûcher, les condamnés exhortaient la foule ou chantaient leurs psaumes, dont les mélodies graves ou stridentes remuaient les assistants. L'effet produit était tel que, souvent, on fut réduit à couper la langue de ceux que l'on brûlait. Ils parlaient encore du regard et du geste, et parfois leur visage rayonnait d'un tel enthousiasme, que le peuple répétait le mot de Catherine : « Ils vont à la mort comme aux noces. »

C'était un spectacle de cette nature qu'allait offrir le supplice d'Anne Du Bourg. On aurait bien voulu l'exécuter en secret ; mais son nom était trop connu pour qu'on osât s'y résoudre.

Enfermé à la Bastille depuis le mois d'avril, Anne Du Bourg aurait pu sauver sa vie par des équivoques ; il préféra rédiger une exposition détaillée de sa foi, qui est un des monuments les plus intéressants de cette époque (1), et dans laquelle la sérénité d'une conviction enthousiaste s'allie à une science théologique qui surprend chez un magistrat. Ce procès remuait non seulement Paris, mais les nations protestantes étrangères. L'électeur palatin se décida à intervenir et à réclamer Du Bourg pour lui confier une chaire dans l'université de Heidelberg. Le cardinal de Lorraine sentit qu'il devait précipiter les choses. Le 21 décembre, le Parlement condamna Du Bourg, « comme hérétique, sacramentaire, pertinax et obstiné, à être pendu et guindé à une potence qui sera mise et plantée en la place de Grève, et au-dessous sera fait un feu dedans lequel ledit Du Bourg sera jeté, ars, brûlé et consommé en cendres. » Le grand magistrat, après avoir entendu cette sentence, pria Dieu de pardonner à ses juges égarés et se réjouit « d'une si heureuse journée par lui tant désirée ; » puis, s'adressant aux conseillers, d'une voix puissante il les exhorta à songer à leur responsa-

---

(1) On la trouve tout entière dans Crespin et dans l'article sur Anne Du Bourg, dans la *France protestante*.

bilité devant Dieu et à « retourner au Seigneur en amendement de vie. » Son attitude resta la même lorsque deux jours après, devant une foule immense contenue par un grand déploiement de troupes, il monta l'échelle en répétant plusieurs fois : « Mon Dieu, ne m'abandonne pas, de peur que je ne t'abandonne ! » et qu'il harangua le peuple du haut de son bûcher. L'impression produite par sa mort fut immense. Un de ceux qui en furent les témoins, le futur historien, Florimond de Rémond, alors simple étudiant, s'exprime ainsi : « Nous fondions en larmes dans nos collèges au retour de ce supplice et plaidions sa cause après son décès, maudissant ces juges iniques qui l'avaient injustement condamné. Son prêche en la potence et sur le bûcher fit plus de mal que cent ministres n'eussent su faire. » La persécution n'en continua pas moins à sévir avec intensité.

Au commencement de janvier 1560, Coligny vint à Blois, où siégeait la cour. Il était décidé à donner sa démission du gouvernement de Picardie, et à concentrer toute son activité sur ses fonctions d'amiral (1). Il avait espéré pouvoir transmettre son gouvernement au prince de Condé, ce qui n'était que très naturel, puisque le frère du prince, Antoine de Navarre, l'avait longtemps occupé avant lui. Mais, par les conseils des Guises, ce poste important fut confié à Brissac. Coligny retourna à Châtillon.

(1) Cette démission de l'amiral fut « trouvée fort étrange, attendu que les autres courtisans, tout au contraire, avaient coutume de demander état sur état. » (La Planche).

CHAPITRE XVI

Conspiration d'Amboise. — Coligny est tenu
en dehors du projet. — Catherine le mande auprès d'elle. —
Édit du 8 mars. — Répression sanglante exercée par les Guises.
— Mort de Castelnau.

C'est à cette époque qu'il faut placer la fameuse conspiration d'Amboise, dont le but, plus patriotique encore que religieux, était de délivrer le jeune roi de la tutelle des Guises. On a toujours ignoré quels en furent les premiers instigateurs. Condé y prit évidemment une part active, et c'est bien lui que l'on désigna sous le nom du « chef muet, » auquel devait revenir toute la direction de l'affaire. Nous avons vu que, dans les conférences de Vendôme et de La Ferté, Condé s'était prononcé avec énergie pour une prise d'armes immédiate ; mais ici il se tint à distance, se réservant de tout nier plus tard et laissant agir ses lieutenants ; les conjurés d'ailleurs n'étaient pas tous calvinistes, et d'Aubigné affirma plus tard que Michel de L'Hospital faisait partie de l'entreprise (1). C'est à ce moment,

---

(1) Il ne le dit pas à la légère, car à ce fait se rattachait un épisode très dramatique de sa jeunesse. S'étant retiré à Talcy, peu après la Saint-Barthélemy, et ayant en mains les originaux de l'entreprise d'Amboise, où *se trouvait une pièce avec le seing de L'Hospital*, il fut tenté de les livrer au sieur de Talcy, dont il aimait la fille. « Il brûla ces pièces, de peur

semble-t-il, que le nom de *huguenots* commença à circuler pour désigner le parti à la fois politique et religieux qui entrait en lutte avec les Lorrains (1).

qu'elles ne le brûlassent. » (*Mémoires*, édition Lalanne, p. 24.) Que pouvaient être ces pièces? Probablement une consultation juridique défendant l'autorité royale contre les Guises. Quant à un acte positif de rébellion, on ne peut songer à en charger L'Hospital.

(1) Le nom de *huguenots* paraît pour la première fois d'une façon officielle dans un édit royal du 19 avril 1561. C'est depuis la conjuration d'Amboise qu'il a commencé à être employé d'une façon courante en France. Étienne Pasquier affirme que, huit ou neuf ans auparavant, il l'aurait entendu en Touraine; M. Soldan soutient (*Bulletin de la Société d'hist. du prot. français*, 1860, p. 12 et suiv.) que ce nom, même sous sa forme française de *huguenots*, a été employé à Genève avant 1530 et qu'il était déjà alors l'équivalent du mot *Eidgenossen* (confédérés).

L'origine de ce nom a donné lieu à des dissertations sans nombre (voir le *Bulletin*, 1858, p. 287; 1859, p. 13, 122, 266, 378; 1860, p. 12; 1862, p. 328; 1876, p. 380). Déjà Ménage, dans son *Diction. histor.*, article Huguenots, avait mentionné les étymologies qu'on lui assignait. En écartant celles qui sont décidément fantastiques, nous mentionnerons les suivantes :

1º Les protestants se rassemblaient à Tours près de la porte du roi Hugon (La Place, suivi par La Popelinière et Davila).

2º Le peuple de Tours croyait à un esprit lutin apparaissant la nuit et qu'on appelait le roi *Huguet* ou *Hugon*. On donna ce nom aux protestants qui se réunissaient de nuit. (Régnier La Planche, Bèze, de Thou.)

3º En Touraine, on désignait sous le nom de *huguenots* de petites pièces de monnaie qui ne valaient pas un liard et qui tiraient leur nom de Hugues Capet. De là ce terme de mépris : « Il ne vaut pas un huguenot. » (Castelnau.)

4º Les Guises, ayant affiché leurs prétentions à descendre directement de Charlemagne, le parti qui leur était opposé soutint les droits des Capétiens et on appela *huguenots* ceux qui étaient pour Hugues Capet. Cette étymologie a contre elle le fait que le nom de *huguenots* a été dès l'abord en France une injure (dont l'emploi est interdit par l'édit susmentionné de 1561), et qu'il est difficile que le parti des Guises, protecteurs de François II, lors de la conjuration d'Amboise, ait donné comme injure aux protestants un nom qui aurait affirmé la loyauté de ces derniers envers le roi. On comprend par contre fort bien que les protestants aient aimé à expliquer plus tard ainsi l'origine de ce mot. Il faut même signaler ici un fait curieux qui, nous le croyons, n'a pas été relevé jusqu'ici. Lorsque, à la suite de l'avortement de l'affaire d'Amboise, Maligny tenta de

Le chef apparent de l'entreprise était Godefroy de Barry, seigneur de La Renaudie. On se réunit à Nantes le 1ᵉʳ février 1560. La Planche dit que les conjurés profitèrent de la réunion du Parlement de Bretagne, qui avait lieu en ce moment, et qu'ils faisaient porter

s'emparer de Lyon, les conjurés protestants avaient pour mot d'ordre « Christ et *Capet* ». Le choix de ce mot (Hugues Capet) avait évidemment pour but de marquer leur attachement à la dynastie régnante.

5º Enfin, à Genève, ceux qui résistaient au duc de Savoie et qui cherchaient l'alliance de Berne et de Fribourg s'appelaient *eidgenossen*, eidgnots, eignots, huguenots (l'*h* était muet à l'origine). Le mot désigna plus tard les protestants en opposition aux partisans de la Savoie qu'on appelait les mameluks. Quand on songe aux relations étroites de Genève avec les protestants de France, on ne s'étonne nullement que le mot ait pu passer en France et être usité dans la vallée de la Loire, où les Églises étaient assez nombreuses; lors de la conjuration d'Amboise, le parti des Guises le releva avec empressement, y voyant le synonyme de confédérés, conjurés; c'est à ce titre qu'il est mentionné dans un pamphlet guisard à la date de 1562. D'ailleurs, dès 1560, les Guises accusaient les conjurés d'Amboise de vouloir renverser le roi, et se constituer, comme les Suisses, en cantons indépendants et confédérés. (Voir La Planche, *passim*.) Cette dernière explication, adoptée par M. Mignet, a été soutenue par M. Soldan, qui l'a appuyée de preuves très fortes. On peut alléguer contre elle le fait que si ce nom venait de Genève, Théodore de Bèze n'aurait pas ignoré cette étymologie et l'aurait adoptée lui-même; mais il resterait à savoir si la page de l'*Histoire ecclésiastique*, relative au mot *huguenot*, est de Théodore de Bèze lui-même et n'appartient pas à l'un de ces nombreux documents qui ont été rassemblés sous son nom.

Nous croyons, pour notre part, que le nom de *huguenots* fut d'abord un quolibet injurieux désignant des confédérés à la façon de ceux de Suisse, que les protestants français, de bonne heure, l'interprétèrent en lui donnant l'étymologie de Hugues (Capet) pour affirmer leur attachement au roi; La Planche, dans un passage trop peu remarqué (p. 95, col. 1, édition Mennechet), affirme que les conjurés d'Amboise, dans la remontrance qu'ils publièrent dès 1560, donnèrent au mot de *huguenot* l'étymologie de Hugues Capet.

Nous livrons notre opinion au lecteur, en rappelant que, lorsqu'il s'agit d'une de ces appellations populaires, « le vrai peut quelquefois n'être pas vraisemblable ».

Le nom de huguenot perdit au xviiᵉ siècle son caractère injurieux. Balzac l'emploie dans un sens tout à fait honorable.

par leurs valets des sacs remplis de papiers, comme s'ils eussent eu des procès à plaider. On décida que, le 10 mars suivant, chaque chef amènerait rapidement ses troupes et se dirigerait sur Blois, où siégeait la cour, qu'on saisirait les Guises, qu'on proclamerait l'indépendance du roi, en chargeant Condé de l'administration du royaume.

Les Guises apprirent par Granvelle, ministre de Philippe II, que quelque chose se tramait. A Paris même, un avocat, nommé Des Avenelles, chez lequel avait logé La Renaudie, prit peur et dénonça le complot. On fit en toute hâte partir le roi de Blois et on l'emmena à Amboise, dont le château fort était à l'abri d'une surprise, et, comme on apprenait que sur beaucoup de points du royaume des mouvements commençaient, Catherine voulut immédiatement diviser ses ennemis en proposant une mesure d'apaisement. Elle manda les Châtillons à Amboise, sachant bien qu'ils ne faisaient point partie du complot (1). « Ladite dame, dit La Planche, avait telle confiance des vertus de ces personnages et portait une telle amitié à l'amiral pour l'avoir

---

(1) On a nié ce fait. Il est très solidement établi. Coligny réprouva la conjuration : « M. l'amiral, dit Brantôme, ne sçut jamais ladite conjuration d'Amboise, à ce que j'ai ouï dire à aucuns des plus anciens de la religion, et aussi à La Vigne, valet de La Renaudie, qui en savait tout le secret. » Les conjurés n'ignoraient pas dans quel sens Coligny s'était prononcé à Vendôme et à La Ferté. Coligny pensait alors sur ce point comme Calvin, qui écrivait à ce moment-là aux fidèles de France : « Qu'il vous souvienne quelles armes nous sont données d'en haut : c'est d'avoir tout notre refuge à celui qui nous fait ce bien et honneur de nous tenir en sa garde et ainsi posséder nos âmes en patience; *car de le gagner par force, il ne nous est pas licite.* » Il jugea très sévèrement l'affaire d'Amboise : « Quod stulte agitaverunt, pueriliter deinde agressi sunt. »

toujours connu loyal serviteur du roi, qu'elle se pensait bien assurer auprès d'un sage chevalier, par la prudence duquel elle espérait apaiser tout. » Les Guises, qui se défiaient des Châtillons, se sentaient tranquilles en songeant qu'ils les auraient sous leur main.

Lorsque Coligny, répondant à l'appel de la reine, arriva, le 23 février, ils lui parlèrent de la nécessité où ils étaient de recourir à ses bons offices comme amiral, afin de maintenir libres les communications de l'Écosse avec la France, et d'être en mesure, s'il le fallait, de résister à l'Angleterre. Catherine, elle, préféra aller droit à la question urgente ; elle fit part à l'amiral de l'anxiété où elle se trouvait et le supplia de « n'abandonner le roi son fils. »

Mis ainsi en demeure de parler, Coligny n'hésita pas. « Il fit à la reine mère de grandes remontrances, dit La Planche (1), et lui déclara le mécontentement de tous les sujets du roi, tant en général qu'en particulier, non seulement pour le fait de la religion, mais aussi pour les affaires politiques ; » il représenta que le roi était gouverné par des gens qui étaient plus haïs que la peste ; il réclama un édit qui, en attendant la tenue d'un concile, assurât aux réformés le *libre exercice* de leur religion.

Une telle demande était de nature à exaspérer les Guises ; la repousser sommairement eût été la plus

---

(1) C'est à cet historien, d'ordinaire fort bien informé, que nous empruntons la plupart des détails relatifs à l'affaire d'Amboise. M. Mennechet a dit avec raison que La Planche, qui juge souvent les choses et les personnes à son point de vue protestant, est impartial dans l'exposition des faits. « Il ne fait jamais, écrit-il, à ses opinions religieuses le sacrifice d'une vérité. » (Préface de l'édition de 1836).

grave imprudence. « Je ne sais, avait dit l'amiral, de moyens autres d'empêcher une grande sédition. » Catherine louvoya, comme elle devait faire toujours. On improvisa un édit dont le but était évidemment de désarmer les protestants sans leur faire aucune concession sérieuse (1). On consentait à oublier le passé, à ne point rechercher les gens coupables de crime d'hérésie (sauf les ministres), pourvu qu'ils fissent promesse de vivre désormais en bons catholiques. Le texte de l'édit, publié le 8 mars, contenait d'ailleurs des déclarations curieuses.

Le roi disait qu'à son avènement il avait trouvé de grands troubles au fait de la religion, et en accusait « certains prédicants venus de Genève, la plupart *gens mécaniques et de nulle littérature* (2). » Il convenait que la secte avait pris un tel développement que, si « on venait à faire la punition selon la rigueur du droit et de nos ordonnances, serait faite une merveilleuse effusion de sang d'hommes, femmes, filles, jeunes gens, constitués en fleur d'adolescence..., chose qui nous tournerait à perpétuel regret et déplaisir, et serait contre notre naturel et non convenable à notre âge. » Le roi faisait donc pardon, rémission et abolition générale de tout le passé. « Toutefois, ajoutait-il, nous n'entendons en la présente abolition comprendre les

---

(1) Aussi quelques conseillers l'appelaient-ils : *un attrape-Minault*. (La Planche).

(2) C'était ainsi que, dans l'entourage du roi, on expliquait le vaste mouvement de la Réforme. Remarquez cette allusion à la basse extraction de ses premiers propagateurs. L'accusation d'ignorance qu'on leur imputait était absurde; mais il est certain, comme nous l'avons déjà dit, qu'au début le mouvement se propagea surtout parmi les artisans.

prédicants, ni (et cette restriction ouvrait la porte à toutes les mesures arbitraires) ceux qui auront conspiré contre le roi, la reine, ses frères et ses *principaux ministres.* » Ces derniers mots, qui désignaient les Guises, permettaient à ceux-ci de se venger.

Coligny et son frère le cardinal avaient signé l'édit avec tous les membres du conseil (1), les Guises y avaient également adhéré; mais de Thou affirme qu'en le faisant enregistrer par le Parlement ils y avaient, en usant d'un subterfuge indigne, inséré un article secret qui pût servir de règle pour l'interpréter (2).

A peine l'édit fut-il publié que les Guises, rassemblant de toutes parts des forces pour le service du roi, firent fouiller le pays et parvinrent à surprendre les diverses bandes de conjurés avant qu'elles pussent se diriger vers le lieu du rendez-vous commun ; à mesure qu'on les arrêtait, on les tuait sur place ou on les emmenait à Amboise pour être jugés (3). Ils avaient beau alléguer qu'ils n'en voulaient point au roi, cela ne servait de rien. Plusieurs d'entre eux s'efforcèrent de faire parvenir au roi des suppliques, dans lesquelles ils protestaient de leur attachement pour lui; les Guises ne laissèrent pas François II en prendre con-

---

(1) On s'étonne de trouver le nom de Coligny au bas d'un édit qui poussait les réformés à l'abjuration ou à la dissimulation ; la rapidité même avec laquelle on le publia nous porte à croire qu'il y a eu là une surprise.
(2) *Hist. univers.* (t. II, p. 764). Les Guises ne perdirent pas une minute, car l'enregistrement eut lieu le 11 mars.
(3) La Planche mentionne ici un fait curieux. Villegagnon, l'ancien chef des colons protestants du Brésil, qui avait abandonné son parti et lui vouait une haine implacable, voulut organiser une flotte sur la Loire pour combattre les conjurés, mais « cette fantastique guerre navale » tomba sous le ridicule.

naissance; toute leur tactique consistait à dire que les conjurés voulaient renverser la royauté et s'organiser d'une façon indépendante comme les Suisses. Le jeune roi, cependant, leur disait : « Qu'ai-je fait à mon peuple, qu'il m'en veuille ainsi? Je veux entendre ses doléances et lui faire raison. Je ne sais, mais j'entends qu'on n'en veut qu'à vous. Je désirerais que, pour un temps, vous fussiez hors d'ici pour voir si c'est à vous ou à moi qu'on en veut. » Plaintes inutiles! La répression se poursuivait sans pitié. Les Guises, s'autorisant des exceptions que contenait l'édit, entraient dans les maisons, procédaient à des interrogatoires suivis d'exécutions sommaires : pendant plusieurs mois un régime de terreur et de sang pesa sur la France. A Amboise seulement, on égorgea douze cents huguenots sous prétexte de conjuration. Comme les supplices ordinaires étaient trop lents, on organisa des noyades; les prisonniers, pieds et poings liés, étaient jetés dans la Loire.

Ces scènes affreuses restèrent gravées dans le souvenir des populations riveraines du fleuve. En 1793, les commissaires de la Convention devaient les copier à Nantes sous la sinistre inspiration de Carrier! Quant aux chefs principaux, on les exécutait après le dîner en manière de passe-temps. Catherine et la gracieuse jeune reine, Marie Stuart, suivies de leurs dames d'honneur et des courtisans, venaient assister à ce spectacle, et le cardinal de Lorraine leur faisait l'énumération des patients « avec des signes d'un homme grandement réjoui ». Le petit roi, auquel on avait fait écrire quelques semaines auparavant que l'immolation des protestants serait contre son naturel, se formait à cette école, ainsi que ses jeunes frères.

La Renaudie fut un des premiers frappés ; il fut attaqué le 18 mars dans la forêt de Châteaurenault et tué d'un coup d'arquebuse ; son corps fut suspendu au pont d'Amboise avec cette inscription : *La Renaudie, dit Laforest, chef des rebelles.* Sa mort arrêta l'entreprise.

De toutes les victimes, la plus illustre fut le baron de Castelnau, que ses exploits dans les Flandres avaient rendu célèbre. Il s'était avancé avec sa troupe aux environs d'Amboise lorsque le duc de Nemours, très étroitement lié aux Guises, vint le sommer de déposer les armes, « s'obligeant par foi de prince qu'il ne lui en reviendrait ni à ses compagnons aucun mal, mais qu'ils seraient mis en toute liberté ». A peine Castelnau et les siens eurent-ils fait ce qu'on leur demandait qu'on les arrêta comme coupables de lèse-majesté. C'était pour eux la mort certaine et précédée des tortures qui étaient alors le complément nécessaire de toute information au criminel. Mais le vieux soldat mit ses juges sur les épines. Il interpella le chancelier Olivier et lui rappela les exhortations tout évangéliques qu'il avait longtemps auparavant entendues de lui. « Ne vous souvient-il pas, lui dit-il, qu'autrefois vous me conseillâtes de fréquenter les saintes assemblées de Paris et d'aller voir les Églises réformées de Genève et d'Allemagne ? » Puis, continuant, il évoqua le souvenir des exécutions de Cabrières et de Mérindol, auxquelles Olivier avait été mêlé comme juge, et lui parla de ses cheveux blancs et du compte qu'il allait bientôt rendre au tribunal de Dieu. Ce fut dans des termes semblables qu'il s'adressa au cardinal de Lorraine qui, lui aussi, au début, parlait tant de réformer l'Église. Ces paroles, que l'on répétait, remuaient toute la cour; Coligny et d'Andelot intercédèrent vainement en faveur de leur vieux compagnon de combats.

« Le roi et la reine mère étant pressés et importunés par eux de lui sauver la vie, tant pour ses vertus et pour les grands services faits par ses prédécesseurs et par lui à la couronne et maison de France, que pour n'irriter beaucoup de grands princes et seigneurs auxquels il appartenait, la reine en fit tout ce qu'elle put, disait-elle, jusqu'à aller chercher et caresser en leurs chambres ces nouveaux rois, qui se montrèrent invincibles et de fureur irréconciliable, et usa le cardinal de ces mots envers leurs Majestés : Par le sang-Dieu, il en mourra et n'y a personne qui l'en puisse empêcher. Bref, plus on lui remontrait le danger qui en pouvait advenir, tant plus se montrait-il félon et enragé. » Sous cette pression, Olivier signa la sentence de mort. A peine eut-elle été exécutée, que le chancelier, au témoignage de La Planche, « tomba malade d'une extrême mélancolie par laquelle il jetait des soupirs sans cesse, murmurant misérablement contre Dieu ». Le cardinal de Lorraine vint le voir. Le chancelier le renvoya en s'écriant : « Ah! ah! cardinal, tu nous fais tous damner. Un moment après il expirait (1). »

Ce fut le dernier épisode de l'affaire d'Amboise. Pendant longtemps, les têtes des principaux conjurés res-

(1) La Planche. Édition Mennechet (p. 103).

tèrent fixées sur des perches devant la porte du château. Agrippa d'Aubigné, encore enfant, les vit en passant par Amboise avec son père, et entendit ce dernier s'écrier : « Ils ont décapité la France, les bourreaux! » Le huguenot ajouta : « Mon enfant, il ne faut point épargner ta tête après la mienne pour venger ces chefs pleins d'honneur. Si tu t'y épargnes, tu auras ma malédiction. » Ces paroles ne tombaient pas dans une âme oublieuse ; l'enfant devait être un jour l'historien justicier des derniers Valois.

CHAPITRE XVII

Mission de Coligny
en Normandie. — L'Hospital est nommé chancelier. — L'édit de Romorantin. — L'assemblée de Fontainebleau. — Convocation des états à Orléans. — Tentative des protestants pour s'emparer de Lyon.

Condé, Coligny et ses frères n'avaient pu assister impassibles aux exécutions d'Amboise; Condé, nous l'avons dit, était le chef muet de la conjuration. Les Guises auraient voulu le faire arrêter. Il paya d'audace, prit la parole au conseil du roi, défia ses ennemis de faire la preuve de leurs accusations, et après cet éclat plus hardi que loyal, quitta brusquement la cour et se réfugia en Béarn auprès d'Antoine de Bourbon.

D'Andelot se rendit en Bretagne; Coligny reçut de la reine mère la mission d'apaiser la Normandie. « Catherine le pria très affectueusement de s'enquérir au vrai de la cause des émotions et de la lui mander rondement et sans aucune dissimulation. » Elle lui promettait du reste, ajoute La Planche, de tenir secrets ses avertissements.

L'amiral lui obéit; il trouva en Normandie une foule d'Églises réformées (on parlait de cinquante mille fidèles); il écrivit donc à la reine d'arrêter toute persécution contre eux; puis, développant sa pensée, il s'exprima très ouvertement au sujet des Guises, montrant « qu'ils étaient la cause et vraie origine des émotions et troubles survenus au royaume, à cause de leur gouvernement violent et illégitime. » Il n'hésitait pas à conseiller une convocation des états généraux. Catherine ne manqua pas de communiquer ses avertissements aux Guises, qu'ils exaspérèrent au plus haut point, mais on sentit qu'il fallait temporiser, et la cour recommanda aux divers Parlements de relâcher les prisonniers qui seraient détenus pour le simple fait de la religion.

La Réforme, en effet, faisait en province des progrès rapides, dont il fallait bien tenir compte; ce que Coligny venait de voir en Normandie se produisait à Nîmes, à Montpellier, à Aiguesmortes et dans bien d'autres villes. Les protestants y étaient assez nombreux pour s'emparer des églises et y célébrer leur culte; le Poitou, la Saintonge, la Guyenne, le Languedoc, la Provence étaient envahis par la foi nouvelle. Dans le Dauphiné même, dont François de Guise était le gouverneur, le culte réformé venait de s'établir; Guise donna l'ordre à son lieutenant Mongiron de faire pendre les prédicants, et de livrer au pillage les villes qui leur avaient ouvert leurs églises. Mais, aussitôt, les représailles se produisirent et deux chefs huguenots, Mouvans et Montbrun commencèrent à parcourir le Midi à la tête de bandes nombreuses (1). Sous peine de voir bientôt le mouvement s'étendre, le gouvernement devait aviser.

(1) D'Andelot, dans une lettre au connétable, blâme résolument cette prise d'armes. (Voir Delaborde, t. Ier, p. 439).

Le chancelier Olivier était mort le 30 mars 1560; il fallait le remplacer. C'est à ce moment que nous voyons apparaître un homme qui va jouer un rôle considérable, Michel de L'Hospital. Né en 1504, en Auvergne, il avait alors 56 ans; sa famille avait d'abord été suspecte à la cour, à cause de l'attachement qu'elle portait au fameux connétable de Bourbon; mais Michel, s'étant distingué de bonne heure, fut chargé de plusieurs missions et accompagna même, en 1547, les cardinaux français au concile de Trente; Henri II le nomma ensuite président de la chambre des comptes, où il se rendit redoutable par son intégrité dans l'administration des finances. Le cardinal de Lorraine le protégeait, il espérait faire de lui sa créature et contribua puissamment à le faire nommer chancelier. Mais la reine mère, jouant ici comme toujours un double rôle, lui fit dire secrètement, d'après de Thou, « qu'il ne devait qu'à elle sa dignité et non aux Guises. » L'Hospital ne devait être la créature de personne. L'amour de son pays fut la passion dominante de cette âme qui toujours s'efforça d'être juste dans un temps où presque tous n'écoutaient que les passions de leurs partis. Un tel caractère était fait pour se rencontrer avec Coligny.

Comme le remarque justement un historien (1), L'Hospital, s'il était ami des principes, ne l'était pas moins des ménagements; il savait combien était embrouillé l'écheveau qu'il devait dévider. « Il faut de vrai, disait-il, s'accommoder aux mœurs du temps auquel

---

(1) M. Delaborde (t. Ier, p. 454).

nous vivons... Il faut quelquefois reculer et prendre avantage pour mieux sauter... Il faut caler un peu la voile ». La Planche affirme qu'il avait toujours ce mot à la bouche : « Patience, patience, tout ira bien. » Cette méthode était pour plaire à Catherine ; mais si celle-ci en usait dans l'unique but de se tirer d'affaire, L'Hospital avait devant les yeux un autre idéal ; sous cette bonhomie apparente, sous cet optimisme toujours prêt au sourire, il y avait une âme forte que la violence inique ne faisait pas plier.

Le premier acte de L'Hospital fut dirigé contre l'inquisition, que le pape voulait rétablir en France. On se souvient des efforts qu'il avait tentés dans ce but sous Henri II ; Henri avait cédé, et le Parlement après lui, oublieux des grandes traditions nationales. On avait désigné dès 1557 les cardinaux de Lorraine, de Bourbon, de Châtillon comme inquisiteurs français ; mais, grâce à l'opposition du dernier, le projet était resté lettre morte. L'Hospital voulut y couper court par l'édit de Romorantin, mai 1560.

En le présentant, L'Hospital eut des paroles hardies pour l'époque et dans lesquelles on respire un souffle nouveau : « Les maladies de l'esprit ne se guérissent comme celles du corps. Quand un homme ayant mauvaise opinion fait amende honorable et prononce les mots d'icelle, il ne change pour cela son cœur. L'opinion se mue par oraisons à Dieu, parole et raison persuadée. » La conséquence de tels principes eût été la liberté religieuse, l'interdiction de toute contrainte en matière de foi. Que proclame cependant l'édit ? Tout autre chose. Il attribue *aux prélats seuls* l'entière connaissance de tout crime d'hérésie et leur enjoint en même temps de résider dans leurs diocèses. Il interdit aux parlements, baillis, sénéchaux et autres juges les poursuites en matière religieuse; ils doivent se borner à exécuter les sentences des juges d'Église qui livreront les coupables au magistrat. Comment s'expliquer que de telles dispositions aient pu être envisagées comme un progrès? On ne le comprend que lorsqu'on réfléchit que ce qu'on donnait aux évêques, lesquels étaient séculiers et Français, on l'enlevait aux inquisiteurs, et l'on ruinait ainsi le projet d'une inquisition à l'espagnole (1). Mais la liberté religieuse n'avait fait aucun pas.

Cependant, les Églises réformées surgissaient partout. Il avait suffi du léger adoucissement qui s'était produit à la suite de l'édit de Romorantin pour que les calvinistes célébrassent leur culte dans leurs demeures ; l'amiral lui-même, dans son inspection de la Normandie, avait pris ouvertement part à leurs assemblées (2). La reine mère sentit qu'elle devait aviser à cette situation nouvelle et, sur le conseil du chancelier et de

---

(1) Un mot de l'ambassadeur d'Espagne, Chantonnay, est à retenir. Il considère l'édit de Romorantin comme très favorable aux réformés, par la raison suivante « que, par crainte de la haine qu'on a contre le clergé, les ecclésiastiques n'oseront pas sévir. » (Lettre d'avril 1560 à la duchesse de Parme.) Il est évident, d'ailleurs, que dans les diocèses qui avaient à leur tête Monluc, Marillac et d'autres évêques modérés, les protestants allaient enfin jouir d'un peu de liberté.

(2) « Les fidèles eurent la consolation de voir à Dieppe, le 26 juillet 1560, M. l'amiral de Châtillon, et de servir Dieu dans la maison où ils allèrent rendre leurs respects à ce pieux seigneur qui, pendant trois jours qu'il séjourna dans la ville, fit régulièrement, à portes ouvertes, célébrer le service divin. » (Manuscrit cité par M. Vitet dans son *Histoire de Dieppe*, t. Ier, p. 109).

l'amiral, elle décida de réunir à Fontainebleau pour le mois d'août une assemblée des plus grands seigneurs de France. « Le roi de Navarre et le prince de Condé furent avertis par leurs amis et serviteurs de n'y aller aucunement, s'ils ne voulaient courir les risques de leur vie (1). »

Le 21 août, l'assemblée se réunit en présence du roi, de Catherine, de Marie Stuart, de tous les princes de la famille royale. Ce jour-là, après quelques paroles prononcées par le roi et la reine mère, le chancelier exposa l'objet de la réunion.

A la seconde séance, le roi « fit entendre que son intention était que ceux de son conseil commençassent à opiner, » et pria l'évêque de Valence de prendre la parole ; à ce moment, l'amiral s'avança vers le roi et, « après lui avoir fait deux grandes révérences, » il commença par dire qu'ayant visité la Normandie, il avait pu voir que les troubles ne venaient que des persécutions contre ceux de la religion ; il ajouta qu'il apportait une requête de la part des réformés, que « combien que la requête ne fût signée, toutefois il se trouverait en Normandie plus de cinquante mille qui la signeraient. » Ce qu'ils demandaient, c'étaient des temples et lieux assurés où l'on pût prêcher publiquement et administrer les sacrements.

Quand Coligny eut achevé de parler, il remit sa requête au roi, qui la fit lire aussitôt par le secrétaire de L'Aubespine. C'était une apologie par laquelle les réformés repoussaient toute idée de révolte, déclaraient

---

(1) Castelnau, *Mémoires* (l. II, ch. VIII).

que leur foi était conforme aux saintes Écritures et au Symbole des apôtres et finissaient par demander la liberté d'avoir des temples. Ils alléguaient la faculté qu'on laissait aux juifs dans certains pays d'avoir leurs synagogues, et protestaient de leur dévouement au roi.

Ce langage, malgré sa modération, était si nouveau que « toute la compagnie, dit La Planche, entra en admiration, s'émerveillant de la hardiesse de l'amiral, attendu les dangers où il se mettait (1). »

On entendit ensuite le chancelier, qui fit une remontrance grave et pleine d'éloquence et qui, en indiquant les causes du mal, blessa évidemment les Guises; car ceux-ci offrirent aussitôt de rendre compte de leurs charges, François, pour ce qui concernait l'armée, le cardinal, pour les finances.

Deux jours après, on entendit Montluc, évêque de Valence. Montluc était au fond favorable à la Réforme. Il ne craignit pas de parler avec louange du zèle, de la science, de l'intégrité de ces prédicants que l'édit d'Amboise avait peu de temps auparavant représentés comme des rustres et des séducteurs indignes de pardon : « Sire, dit-il, la doctrine qui amuse vos sujets a

(1) Chantonnay, dans une lettre à la duchesse de Parme (août 1560), prétend que, lorsque le roi demanda à Coligny d'où il tenait sa requête, il répondit qu'il n'en savait rien, et cela à plusieurs reprises, et que le roi avec un visage sévère lui dit qu'il s'en allât à sa place. L'ambassadeur vénitien s'exprime à peu près dans les mêmes termes. (Armand Baschet, *Diplomatie vénitienne*, p. 506.) Cela est en opposition formelle avec La Planche, La Place et Castelnau. La vérité est que Coligny ne voulut pas nommer les pétitionnaires pour ne pas les exposer, et qu'il se borna à dire, en termes généraux, que 50,000 personnes au moins, s'il le fallait, signeraient cette requête.

été semée en trente ans, non pas en un, deux ou trois jours ; a été apportée par trois ou quatre cents ministres diligents et exercés aux lettres, avec une grande modestie, gravité et apparence de sainteté, faisant profession de détester tous vices, et principalement l'avarice, sans crainte de perdre la vie pour confirmer leur prédication ; ayant toujours Jésus-Christ en la bouche, qui est une parole si douce, qu'elle fait ouverture des oreilles qui sont les plus serrées et découle facilement dans les cœurs les plus endurcis. » Puis l'évêque montra dans quel état la Réforme avait trouvé la France, quelles étaient l'incurie, l'avarice, la mondanité du clergé et des évêques eux-mêmes. Il conseilla comme remède l'usage des saintes Écritures et le retour à une prédication évangélique, et demanda la convocation d'un concile œcuménique, ou du moins national. Quant aux punitions à infliger aux hérétiques, l'évêque voulait qu'on ne sévît que contre ceux qui avaient les armes à la main. « Mais, ajoutait-il, il y en a d'autres, sire, qui ont reçu cette doctrine et la retiennent avec telle crainte de Dieu et vous portent telle révérence qu'ils ne voudraient pour rien vous offenser ; et, par leur vie et par leur mort, on connaît bien qu'ils ne sont mus que d'un bon zèle et ardent désir de chercher le seul chemin de leur salut, et, cuidant l'avoir trouvé, ils ne s'en veulent départir, ne tiennent compte de la perte des biens ni de la mort, et de tous les autres tourments qu'on leur veut présenter. Et faut que je confesse que toutes les fois qu'il me souvient de ceux qui meurent si constamment, les cheveux me dressent sur la tête, et suis contraint de déplorer la misère de nous, qui ne sommes touchés d'aucun zèle de Dieu ni de la religion. Ceux-là, sire, méritent, me semble, d'être distingués et séparés des autres qui abusent du nom et de la doctrine qu'ils disent avoir reçue ; ceux-là ne doivent être nombrés ni punis comme séditieux. » Et, après avoir fait des réformés ce magnifique éloge, Montluc demandait, en concluant, qu'on se bornât à interdire leurs assemblées et à les exiler eux-mêmes, *afin de leur ôter le moyen de séduire les bons* (1).

Marillac, archevêque de Vienne, parla ensuite et conclut à la nécessité d'un concile national et d'une convocation des états généraux ; mais il ne dit pas un mot pour assurer aux réformés une liberté quelconque.

L'amiral prit alors la parole. La Planche affirme qu'il « fit entrer toute l'assistance en admiration par ses grandes et singulières remontrances. » Il insista sur la nécessité de convoquer les états généraux du royaume suivant les anciennes constitutions. Il se plaignit de ce qu'on entourait le roi d'une garde nouvelle et nombreuse, comme s'il redoutait son peuple. Il demanda un saint et libre concile, soit général, soit national, et réclama en attendant, pour ceux de la religion, la libre profession de leur culte.

« Mais le duc de Guise, dit Castelnau, se sentant piqué par les propos de l'amiral touchant la garde nou-

---

(1) Les discours prononcés à Fontainebleau se trouvent reproduits plus ou moins longuement dans La Planche, dans les *Commentaires* de La Place, dans les *Mémoires* de Castelnau, dans les *Mémoires de Condé*. ainsi que dans le *Recueil de pièces originales sur les états généraux* (Paris, 1789).

velle du roi, prit la parole, disant qu'elle n'avait été établie que depuis la conjuration d'Amboise, faite contre la personne de Sa Majesté, et qu'il avait charge de donner ordre que dorénavant le roi ne tombât plus en si grand inconvénient que de voir ses sujets lui présenter une requête avec des armes. Et quant à ce que ledit amiral avait dit qu'il se trouverait cinquante mille protestants pour signer une requête, le roi en trouverait un million de sa religion qui y seraient contraires. »

Le cardinal de Lorraine combattit énergiquement la requête des protestants, disant que, si le roi leur donnait des temples, il approuverait leur hérésie, « ce qu'il ne saurait faire sans être perpétuellement damné (1). » Puis tout à coup, ce qui sembla fort étrange dans sa bouche, il déclara qu'il était d'avis qu'on ne sévît pas avec violence contre les pauvres dévoyés, qu'on les laissât aller aux prêches et chanter leurs psaumes, et que c'était aux évêques et autres doctes personnages à les gagner et corriger selon l'Évangile (2).

Tous les membres de l'assemblée avaient parlé dans le sens d'une convocation des états généraux. Le 26 août, le roi décida qu'en effet ils seraient convoqués le 10 décembre suivant à Meaux, et que le 10 janvier une assemblée du clergé aurait lieu pour traiter la question du concile.

---

(1) La Planche.
(2) On s'est souvent demandé quelle avait été, à Fontainebleau, l'attitude d'Odet, cardinal de Châtillon. Je ne trouve, sur ce point, qu'une indication. Chantonnay, dans une lettre à la duchesse de Parme (septembre 1560), affirme que le nonce vint se plaindre à Catherine des propos que le cardinal de Châtillon avait tenus à l'assemblée de Fontainebleau, et que Catherine l'excusa.

Telle fut la conclusion de l'assemblée de Fontainebleau. Sur la question même de la liberté des protestants, rien n'avait été décidé ; mais c'était une chose d'une immense portée que d'avoir vu défendre dans une telle réunion la cause des réformés par un amiral de France, et de constater que le cardinal de Lorraine lui-même en était venu, par politique sans doute, à conseiller des voies de douceur.

Après de tels débats, il était bien difficile de proscrire dans le royaume la manifestation des croyances nouvelles, qui venaient de trouver sur les lèvres des évêques eux-mêmes des apologies à peine déguisées. Comment arrêter ailleurs les discussions religieuses, quand elles venaient de se produire ici publiquement, sur un si grand théâtre, avec un tel éclat ? Pour que la répression réussît, il aurait fallu faire partout le silence, bâillonner toutes les bouches, étouffer toute parole libre, comme Philippe II le faisait en Espagne. La France, heureusement, n'était pas prête à subir un tel abaissement. *Gens loquax,* disait César en parlant des Gaulois. Ce besoin de libre parole a souvent été le salut de notre race, et, au XVIe siècle, les proscripteurs eux-mêmes y cédaient par instinct.

Quelques semaines plus tard, le 4 octobre, l'amiral était pourvu par le roi du commandement du Havre et de Honfleur, ce qui prouvait que sa courageuse et sincère attitude ne l'avait pas fait tomber en disgrâce. C'étaient là des symptômes qui frappèrent l'esprit public. On sentait que la cause de la Réforme gagnait chaque jour du terrain.

Pendant que se tenait l'assemblée de Fontainebleau,

Antoine de Bourbon et Condé, son frère, nouaient des correspondances avec les principaux seigneurs protestants du Midi, dans le but de délivrer la France du joug des Guises. L'âme de cette conjuration fut Edme de Ferrières, sieur de Maligny (1). Celui-ci alla visiter les chefs huguenots du Dauphiné et de la Provence; il convint avec eux que l'on enverrait par petites troupes, à Lyon, des soldats déguisés en ouvriers et que le 5 septembre on s'emparerait de la ville. Pour affirmer leur attachement à la dynastie, les conjurés avaient pris le mot d'ordre : *Christ et Capet* (2). On réussit ainsi à rassembler à Lyon environ deux mille protestants. Mais, au dernier moment, Antoine de Navarre, irrésolu, comme toujours, envoya à Maligny l'ordre de renoncer à son projet. Maligny sortit de Lyon désespéré, et les conjurés se dispersèrent. On venait précisément d'arrêter alors un gentilhomme du Béarn nommé La Sagne, serviteur de Condé, sur lequel on trouva des lettres qui compromettaient le connétable de Montmorency lui-même (3). La Sagne et quelques-uns de ses compagnons furent mis à la torture et l'on arracha d'eux ce que l'on voulut.

(1) Ou Maligny *le jeune*, qu'il ne faut pas confondre, comme on l'a fait souvent, avec son frère aîné, Jean de Ferrières, qui allait, cette année même, devenir vidame de Chartres, après la mort de François de Vendôme (22 décembre) et jouer comme tel un rôle considérable dans les affaires du parti protestant. Quant à Edme de Ferrières, après l'insuccès de Lyon, il s'enfuit à Genève, où il mourut par accident dans le lac.

(2) Jean Le Frère : *la Vraie et entière histoire des troubles* (1578, p. 100).

(3) Il y eut même, à ce sujet, une très violente explication entre Catherine et le connétable; celui-ci reprocha à la reine de vouloir conduire le royaume, « n'ayant eu que si peu d'expérience jusques à maintenant, et tenant autour d'elle et de son fils des ministres peu capables et haïs de tous. » (Lettre de Chantonnay à la duchesse de Parme).

Les Guises gardèrent cependant le secret de la procédure et insistèrent auprès de François II pour qu'il convoquât les princes à Orléans, où l'on s'était décidé à tenir la session des états généraux. Le roi leur envoya dans ce but le cardinal de Bourbon, leur frère; vainement les Châtillons, qui pressentaient le péril, s'opposèrent à leur venue. Éléonore de Roye, princesse de Condé, et Jeanne d'Albret joignirent leurs instances à celles des Châtillons (1); tout fut inutile; le 31 octobre, les deux princes, qui croyaient qu'en se livrant au roi ils lui en imposeraient, firent leur entrée à Orléans.

(1) On peut voir, dans La Planche, la lettre énergique qu'Éléonore de Roye adressa à son mari, et dans laquelle se révèle la vaillance d'âme de cette héroïque jeune femme. « Elle le suppliait très humblement de n'avoir le cœur si lâche que de s'aller jeter en leurs filets, quelque belles promesses qu'il eût du roi; que, si elle était homme et en son lieu, elle aimerait mieux mourir en combattant l'épée au poing pour une si juste querelle que de monter sur un échafaud pour tendre le col à un bourreau sans l'avoir mérité. »

CHAPITRE XVIII

Les Guises à Orléans. — Arrestation et jugement
de Condé. — Il est condamné à avoir la tête tranchée. — Maladie
subite et mort de François II.

En convoquant une session de ces états généraux qui ne s'étaient pas réunis sérieusement depuis trois quarts de siècle (1484), on peut bien supposer que les Guises ne se proposaient nullement d'interroger réellement la France (1). Tout montre, au contraire, qu'entre leurs mains perfides cette convocation devait être un moyen d'arrêter les princes, d'étouffer le parti calviniste et d'affirmer leur propre autorité. Le plan qu'ils avaient formé et que nous allons résumer n'est pas indiqué seulement par des historiens protestants, tels que Th. de Bèze, La Place, La Planche et Jean de Serres, dont le témoignage pourrait sembler suspect; il l'est aussi par Castelnau, par le catholique Tavannes, par l'impartial de Thou, par Maimbourg, par Pasquier. Ce plan consistait tout d'abord à empêcher à tout prix la réunion d'un concile national. Pie IV était alarmé par

(1) Avant la décision de l'assemblée de Fontainebleau, les Guises avaient inspiré à François la crainte d'une semblable convocation. « Ils donnaient à entendre au roi que quiconque parlait de convoquer les états était son ennemi mortel et coupable de lèse-majesté. » (La Planche).

ce qui s'était produit en Allemagne, en Angleterre, en Suisse, et il venait de se décider à promettre la réouverture prochaine du concile de Trente, qui était suspendu de fait depuis 1552.

En outre, on devait, dès l'ouverture des états généraux, exiger de chaque député qu'il souscrivît à une profession de foi expressément catholique; s'il s'y refusait, il devait être à l'instant arrêté, dégradé et condamné au feu comme hérétique. On ordonnerait que dans toute la France la même profession de foi fût souscrite par tous les représentants du pouvoir. C'était organiser dans le pays une proscription générale qui aurait frappé tout d'abord les princes du sang, les Châtillons et tous leurs adhérents. En même temps, les Français, unis aux Savoyards, devaient envahir Genève et les vallées vaudoises du Piémont, ces deux foyers d'hérésie, et l'Espagne devait occuper le Béarn.

Quelque monstrueux que soit ce plan, il faut se souvenir que beaucoup de prédicateurs ne cessaient de rappeler les glorieux exemples de l'extermination des Albigeois du Languedoc et de l'expulsion des Maures d'Espagne. N'allait-on pas, d'ailleurs, voir, sous l'inspiration des mêmes idées, Philippe II mettre les Pays-Bas en interdit? Pourquoi ne pas renouveler les exploits du moyen âge? Le cardinal de Lorraine croyait si bien à son entreprise qu'il l'appelait, en riant, *la ratière aux huguenots* (1).

(1) A propos de ce plan, M. Henri Martin a pu dire avec raison : « La Saint-Barthélemy, c'est-à-dire l'extermination des hérétiques par la force ouverte ou par la ruse, a toujours été dans le cœur des chefs du parti persécuteur. » (*Histoire de France*, t. IX, p. 54).

Ce qui, du reste, fit alors avorter l'entreprise, ce fut la défiance secrète,

On devine donc quel intérêt poussait les Guises à faire venir les Bourbons à Orléans. Lorsque les princes y arrivèrent, le 31 octobre, ils purent comprendre à l'instant combien les sombres pronostics de leurs amis étaient fondés. La ville, dont la population était en partie protestante, subissait un régime de terreur. Des troupes la remplissaient et des canons étaient braqués sur les principales rues.

Le roi de Navarre et Condé, à peine entrés dans ses murs, se voient entourés d'hommes à la figure menaçante; on ne leur épargne pas même les insultes. Ils sont conduits à la maison qu'occupait François II; mais il ne peuvent y entrer par la grande porte; les Guises et les courtisans les accueillent avec une froideur méprisante. Le jeune roi les mène à la chambre de sa mère; là, il interpelle immédiatement Condé, lui reprochant les soulèvements qu'il avait complotés. Condé n'était certes étranger ni à la conjuration d'Amboise ni au récent mouvement dont la prise de Lyon devait être le premier acte; mais le but qu'il se proposait n'avait rien d'hostile au roi lui-même; aussi put-il répondre avec énergie aux accusations de François II. Celui-ci lui dit qu'il se justifierait plus tard;

---

mais profonde, de Philippe II envers les Guises. Philippe avait beau être un fanatique convaincu, il redoutait extrêmement l'accroissement de la puissance des Guises; ancien époux de Marie Tudor, il avait défendu l'Angleterre contre l'Écosse et Marie Stuart; il craignait tant cette dernière, qu'il contribua plus que personne à sauver la vie de la protestante Élisabeth. Longtemps il défendit celle-ci, même lorsqu'elle eut restauré en Angleterre le culte réformé. M. Forneron dit à ce sujet : « Entre l'hérésie et la France, à l'heure même où il vient de faire la paix avec la France pour extirper l'hérésie, il préfère l'hérésie. » (*Histoire de Philippe II*, t. Ier, p. 122).

que, pour le moment, il devait être emprisonné; on le conduisit dans une maison qui fut aussitôt transformée en une véritable bastille; la vie de son frère, le roi de Navarre, fut sérieusement menacée (1). En même temps, on faisait arrêter Mme de Roye, belle-mère de Condé et sœur de l'amiral, et Grollot, bailli d'Orléans, qu'on soupçonnait de protestantisme. Coligny, nous dit la Planche, avait été averti de divers côtés du complot qui se tramait à Orléans contre les réformés. « Toutes ces choses ne purent aucunement l'émouvoir d'entreprendre le voyage d'Orléans sans plus tarder, après avoir lu les lettres du roi, auquel il délibéra faire entière confession de sa foi, remettant l'événement à Dieu. »

« Au partir de sa maison, il ne voulut dissimuler à sa femme le danger où il allait s'envelopper, sans en attendre aucune bonne issue pour son corps selon l'apparence humaine, disant toutefois avoir telle confiance en Dieu qu'il aurait pitié de sa pauvre Église et du royaume, exhortant ladite dame, ensemble sa famille,

---

(1) Des autorités très graves, La Planche, de Thou, Bèze affirment que les Guises avaient obtenu du roi la promesse de mander Antoine de Navarre dans son cabinet et de l'y faire assassiner en lui portant le premier coup. Au dernier moment, le cœur aurait manqué au roi. M. de Bouillé, dans son *Histoire des Guises*, déclare le fait impossible ; on s'est autorisé, pour le nier, du langage hésitant de de Thou, qui, après avoir raconté le fait, ajoute « Je n'ose assurer si ce que je viens de rapporter est faux ou véritable. » Mais on n'a pas pris garde qu'un peu plus loin, de Thou affirme, sans le moindre doute, qu'à la première nouvelle de la maladie du jeune roi, les Guises reprirent le projet de tuer Antoine de Navarre et que L'Hospital dut combattre ce projet dans un énergique discours que de Thou rapporte. De Thou devait, du reste, être parfaitement renseigné sur ces faits par son père, Christophe, appelé à Orléans pour juger Condé.

de demeurer constants en la doctrine de l'Évangile où ils avaient été droitement enseignés, puisque Dieu leur avait fait connaître que c'était la vraie et certaine pâture céleste, estimant ne pouvoir recevoir plus grand heur que de souffrir pour son saint nom. Au reste, il enchargea très étroitement à ladite dame, soit qu'elle entendît sa prison ou sa mort, de ne laisser à poursuivre sa course, et de faire baptiser son enfant, duquel elle était enceinte et prête d'accoucher, en l'Église réformée et par les vrais ministres de la parole de Dieu... Voilà quel fut son partement de sa maison. »

Lorsqu'il fut arrivé à Orléans, la reine mère le reçut avec sa bonne grâce habituelle; puis elle l'avertit que le cardinal de Lorraine allait lui tendre un piège, qu'il avait l'intention de lui demander raison de sa foi en présence du roi; elle le priait donc d'aviser à ce qu'il aurait à répondre et à ne pas se mettre légèrement en danger. L'amiral lui répondit qu'il ne désirait rien tant que de confesser sa foi, et qu'il espérait que Dieu lui donnerait de le faire de manière que le roi fût content. La reine rapporta ce propos au cardinal; celui-ci en fut fort aise, croyant avoir trouvé le sûr moyen de le perdre; « de ce pas, il alla au roi et lui dit par moquerie, devant ladite dame sa mère, qu'il lui avait ce jour-là acquis un des meilleurs serviteurs du monde, lequel, dévoyé de la foi, était prêt à retourner au sein de la sainte Église catholique romaine; » puis, s'expliquant, il demanda au roi la permission d'interroger l'amiral devant lui et en présence de cinq ou six docteurs de la Sorbonne. L'amiral, informé de cela, fit répondre qu'il n'avait point peur de ces docteurs ni de leurs arguments; mais qu'il se refusait à parler devant eux, sachant qu'ils avaient l'habitude de condamner ceux de sa religion sans les convaincre d'hérésie; mais que, « s'il plaisait au roi de les entendre tous deux seuls, le roi jugerait aisément lequel des deux serait hérétique. » Sur ces entrefaites, le roi tomba malade et « ce négoce fut interrompu. »

Le procès du prince de Condé fut mené avec une extrême rapidité; il fut instruit par une commission que présidait Christophe de Thou (père de l'historien); les arrêts devaient être rendus par la commission, contrairement à toutes les traditions de l'ancienne monarchie, qui voulaient qu'un prince du sang ne fût jugé que par la cour du Parlement. Le prince était au secret le plus absolu; il ne put même pas voir sa courageuse femme, Éléonore de Roye, qui était accourue à Orléans pour l'assister; elle s'efforce d'intercéder en sa faveur, on la repousse. « Elle recourt à tous ceux qu'elle estime amis, mais on en fait moins de compte que de la moindre demoiselle de France; le roi de Navarre même n'ose parler à elle, pour crainte qu'il a de soi-même. Bref, il ne se présente ni courtisan ni citadin si hardi de la saluer seulement, soit en public ou privé, tant elle est de près observée (1). » Telle était l'universelle lâcheté qu'inspirait la terreur qui régnait à Orléans (2).

L'accusation portée contre Condé était double : il était

---

(1) La Planche.
(2) On aime à signaler la protestation indignée que Renée de France, fille de Louis XII, et belle-mère de François de Guise, adressa alors à son gendre, en lui reprochant l'incarcération de Condé.

hérétique et criminel d'État; hérétique, il ne s'en cachait pas; car, quand on lui envoya un prêtre dans sa prison, il lui répondit « qu'il n'était pas venu à Orléans pour entendre la messe, à laquelle il avait depuis longtemps renoncé. » On fut obligé de reconnaître que rien ne prouvait la culpabilité du prince quant au chef de haute trahison; mais son hérésie est qualifiée de « lèse-majesté divine », et la commission le condamne à mort, fixe l'exécution au 10 décembre, jour de l'ouverture des états généraux, et ordonne que Condé aura la tête tranchée devant le logis du roi. Trois membres de la commission ont seuls le courage de refuser de signer cette sentence inique : le comte de Sancerre, Dumortier et le chancelier de L'Hospital, qui demande un délai. « Éléonore de Roye réussit à entrer dans la chambre du roi; elle se jette à ses pieds pour lui demander grâce. Le cardinal de Lorraine (qui craignait que le roi ne fût ému à pitié et compassion), voulant aussi montrer son animosité, chassa cette princesse fort rudement, l'appelant importune et fâcheuse, et disant que qui lui ferait droit, on la mettrait en un cul-de-fosse elle-même (1). »

C'est à ce moment que s'accomplit l'un des coups de théâtre les plus étranges dont l'histoire ait gardé le souvenir. Le bruit court que François II est atteint d'un mal d'oreille; ce roi, presque enfant, scrofuleux à l'extrême, est, en quelques jours, dans un état tel que les médecins désespèrent. Les Guises sont hors d'eux-mêmes, car la mort du roi est la ruine de toutes

---

(1) La Planche.

leurs espérances. Le duc interpelle les médecins, leur dit que, s'ils laissent mourir un roi qui est à la fleur de l'âge, on saura qu'ils sont payés par les hérétiques; il les menace, en blasphémant, de les faire pendre. Le malade jure que, s'il plaît à Dieu et à tous les saints de lui rendre la santé, il n'aura pas de repos « tant qu'il n'aura entièrement repurgé le royaume de ces méchants hérétiques, et veut que Dieu le fasse promptement mourir, si seulement il épargne femme, mère, frère, sœurs, amis qui en seraient tant fût peu soupçonnés (1). » Les protestants, de leur côté, se réunissent et intercèdent pour lui. Ils demandent à Dieu « de donner au roi avec la santé bon et sage conseil par le moyen duquel ils puissent posséder leurs âmes en patience. » Catherine comprend que tout va changer et qu'il faut se préparer à saisir le pouvoir. Les Guises changent d'attitude à son égard; hautains et dominateurs la veille, ils sont maintenant obséquieux. Le cardinal de Lorraine, à ce moment, ne songe qu'à une chose, à se mettre sous la protection de l'Espagne. Il manda Chantonnay, et, après s'être apitoyé sur la triste destinée de Marie Stuart, sur les malheurs de sa propre maison, il déclara « que Catherine était prête à s'aider de toutes les forces du royaume pour se maintenir dans son autorité, et qu'elle demandait l'assistance du roi d'Espagne pour parer à tous les inconvénients qui menaçaient la religion, si le gouvernement du royaume ne lui était pas reconnu (2). » Catherine ne

---

(1) La Planche.
(2) Lettre de Chantonnay à la duchesse de Parme (décembre 1560); voir La Ferrière, ouvrage cité. (Introd., p. LXXXV).

l'avait nullement autorisé à tenir ce langage. Les Guises tentent auprès d'elle un effort suprême pour en finir avec Condé et pour frapper également le roi de Navarre; mais le chancelier de L'Hospital prévient ce coup et conseille énergiquement à la reine mère de s'appuyer sur les Bourbons. Celle-ci y consent, mais dissimule son jeu jusqu'à l'arrivée du connétable qu'elle prévient en toute hâte. Chef de l'armée, il peut seul tenir tête aux Guises. Il arrive à Orléans le 5 décembre 1560, au moment où François II venait d'expirer, abandonné par ses oncles, qui ne songent qu'à leur sûreté et n'assistent pas même à ses funérailles. « Messieurs, dit gravement Coligny aux courtisans qui l'entourent, le roi est mort; cela nous apprend à vivre (1). » Un avenir nouveau semblait surgir.

(1) *Manuscr. Colbert*, vol. 448, cité par M. Puaux (*Hist. de la Réformation française*, l. VIII, ch. XXIV). L'auteur emprunte à la même source une curieuse anecdote. « Rentré chez lui après la mort du roi, l'amiral tomba dans une profonde rêverie. Il était assis dans un fauteuil, son cure-dents à la main et les pieds dans le feu. Un gentilhomme nommé Fontaine était près de lui silencieux, recueilli, craignant de le troubler dans ses réflexions; mais, s'apercevant que le bout de ses bottines était presque entièrement consumé : « Monseigneur, lui dit-il, c'est trop rêver; il n'y a » point de propos; vos bottines en sont toutes brûlées. » — « Ah! Fon-» taine, lui répondit l'amiral, il n'y a pas huit jours que toi et moi en » eussions voulu être quittes chacun pour une jambe, et aujourd'hui nous » en sommes quittes pour une paire de bottines, c'est bon marché. »

CHAPITRE XIX

Avènement de Charles IX. — Catherine de Médicis prend possession du pouvoir. — Son caractère et sa politique. — Elle essaye de secouer le joug des Guises. — Séance des états généraux. Discours de L'Hospital et des orateurs du tiers état, de la noblesse et du clergé. — Faute commise par les protestants au synode de Poitiers. — La cour se rend à Fontainebleau.

Charles IX, qui succédait à son frère, n'avait que dix ans et demi. Une sympathie universelle le salue à son avènement : « Il est d'un charmant naturel, écrivait l'ambassadeur vénitien, Jean Michieli, d'une grande promptitude d'intelligence, d'une vivacité d'esprit remarquable ; il a de l'ardeur, de la générosité, de la bonté ; sa physionomie est belle, ses yeux très beaux ; il a de la grâce dans tous ses mouvements, dans ses manières, mais il est faible de tempérament. Il mange et boit fort peu, et il a d'autant plus besoin d'être ménagé qu'il aime passionnément le jeu de paume et l'exercice du cheval; la moindre fatigue le condamne à un long repos ; l'étude ne lui plaît guère, mais il s'y met pour complaire à sa mère ; on attend, on espère beaucoup de lui, si Dieu lui en donne le temps (1). »

(1) *Relations des ambassadeurs vénitiens* (1re série, vol. Ier, p. 14).

Les protestants avaient une impression analogue; plusieurs espéraient que, comme le jeune Édouard VI d'Angleterre, il accomplirait une œuvre de réformation.

L'armée avait cédé à l'ascendant du vieux connétable, qui, en entrant à Orléans, avait pris possession, sans hésiter, du commandement militaire. La régence aurait pu appartenir à Antoine de Bourbon, comme premier prince du sang; mais il n'eut pas le courage de la revendiquer. Catherine se fit régente sans en prendre le titre. Elle écrivit à sa fille, la reine d'Espagne : « Je suis contrainte d'avoir le roi de Navarre auprès de moi, les lois de ce royaume le portent ainsi; mais que le roi, votre mari, n'aie aucun doute; il m'est si obéissant, et n'a nul commandement que ce que je lui permets (1). » Elle avait pris toute la réalité du pouvoir : les dépêches, les audiences à donner aux ambassadeurs, le sceau royal, vrai signe de l'autorité; le conseil privé eut le maniement des finances qu'avait exercé le cardinal de Lorraine; on laissa à François de Guise le titre de grand maître de France; on réussit à écarter Condé, en disant que son honneur exigeait une réhabilitation solennelle; on lui dit de se retirer dans une de ses terres de Picardie comme en « une prison gracieuse. » Il accepta.

Catherine possédait enfin le pouvoir qu'elle avait si longtemps attendu. Mise à l'écart sous Henri II par une maîtresse toute-puissante, réduite sous François II à un rôle tout passif, elle avait longuement appris cet

---

(1) La Ferrière. *Lettres de Catherine de Médicis* (p. 569).

art de la dissimulation, qui était d'ailleurs l'un des traits distinctifs de sa race et de sa famille.

La tâche qui l'attendait était périlleuse entre toutes. Elle exerçait le pouvoir au nom d'un enfant, dont tous les partis espéraient gagner la faveur pour s'abriter sous son autorité ; elle se trouvait en présence d'une nation profondément divisée par les passions religieuses, les plus violentes de toutes ; deux puissances étrangères, l'Angleterre et l'Espagne, exerçaient sur la France par leurs ambassadeurs une pression souvent lourde, en attendant le moment prochain où elles enverraient leurs soldats prendre part à ses luttes. A la tête des deux grands partis qui se disputaient la direction des affaires, Catherine trouvait des chefs dont la naissance, le génie militaire, l'ascendant sur les masses faisaient presque des souverains. Elle n'avait à leur opposer qu'un bien faible prestige ; étrangère, descendant d'une famille de parvenus, longtemps dédaignée par le roi son époux, tenue récemment dans une tutelle humiliante par les Guises, elle ne possédait, pour contenir une nation frémissante, d'autre armée que la chevalerie, c'est-à-dire la noblesse, qui, dans les deux partis, pouvait se tourner contre elle, et les auxiliaires allemands ou suisses qu'il fallait payer bien cher, et cela au moment où les états généraux commençaient à revendiquer leurs droits et à refuser des subsides. Lorsqu'on songe à ces difficultés énormes qui se dressaient devant elle, on s'explique l'indulgence relative avec laquelle Henri IV l'a toujours jugée. Peu sévère en fait de morale, le Béarnais admirait cette souplesse qui l'avait si longtemps maintenue au pouvoir ; lui qui n'avait triomphé que par le génie, il rendit parfois hommage à cette habileté.

L'histoire n'aura pas cette indulgence. Elle se rappelle l'abaissement sans pareil où Catherine a conduit la France, la perfidie érigée en système, l'épouvantable tragédie de 1572, l'avilissement des caractères, les mœurs ignobles de Henri III, les saturnales de la Ligue, les honteux marchés avec l'Espagnol, et elle ne peut oublier la responsabilité immense qui pèse sur Catherine dans ce dénouement terrible où la patrie faillit sombrer.

Sans doute, Catherine n'avait pas le génie de Henri IV ou d'Élisabeth ; mais, à son défaut, elle pouvait avoir la volonté. Or, à moins d'être fataliste, qui pourra nier ce qu'une volonté tenace eût pu accomplir alors et le prestige qu'elle eût exercé sur le pays ? En 1560, la France conservait encore intacts sa foi monarchique et son dévouement au souverain ; quand on voit à la même époque les étranges palinodies du Parlement d'Angleterre, et les violentes crises qui avaient énervé cette nation jusqu'au moment où elle reprit avec Élisabeth une si grande place dans le monde, on ne peut pas dire que la France d'alors valût moins et fût moins capable de se relever sous une direction ferme ; un peuple qui comptait dans son sein des L'Hospital, des Coligny et tant d'admirables caractères pouvait être appelé aux plus belles destinées. Or, cette grande mission, Catherine ne l'a pas comprise un seul jour.

Était-elle incapable de fermeté ? Nous l'avons vue, au lendemain de Saint-Quentin, se montrer un moment à la hauteur de sa tâche, et, à cette heure-là, on peut le dire, elle rallia tout le monde autour d'elle. Mais ce ne fut qu'un élan éphémère.

Du jour où elle est veuve, elle louvoie; conserver le pouvoir est toute sa pensée, et la ruse est toute sa politique.

Qu'on lise son immense correspondance. On n'y trouvera pas une vue élevée, pas un seul plan d'ensemble; son amour pour ses enfants est le seul sentiment noble qui l'anime. Parfois elle s'indigne contre la pression qu'exercent sur elle les Guises et l'Espagne. Telle de ses dépêches a un accent de fierté. Feu de paille qui s'éteint bientôt! Tous les partis ont compté sur elle; elle les a tous trompés. Dans ce quart de siècle tragique, où tant de sang français a coulé, elle n'a pas une larme pour les victimes. A lire ces lettres au style froid et terne, jamais on ne se douterait que cette femme a vu tant de choses horribles. Oh! comme nos vraies Françaises d'alors, Jeanne d'Albret, Charlotte de Laval, Renée de Ferrare, ont un autre langage! Comme on sent vibrer chez elles l'indignation, la douleur, la pitié! Catherine de Médicis n'a pas même l'excuse du fanatisme. Messe ou prêche, elle ira là où son intérêt la mène. C'est par les bas côtés, par l'intérêt, la corruption qu'elle conduit les hommes. Brantôme a dit ce que valaient les nobles dames qui formaient cet *escadron volant* dont elle fit son cortège, et comment la galanterie mêlée à l'espionnage lui livrait à la fois les secrets et les volontés de ceux qui l'entouraient.

Dans l'atmosphère lourde et voluptueuse qu'on respire auprès d'elle, un poison subtil pénètre toutes les âmes; les consciences s'atrophient; le crime même ne les étonne plus; la loyauté française est honnie et fait place à la perfidie savante des Italiens dont elle peuple sa cour. Telle nature qui aurait pu être généreuse et grande devient basse et féroce par cet instinct fatal qui unit si souvent le plaisir sensuel à la cruauté, et l'ardeur des débauches raffinées à la soif du sang. De Charles IX, Catherine fera le tueur sinistre du 24 août; son fils de prédilection, ce sera Henri III, le roi des mignons. C'est ainsi qu'elle vieillira jusqu'au jour où la mort viendra la prendre dans l'abandon du mépris.

Mais à l'heure où nous sommes, au lendemain de la mort de François II, on ne la connaissait pas encore. Les protestants croyaient en elle. Ils aimaient à se rappeler qu'au temps de sa disgrâce elle chantait les psaumes, qu'elle avait accueilli Mme de Roye, la belle-mère de l'amiral, qu'elle avait souvent dit à ce dernier qu'elle comptait sur lui. On pouvait croire d'ailleurs qu'elle ne s'était prêtée qu'à regret aux entreprises des Guises contre les Bourbons, et qu'elle voulait à tout prix secouer leur joug. Sur ce dernier point, on ne se trompait pas. Sa vraie pensée d'alors apparaît dans une lettre qu'elle écrivait quelques mois plus tard (1) à sa fille, la reine d'Espagne : « Je vous veux bien dire, comme il est la vérité, que tout ce trouble n'a été que pour la haine que tout ce royaume porte au cardinal de Lorraine et au duc de Guise, pensant que je les voulusse encore remettre au gouvernement de ce

(1) 1er avril 1561.

royaume; c'est que je leur ai assuré que non, car aussi n'y suis-je pas obligée, *car vous savez comment ils me traitaient du temps du roi votre frère*, et encore à cette heure, qu'ils n'ont appui que de moi, vous savez ce qu'ils font contre moi pour le mariage de votre sœur (1); par ainsi je me suis délibérée de les garder que l'on ne leur fasse mal, et au demeurant regarder à la conservation de vos frères et de moi, et ne mêler plus leurs querelles avec les miennes; car, s'ils eussent pu, ainsi que je l'ai su, ils se fussent appointés et m'eussent laissée là, *comme ils font toujours de ce qui peut leur apporter grandeur et profit, car ils n'ont que cela dans le cœur* (2). »

Ces derniers mots sont significatifs. Jamais, ni sur Coligny, ni sur Condé même, Catherine n'a porté un jugement aussi accablant. La suite nous montrera comment elle revint, quand elle y crut son intérêt engagé, vers ceux qu'elle appréciait de la sorte.

Dès la première visite que l'envoyé d'Espagne, don Juan Manrique de Lara, fit pour complimenter le nouveau roi, il se permit de recommander à la reine, au nom de Philippe II, de veiller scrupuleusement sur la religion, et surtout de ne pas admettre auprès d'elle ceux qui ne seraint pas fermes dans la foi catholique. C'était une dénonciation évidente de l'amiral et du cardinal du Châtillon. Catherine en fut blessée, et elle

---

(1) Il s'agit de Marguerite de Valois, que Catherine aurait voulu marier à don Carlos, tandis que les Guises songeaient à faire épouser à ce dernier leur nièce Marie Stuart, au lendemain même de son veuvage.

(2) *Lettres de Catherine de Médicis*, publiées par le comte de La Ferrière (p. 592).

répondit à sa fille, la reine d'Espagne, par une lettre où se trouvaient ces mots significatifs : « Philippe, écrivait-elle, pourra dire à ceux qui lui conseillent d'intervenir dans le choix des conseillers de Charles IX : que, ne connaissant pas plus comment on doit gouverner les affaires de ce pays-ci que je ne connaîs comment on doit conduire celles de l'Espagne, il ne veut se mêler de rien (1). »

Mais, en même temps, elle recommande à Coligny de faire *bon visage* aux Guises, qui, la veille encore, complotaient la mort de Condé, celle de l'amiral et des chefs huguenots. La réponse de Coligny fut loyale et fière. Il dit que « de faire bonne mine à ceux qui avaient poursuivi sa mort, chargé son honneur et procuré ses biens avec la ruine de toute sa maison, parents et amis, il ne le pouvait faire *sans montrer un cœur double, ce qui était contraire à la profession de sa religion et indigne de tout homme de bien.* Bien remettait-il la vengeance à Dieu, qui la saurait bien faire en son temps, puisque les hommes ne voulaient administrer justice (2). »

Le 13 décembre 1560, l'assemblée des états généraux s'ouvrit à Orléans. Malgré l'énorme pression que les Guises avaient exercée sur le pays, la majorité était loin de leur être favorable ; le clergé comptait 118 membres, dont plusieurs étaient favorables à une réforme de l'Église ; la noblesse un nombre à peu près égal, le tiers état 225 représentants. Dans ces deux

---

(1) Ces paroles sont rapportées dans une lettre de Chantonnay à la duchesse de Parme (décembre 1560).

(2) La Planche.

derniers ordres, on comptait une majorité d'ennemis des Lorrains et même plusieurs protestants ; les « malcontents » s'unirent même aux huguenots pour réclamer une réélection générale, se plaignant qu'on avait procédé par violence ; mais les deux tiers de l'assemblée décidèrent qu'il n'y avait pas lieu à surseoir, et les délibérations commencèrent.

Michel de L'Hospital les ouvrit par un discours qui est resté célèbre. Dans un langage simple, familier, qui contraste avec l'éloquence boursouflée de son époque, il fit entendre la voix de la patrie elle-même et développa avec une singulière hardiesse des principes de liberté que l'on ne connaissait plus.

« Il ne faut pas, dit-il, écouter ceux qui prétendent qu'il n'est pas de la dignité d'un roi de convoquer les états ; car qu'y a-t-il de plus digne d'un roi que de rendre justice à ses peuples ? Et quand peut-il le faire plus facilement que lorsqu'il donne à tous la permission d'exposer leurs sujets de plainte avec une entière liberté, publiquement et dans un lieu où l'imposture et l'artifice ne peuvent pas pénétrer ? » Puis le chancelier parla avec indignation de ceux qui empêchaient la vérité de venir aux oreilles des rois. Il insista sur la nécessité d'une réforme profonde du clergé, rappela à la noblesse ses devoirs et releva le rôle trop effacé du tiers état.

Quand il vint à parler de la religion, il eut de ces mots heureux qui ne devaient plus s'oublier. Sans doute, l'idéal qu'il présentait était le retour à l'unité religieuse ; mais c'était par la persuasion qu'il voulait y revenir. « Le couteau, dit-il, vaut peu contre l'esprit, si ce n'est à perdre l'âme ensemble avec le corps... Nous devons par tous moyens essayer de retirer ceux qui sont en erreur et ne faire comme celui qui, voyant l'homme ou bête chargée dedans le fossé, au lieu de la retirer, lui donne du pied... La douceur profitera plus que la rigueur. Otons ces mots diaboliques, noms de partis, factions et séditions, luthériens, huguenots, papistes ; ne changeons le nom de chrétien. »

Dix-huit jours plus tard, le 1er janvier 1561, commencèrent les délibérations. Jean L'Ange, avocat au Parlement de Bordeaux, parla le premier pour le tiers état. Son discours fut presque tout entier dirigé contre le clergé, dont il signala avec verve ce qu'il appela les trois vices principaux : l'ignorance, l'avarice et le luxe. « L'ignorance, dit-il, a jeté de si profondes racines que la prédication, fonction essentiellement attachée à l'épiscopat, est entièrement négligée. »

La même pensée inspira le discours de Jacques de Silly, comte de Rochefort, qui parla au nom de la noblesse. Après avoir, dans des allusions mordantes, vengé les princes du sang des affronts et des menaces que leur avaient fait subir les Guises, il rappela l'exemple des rois qui avaient résisté aux empiétements du clergé, demanda une réforme de l'Église et finit par réclamer pour les protestants la liberté de célébrer publiquement leur culte.

C'était le tour de l'orateur du clergé, le docteur Jean Quintin. Il soutint avec énergie la vieille doctrine de la répression de l'hérésie par le glaive ; il cita l'exemple de tous les souverains chrétiens dans le passé, depuis Constantin jusqu'à Charlemagne, jusqu'à saint Louis.

Il aurait pu, hélas! alléguer celui que Calvin lui-même offrait à Genève : « Nul, dit-il, ne peut nier qu'hérésie ne soit un mal et crime capital, et que l'hérétique ne soit mauvais capitalement, saint Paul l'a dit, *ergo* punissable capitalement et sujet au glaive du magistrat (1). » Quintin demanda que tout porteur de requêtes en faveur des hérétiques fût lui-même déclaré hérétique. C'était désigner ouvertement Coligny; aussi tous les regards, dit Théodore de Bèze, se tournèrent vers l'amiral. Celui-ci, sous le coup de cette attaque directe, se plaignit le lendemain au roi de l'injure qui lui avait été faite. Quintin fut mandé par Catherine et obligé de s'excuser ; il s'en tira d'une assez piteuse manière, déclarant qu'il n'avait fait que lire le mémoire dont on l'avait chargé, et, dans un discours suivant, il protesta qu'il n'avait nullement entendu parler de l'amiral (2).

Cette espèce de lutte publique n'avait donc pas été défavorable aux protestants. Les états généraux suspendirent leurs séances le 31 janvier. Le roi les con-

---

(1) Ce sont presque les termes du célèbre écrit que Théodore de Bèze avait dirigé six ans auparavant contre Castalion qui protestait à propos de la mort de Servet : *De hæreticis a civili magistratu puniendis*. (Gen., 1554).

(2) L'attitude prise par Coligny à Orléans lui attira les félicitations de Calvin, qui lui écrivit, à la date du 16 février 1561 : « Monseigneur, nous avons bien de quoi louer Dieu de la vertu singulière qu'il vous a donnée de servir à la gloire et avancement de son fils. Il serait à désirer qu'il y eût beaucoup de compagnons pour vous aider. Mais, quoique les autres soient tardifs à s'acquitter de leur devoir, si vous faut-il pratiquer la sentence de Notre Seigneur, c'est que chacun de nous le doit suivre promptement sans regarder qui sont les autres... Que chacun pour soi aille où il sera appelé, encore qu'il n'y ait autre suite, combien que j'espère que la magnanimité que Dieu a fait jusques ici reluire en vous sera bonne instruc-

voqua, pour le mois de mai suivant, à Pontoise; mais, afin d'éviter les inconvénients de trop grandes assemblées, il fut décidé que chacun des treize grands gouvernements du royaume n'y enverrait que deux députés. C'était une grande faute; car comme le nombre des délégués du clergé n'étant point réduit, ce dernier était sûr d'avoir la majorité dans toutes les questions.

Quelques jours après la suspension des états généraux, les protestants tinrent un synode à Poitiers. Ils y commirent une grave faute. Les ministres eurent la malencontreuse idée de toucher à la politique, au lieu de se renfermer dans les affaires de leurs Églises, et de rédiger un mémoire pour demander l'exclusion des femmes du gouvernement de l'État et l'établissement d'une régence légitime. C'était une attaque directe contre Catherine de Médicis, et celle-ci la ressentit vivement. Nous ne savons jusqu'à quel point Antoine de Navarre contribua à cette résolution qui se prenait en sa faveur. Certes, la cause protestante n'aurait pas gagné grand'chose à avoir un tel protecteur et la suite le montra bien; mais le synode de Poitiers était sorti de ses attributions, en s'engageant dans la voie de la politique et en créant un précédent que les catholiques devaient souvent exploiter plus tard contre la liberté des protestants.

La cour, en quittant Orléans, s'était transportée à

tion pour attirer les nonchalants. Même quand tout le monde serait aveugle et ingrat et qu'il semblerait que toute votre peine serait comme perdue, contentez-vous, monseigneur, que Dieu et les anges vous approuvent. Et de fait, il vous doit bien suffire que la couronne céleste ne peut vous faillir, après avoir vertueusement combattu pour la gloire du Fils de Dieu, en laquelle consiste notre salut éternel. » Cité par M. Delaborde (t. Ier, p. 499).

Fontainebleau. L'amiral se rendit à Châtillon-sur-Loing, où, à la fin de février, il fit célébrer solennellement le baptême de son fils Odet, selon le rite usité à Genève. Le fait produisit une sensation très grande; c'était le premier acte public du culte protestant qui s'accomplissait dans sa maison.

CHAPITRE XX

Coligny dans son intérieur. —
Châtillon-sur-Loing. — La vie d'un grand seigneur huguenot.
— Zèle de l'amiral pour l'instruction. — La réforme des études
au XVIe siècle. — Relations de Coligny avec Renée de Ferrare. —
L'amiral pratique à Châtillon la liberté religieuse.

Suivons l'amiral à Châtillon-sur-Loing, et donnons-nous le loisir d'étudier de près, d'après des documents authentiques, ce qu'était au XVIe siècle l'intérieur d'un grand seigneur huguenot (1).

Son château, dont on peut voir aujourd'hui encore les imposantes ruines, et dont le peintre Girodet a conservé une esquisse prise quelques jours avant sa destruction, était, par ses vastes proportions, une demeure vraiment royale (2). François Ier et Henri II y firent de

---

(1) Il faut citer ici, outre l'ouvrage de M. Delaborde et celui de M. Jules Tessier, la curieuse brochure de M. Becquerel, membre de l'Académie des sciences, qui, habitant lui-même Châtillon, a recueilli plusieurs détails fort intéressants sous ce titre : *Souvenirs historiques sur l'amiral de Coligny, sa famille et sa seigneurie de Châtillon-sur-Loing*. Nous avons vu chez M. Becquerel quelques débris de l'ameublement de l'ancien château détruit au commencement de ce siècle et des panneaux ornés de grisailles qui remontent à l'époque de Coligny. M. Jules Bonnet, dans le *Bulletin de la Société d'histoire du protestantisme français* (mai 1882), a décrit la vie de l'amiral à Châtillon.

(2) Girodet-Trioson, le célèbre peintre du *Déluge*, était né à Montargis en 1767. Dans sa jeunesse, il avait vu encore debout les châteaux de

fréquents séjours. Du haut de sa tour énorme, encore debout à cette heure, on aperçoit la plaine monotone du Gâtinais où serpente le Loing, et vers l'occident les maisons de Montargis, où Renée de Ferrare, fille de Louis XII et belle-mère de François de Guise, célébrait alors ouvertement le culte réformé. L'amiral, à son retour de sa longue captivité, s'était occupé de reconstruire le château en l'agrandissant; la demeure nouvelle avait été refaite dans le style du XVI° siècle ; sans avoir l'élégance exquise de Chambord ou de Fontainebleau, elle présentait une ordonnance majestueuse

Montargis et de Châtillon-sur-Loing; il fit même un dessin de ce dernier, dont nous avons une copie qui est l'œuvre du comte de Castries. Elle représente le château tel qu'il était encore à la fin du siècle dernier; c'est un ensemble de constructions très imposant et qui justifie les descriptions enthousiastes qu'en ont faites les voyageurs d'autrefois. Lorsque l'administration révolutionnaire le mit en vente, quelques habitants de Châtillon essayèrent de le racheter; mais la somme qu'ils offrirent était trop minime. Une bande noire de ce temps-là l'acquit, le démolit et, dispersa tous ces restes d'un grand passé. Girodet en fut indigné et dans un poème (car il était poète à ses heures), il flétrit ces modernes Vandales. On y trouve les vers suivants, très faibles de style, mais dont l'inspiration est touchante :

  Et toi, pour la vertu décoré par les arts,
  Élégant Châtillon, palais des fils de Mars,
  Asile de l'honneur où souvent la victoire
  Allait loin de la cour dissimuler sa gloire ;
  Par le fer abattus, par le feu dévorés,
  J'ai vu tomber tes murs et tes lambris dorés,
  Ces vieux chênes, orgueil de ton parc frais et sombre,
  Qui peut-être avaient vu Coligny sous leur ombre,
  Où sont-ils? Demandez-le à ces vils acheteurs,
  Du palais des héros, sordides brocanteurs.
  O peintre, si tu viens pour en chercher la place,
  La ronce et le chardon t'en dessinent la trace,
  Une tour, comme un roc sur les Alpes assis,
  Montre encor ses flancs nus que la foudre a noircis ;
  Colonne du malheur, par le crime laissée,
  Et qu'attriste le deuil de sa splendeur passée.
    (*Œuvres posthumes* de Girodet-Trioson, t. Ier, p. 83).

et belle, mais où rien ne rappelait la tristesse des vieux manoirs féodaux. « En vrai fils de la Renaissance, a dit M. Jules Bonnet, Coligny fit appel aux artistes les plus distingués pour décorer le château. Une aile construite au midi contenait une galerie où furent représentés, par le pinceau du Primatice et de ses élèves, les principaux faits d'armes de sa famille. Jean Goujon lui prêta son ciseau pour ces bas-reliefs merveilleux et ces cariatides vivantes dont il avait le secret. Plusieurs salles furent ornées de peintures à fresques, d'après les dessins de Jules Romain. Le péristyle du château fut mis en harmonie avec les splendeurs de cette demeure agrandie, dont les trois terrasses superposées communiquaient avec de vastes jardins. » Les terrasses existent encore, ainsi que les murs des serres, qui étaient monumentales. Au milieu se trouve un puits couvert, dont les sculptures, seuls débris du style de cette époque, en sont un beau spécimen. Dans un pan du mur de l'ancienne chambre à coucher de l'amiral, située au pied de la tour, une plaque de marbre indique l'endroit où se trouve encastrée une boîte en fer renfermant les restes de Coligny (1).

L'amiral, à l'époque où nous sommes parvenus, avait quarante-deux ans; de taille moyenne, bien proportionné, capable de supporter les plus grandes fatigues, quoique sujet à de fréquents accès de fièvre qui mirent plusieurs fois sa vie en danger, il avait un abord grave et même un peu froid; son front élevé abritait des yeux bleus dont le regard vif et clair rayonnai d'intelli-

---

(1) Nous raconterons plus tard la triste odyssée de ces ossements.

gence. Sans avoir l'expression de bonne grâce étudiée qui séduisait chez François de Guise, il frappait par la noblesse de ses traits où se peignait la loyauté de son âme (1); sa parole était lente et grave; mais au feu et devant le péril, l'homme se transformait; il avait alors le geste superbe, le regard qui domine, l'accent du chef qui arrête une armée ébranlée et lui rend la confiance. Bon et doux envers les petits, capable de traits d'humanité qui étonnent à une époque de violence, où la férocité du soudard était chose si commune, il ne faiblissait jamais sur la discipline; maître de soi d'ordinaire, il avait, devant l'hypocrisie surtout, des emportements irrésistibles. On sentait chez lui, au-dessus des convictions ardentes du croyant, un impérieux besoin de justice, je ne sais quel idéal supérieur à son siècle, qui se trahissait dans un mot pénétrant, dans un détachement sublime des intérêts vulgaires et des ambitions basses. C'est là le trait qui frappa tous ceux qui l'approchèrent; ses ennemis laissent échapper cet aveu, que c'est par le caractère surtout qu'il fut grand.

Charlotte de Laval était l'âme de sa demeure, et nous verrons bientôt quelle vaillance l'animait. Auprès d'elle, ses trois fils et ses deux filles (2), « tout son petit mé-

---

(1) Tel il paraît dans un portrait conservé au musée de Valenciennes et qui doit être de cette époque, tel il est aussi dans la célèbre gravure des *Trois Frères* de Duval. Plus tard, dans la vie tragique des guerres civiles qui le pénétraient d'une mortelle tristesse, en face de tant de spectacles de carnage, au milieu des menaces de trahison incessante, le regard se voila d'une mélancolie habituelle, le front se dégarnit, un pli sévère contracta la bouche. Vint la terrible blessure de Moncontour, qui laissa à la joue une cicatrice profonde; c'est ainsi que le représentent ses derniers portraits. Quand il fut tué, on l'appelait un vieillard. Il avait 53 ans!

(2) Un premier fils, *Henri*, mourut à l'âge de quinze mois. *Gaspard*, né

nage », comme l'amiral l'écrivait à Renée de Ferrare. La vaste maison s'emplit de bruit et de gaieté; car le vaillant soldat a toutes les tendresses; il veut que les enfants mènent auprès de lui « une belle vie, en s'ébattant tous ensemble joyeusement » (1).

Le culte domestique est célébré chaque jour au château par le ministre Merlin, aumônier de Coligny; mais l'amiral le remplace souvent (2). On lit les saintes Écritures; on chante les psaumes mis en vers par Clément Marot, valet de chambre du feu roi. Parfois, on lit les lettres que maître Jean Calvin ou M. de Bèze adressent de Genève aux fidèles du royaume de France. L'auteur de la *Vita Colinii* (3) nous a conservé le tableau de ce culte de famille. « Aussitôt, dit-il, que l'amiral était sorti du lit, assez matin, ayant pris sa robe de chambre et s'étant mis à genoux, comme aussi tous les autres

---

le 28 septembre 1534, devait mourir à Orléans en 1568; *François* était né le 28 avril 1557; *Odet*, le 24 décembre 1560. Charlotte devait donner à l'amiral, en 1564, un autre fils, *Charles*, qui fut indigne de son nom. Sa fille, *Louise*, était née en 1555; sa sœur cadette, *Renée*, en 1561.

(1) Ces paroles sont tirées d'une lettre que Henri de Condé écrivait quelques années plus tard à Coligny : « J'entretiens ma cousine et mes petits cousins, et il n'est guère de soirs que nous ne fassions une belle vie *à votre gré* en nous ébattant tous ensemble joyeusement, pour tâcher à passer nos mélancoliques heures. » Extrait de l'*Histoire des princes de Condé*, par le duc d'Aumale (t. II, p. 415).

(2) Calvin venait, cette année même, d'envoyer Merlin à l'amiral, et écrivait à ce dernier : « Je ne doute pas que vous ne l'ayez trouvé tel que vous désiriez et que vous n'ayez connu par expérience qu'il cherche à s'acquitter fidèlement de son devoir... Cependant, je vous prie, monseigneur, de ne vous lasser point à la poursuite d'une œuvre si bonne et si sainte et digne qu'on y emploie trente vies, si on les avait... Vrai est que pour nous fortifier à servir Dieu constamment, il vous faut regarder plus haut que le monde, comme aussi l'apôtre nous exhorte de jeter notre ancre au ciel. » (Lettre du mois de mai 1561).

(3) Page 134, traduction de 1643.

assistants, il faisait lui-même la prière en la forme accoutumée aux Églises de France, après laquelle, attendant l'heure du prêche qui se faisait de deux jours l'un, avec le chant des psaumes, il donnait audience aux députés que les Églises lui envoyaient souvent, et employait le temps aux affaires publiques, dont il continuait encore à traiter après le prêche jusqu'à l'heure du dîner, lequel étant prêt, ses serviteurs domestiques, hormis ceux qui étaient empêchés aux choses nécessaires pour repas, se trouvaient en la salle où la table était dressée, auprès de laquelle étant debout et sa femme à son côté, s'il n'y avait point eu de prêche, l'on chantait un psaume, et puis on disait la bénédiction ordinaire; ce qu'une infinité non seulement de Français, mais aussi de capitaines et colonels allemands, qui ont été souvent priés de manger avec lui, peuvent témoigner qu'il a fait observer, sans intermission d'un seul jour, non seulement en sa maison et en son repos, mais aussi dans l'armée. La nappe étant ôtée, se levant et tenant debout avec sa femme et les assistants, ou il rendait grâces lui-même, où les faisait rendre par son ministre. Le même se pratiquait au souper, et, voyant que tous ceux de sa maison se trouvaient malaisément à la prière du soir, au temps qu'il fallait reposer, et qui, à cause des diverses occupations, était incertain, il ordonna que chacun vînt à l'issue du souper, et qu'après le chant du psaume la prière se fît. Et ne se peut dire le nombre de ceux d'entre la noblesse française qui ont commencé d'établir en leurs familles cette religieuse règle, à l'exemple de l'amiral, qui les exhortait souvent à la véritable pratique de la piété, n'étant pas assez que le père de famille vécût saintement et religieusement, si, par son exemple, il ne réduisait les siens à la même règle. Or, il est certain que sa piété et sainteté ont été tellement admirées, même de ceux du parti catholique, que, sans la crainte et l'horreur des tourments et massacres, la plus grande partie de la France se fût convertie à la même religion et discipline. » Le même auteur mentionne aussi un fait touchant qui nous permet de voir ce qu'était avec les plus humbles cet homme au caractère d'ailleurs énergique et indomptable : « Lorsque le temps de la Cène du Seigneur s'approchait, dit-il, l'amiral appelait tous ceux de sa maison, leur représentant qu'il ne lui fallait pas seulement rendre compte à Dieu de sa vie, mais aussi de leurs déportements, et les réconciliait ensemble s'il y avait quelque discussion entre eux ; et si quelqu'un ne lui semblait pas assez préparé pour bien entendre et vénérer ce mystère, il prenait le soin de le faire mieux instruire, et, s'il en voyait d'obstinés, il leur déclarait ouvertement qu'il lui valait mieux demeurer seul que de nourrir une suite de méchants. »

Coligny avait donné à ses enfants un précepteur nommé Le Gresle, qui leur resta attaché toute sa vie et dont il a parlé avec une affection singulière dans son testament. La duchesse de Ferrare, qui était une des femmes les plus instruites de son temps, prenait grand intérêt à leur éducation, et voulait être renseignée sur leurs progrès. On le voit par la lettre suivante que l'un des enfants, François, lui adresse (1) : « Ma-

---

(1) Cette lettre a été publiée par M. Jules Bonnet. *Bulletin*, endroit cité.

dame, la lettre de laquelle il vous a plu nous honorer nous est un gage très sûr de la souvenance et du soin qu'il vous plaît avoir de nous, bien que nous n'ayons encore moyen quelconque de vous faire le service, lequel nous vous devons... Vrai est que pour l'affection qu'il vous plaît nous témoigner du bien lequel nous souhaitez, j'estime que ce sera assez pour le présent si nous mettons peine et diligence à bien connaître Dieu, l'aimer et l'honorer *par le moyen de l'avancement que nous pourrons faire aux bonnes lettres et sciences*, comme de votre grâce et bonté singulière il vous plaît nous y exhorter, à quoi nous espérons faire si bon devoir qu'à l'avenir vous connaîtrez votre exhortation n'avoir été vaine, moyennant l'assistance de notre Dieu, lequel nous supplions vous donner, Madame, en toute félicité, très longue vie pour l'avancement du règne de son Fils. »

Cette question de l'éducation préoccupait Coligny : « L'amiral, dit son premier biographe, estimait que l'institution des collèges et de l'instruction des enfants était un singulier bienfait de Dieu et l'appelait un séminaire de l'Église et un apprentissage de piété ; que l'ignorance des lettres avait apporté non seulement à la république, mais aussi à l'Église d'épaisses ténèbres, dans lesquelles la tyrannie du pape avait pris sa naissance et son accroissement... c'est pour cela qu'il bâtit, à grands frais, un collège à Châtillon, dans une exposition agréable et saine, où il entretenait de très doctes professeurs en la langue hébraïque, grecque et latine et beaucoup d'élèves, soit enfants, soit jeunes gens (1). »

(1) *Vita Colinii* (1575, p. 136).

Ce programme d'instruction, qui mettait au premier rang l'étude des langues classiques, était nouveau. Le moyen âge avait surtout cultivé la scolastique, c'est-à-dire la logique, la dialectique, l'art stérile du raisonnement dans le vide. A cette tâche ingrate, le latin suffisait et devenait de plus en plus sec et barbare, hérissé de termes d'école, bien fait pour l'art de la dispute qui semblait alors conduire à tout. Le XVIᵉ siècle n'était pas encore mûr pour les sciences d'observation. La Renaissance se porta avec prédilection vers l'étude des langues classiques dont la beauté l'enivrait; la Réformation les cultivait avec une ardeur égale, pour arriver à connaître l'Écriture sainte dans les textes originaux; de là l'importance donnée au grec et à l'hébreu. A l'art si vanté de la discussion se substituait l'interprétation des textes qui stimulait les facultés inventives de l'esprit. « De ces études de grammaire, a dit un fort bon juge (1), la Renaissance a fait une éducation générale, vivante, humaine, qui convient à tous, qui pour tous est la même et dont personne n'est dispensé. Désormais, ce sera celle de toute la partie de la nation qui peut s'instruire, des fils de marchands et de cultivateurs comme des nobles, des laïques et des clercs. » Ces observations montrent qu'en fondant à Châtillon-sur-Loing, c'est-à-dire dans ce qui n'était, après tout, qu'une petite cité sans importance, un enseignement que nous appellerions aujourd'hui classique, Coligny obéissait aux mêmes

---

(1) M. Gaston Boissier, *la Réforme des études au* XVIᵉ *siècle. Revue des Deux-Mondes*, 1ᵉʳ décembre 1882.

tendances qui avaient produit à Paris, à Strasbourg, à Genève, à Nîmes, les réformes introduites par Lefèvre d'Étaples, par Jean Sturm, par Mathurin Cordier, par Claude Baduel (1). « On ne peut s'empêcher de remarquer, dit à ce sujet M. Gaston Boissier, que la réforme des études au XVIe siècle fut d'abord une œuvre protestante (2). »

Nous avons dit l'intérêt que Renée, la fille de Louis XII, prenait à l'éducation des enfants de Coligny. La duchesse de Ferrare avait favorisé de bonne heure le mouvement de la Renaissance, et son séjour en Italie n'avait pu que développer son goût pour les lettres. Veuve depuis 1559 et désormais fixée en France, elle venait d'embrasser résolument la cause de la Réforme; il est certain qu'un an auparavant, le 5 juillet 1560, Calvin lui reprochait de n'avoir pas encore pris un parti décisif; le consistoire de Genève venait, sur sa demande, de lui envoyer un ministre, François Morel, sieur de Collonges, qui avait présidé le synode de Paris. Sa résolution était d'autant plus courageuse qu'elle avait pour gendre le chef le plus apparent du parti catholique, François de Guise. On comprend qu'à partir de ce moment ses relations avec les Châtillons durent devenir toujours plus étroites. Renée de France et Charlotte de Laval étaient faites pour s'entendre. Quelques billets échangés entre elles, et qui nous ont été

(1) Cette question se trouve traitée avec étendue dans l'intéressant ouvrage de M. Gaufrès sur Claude Baduel. (Paris, 1881).

(2) Article cité, p. 596. Il ne faut pas oublier cependant les nobles efforts que faisait dans le même sens la république de Venise, fondant des écoles gratuites dans lesquelles enseignaient des personnages appartenant aux premières familles de l'État.

conservés, les montrent également préoccupées d'œuvres de charité (1).

L'amiral aimait à exercer l'hospitalité. Très sobre dans ses habitudes, d'une grande frugalité personnelle, désintéressé au point qu'il n'ajouta pas un arpent au patrimoine de ses pères (2), il voulait que sa maison fût largement ouverte à ceux qui, de toutes les parties de la France, venaient jusqu'à lui.

A Châtillon (notons ce dernier trait qui a sa grande importance), on respectait les droits des catholiques; car l'amiral, seigneur suzerain du lieu, était partisan de la liberté de conscience. « Encore qu'il ne fût amateur de messes, si pouvait-il dire qu'il n'y avait lieu en France auquel les prêtres vécussent en plus grande liberté qu'ils faisaient dans sa ville. » Il ajoutait toutefois, avec la franchise habituelle non exempte d'une malicieuse bonhomie, dit M. Tessier, « que ce n'était pas pour plaisir qu'il y prît, mais pour obéir aux édits du roi. »

Telle nous apparaît, à distance, la vie de l'amiral, dans sa grandeur austère, égayée par les joies de la famille et adoucie par sa bonté. Il ne séjourna d'ailleurs que rarement à Châtillon. Nous allons le voir rentrer dans la lutte qui revêt un caractère de plus en plus tragique.

(1) M. Jules Bonnet, dans l'article déjà cité, reproduit plusieurs extraits touchants du Livre de comptes de Renée, où l'on voit son souci des pauvres.
(2) Porro continentiæ ipsius summum hoc documentum fuit, quod cum maximis honoribus affectus, privatis commodis servire et magnas opes ciorum aulicorum exemplo parare potuisset, tamen ne unum quidem agri jugerum, nullam villam ad paternam hæreditatem adjunxit. (*Vita*, p. 137).

CHAPITRE XXI

Tolérance de Catherine de Médicis envers les
grands seigneurs protestants. — Adhésion du cardinal Odet de
Châtillon à la foi réformée. — Rupture du connétable avec ses
neveux.— Le triumvirat.—L'édit de juillet.—Attitude énergique
des délégués des états généraux à Saint-Germain.

L'attitude de Catherine de Médicis vis-à-vis des réformés devenait toujours plus conciliante. Elle avait voulu faire réhabiliter Louis de Condé, et le Parlement de Paris, malgré son attachement pour les Guises, avait été obligé de confirmer cet acte par une délibération solennelle en date du 18 juin 1561. Les Bourbons semblaient être devenus les vrais conseillers de la reine mère.

Déjà, le 26 février, l'ambassadeur anglais écrivait à son gouvernement : « Ceux qui ont le plus d'influence à cette cour sont l'amiral et le cardinal de Châtillon, et *sans eux rien de bon ne serait fait;* le premier travaille avec la reine mère, le second avec le roi de Navarre (1). »

Catherine, dans le séjour qu'elle fit à Fontainebleau à cette époque, toléra les réunions des réformés, et les prières suivies de prêches qui avaient lieu, presque

---

(1) *Calender of state papers* (Foreign, 1561).

tous les jours, dans les appartements des grands seigneurs protestants invités à la cour (1).

La cour offrait donc le spectacle d'une violation perpétuelle des lois existantes. Certains évêques, tels que Monluc et Marillac, fermaient les yeux (2) ; d'autres réclamaient avec énergie, et le légat du pape appuyait leurs plaintes.

« Il me semble, écrit à ce propos le jésuite Maimbourg, qu'à en juger le plus favorablement, on peut dire hardiment que si tout ce que la reine mère fit en cette occasion n'était qu'une feinte, elle fit très mal de feindre si bien qu'elle donna lieu de croire qu'elle était de la nouvelle secte ; car non seulement elle permit que les ministres prêchassent dans les appartements des princes, où tout le monde accourait en foule pour les entendre, tandis qu'un pauvre jacobin qui prêchait la carême à Fontainebleau fut abandonné ; mais elle voulut assister elle-même avec toutes les dames aux sermons de l'évêque de Valence, qui prêchait tout ouvertement, dans l'une des salles du château, les nouveaux dogmes qu'il avait tirés des hérésies de Luther et de Calvin. Il se fit tout à coup un si étrange changement à la cour qu'on eût dit qu'elle était toute calviniste. Quoiqu'on fût en carême, on vendait publiquement de la viande, qu'on servait sur toutes les tables

---

(1) Il faut noter cependant qu'à ce moment même, sous prétexte d'entrer dans la voie des économies, le conseil du roi supprime la garde écossaise, malgré l'énergique opposition de Coligny. De Thou donne le vrai motif de cette mesure. Presque tous les Écossais de la garde étaient protestants, à commencer par leur chef Hamilton, comte d'Arran.

(2) Marillac mourut cette année ; c'était un noble caractère qui mérite le bel éloge qu'a fait de lui de Thou.

On ne parlait plus d'ouïr la messe, et le jeune roi, qu'on y menait encore pour sauver les apparences, y allait presque tout seul. On se moquait de l'autorité des papes, du culte des saints, des images, des indulgences, des cérémonies de l'Église, qu'on traitait de superstitions (1). »

D'autre part, Coligny saisissait toutes les occasions pour réclamer la liberté de conscience. Le 19 avril 1561, Michel de L'Hospital publia un édit qui défendait aux officiers du roi d'entrer dans les maisons des protestants « sous prétexte des édits précédents prohibitifs d'assemblées illicites. » Les protestants qui avaient été condamnés pour ce fait devaient être rendus à la liberté, « pourvu, toutefois, qu'ils vécussent ci-après catholiquement et sans scandale. » La contradiction était palpable, et il était impossible qu'elle ne se traduisît pas dans les faits. Le Parlement de Paris refusa d'enregistrer cet édit, disant, ce qui était vrai, qu'il allait augmenter le nombre des protestants.

L'Hospital brava cette opposition ; les lettres royales ordonnant l'application de l'édit furent expédiées par lui aux gouverneurs et aux tribunaux de province ; sur certains points de la France, elles produisirent une vive fermentation. L'idée que le roi ordonnait de ne plus injurier les protestants et de respecter leurs domiciles, où se tenaient peut-être des assemblées religieuses, était si nouvelle, si opposée à tous les édits précédents qu'on refusait d'y croire. Du haut de toutes les chaires, on entendit descendre des réclamations indi-

(1) *Histoire du calvinisme* (p. 192 et suiv.).

gnées. Un discours prononcé par un moine de Provins, et qui nous a été conservé, exprime assez naïvement les sentiments avec lesquels le clergé accueillit l'édit (1) :

« Or çà, messieurs de Provins, que dois-je et les autres prédicateurs de France faire? Devons-nous obéir à ce mandement? Que vous dirons-nous? Que prêcherons-nous? L'Évangile, dira monsieur le huguenot. Dire que l'erreur de Calvin, de Martin Luther, de Bèze, de Malot, de Pierre Martyr et autres prédicants, avec leur doctrine erronée, maudite et condamnée par l'Église il y a mille ans, et depuis par les saints conciles généraux, ne vaut rien et qu'elle est damnable, est-ce point prêcher l'Évangile? Dire que les huguenots de France sont méchants apostats d'avoir renoncé à la vraie Église catholique pour suivre l'hérétique, est-ce point prêcher l'Évangile? Dire qu'on se donne garde de leur doctrine, de les écouter, de lire leurs livres; dire qu'ils ne tendent et ne cherchent qu'à faire séditions, meurtres et saccagements, comme ils ont commencé à faire en la ville de Paris et autres infinis lieux du royaume, est-ce point prêcher l'Évangile? Or, quelqu'un pourra me dire : — Frère, que dites-vous? *Vous n'obéissez pas à l'édit du roi;* vous parlez encore de Calvin et de ses compagnons; vous les appelez et ceux qui tiennent leur opinion hérétiques et huguenots; on vous accusera à justice, vous serez mis en prison et y serez pendu comme séditieux. — Je vous répondrai

(1) Voir sur ce discours le *Bulletin de la Société d'histoire du protestantisme français* (1854).

qu'il est bien possible qu'il sera vrai, car Achab et Jézabel ont bien fait mourir les prophètes de Dieu en leur temps et baillé toute liberté aux prophètes de Baal. — Or, frère, vous en dites trop, vous serez pendu. — Eh bien! de par Dieu, ce sera un moine cordelier pendu. Il en faudra donc pendre beaucoup d'autres; car Dieu, par son Saint-Esprit, inspirera les piliers de son Église à soutenir jusqu'à la fin le bâtiment qui ne ruinera jamais. »

Ainsi donc, il avait suffi de quelques mesures de tolérance proposées par L'Hospital pour faire éclater de telles colères. Ces noms d'Achab et de Jézabel, que si souvent les protestants avaient donnés à leurs oppresseurs, nous les trouvons maintenant sur les lèvres des catholiques. Jézabel, c'est Catherine, depuis que le chancelier a voulu préparer l'apaisement des partis!

C'est à cette époque qu'il faut placer l'adhésion publique à la communion réformée d'Odet de Coligny, frère aîné de l'amiral.

Odet, comme nous l'avons dit, avait été fait cardinal à seize ans, le 7 novembre 1533. En même temps, il avait été nommé archevêque de Toulouse, et commendataire d'un très grand nombre d'abbayes; à dix-sept ans, il siégeait au conclave qui élut Paul III. L'année suivante, il était élevé à l'évêché de Beauvais, qui était l'une des pairies ecclésiastiques les plus anciennes de France (1). Ces promotions rapides et cet étrange cumul

---

(1) Odet ne reçut jamais la prêtrise; il resta diacre toute sa vie et ne remplit ses fonctions d'évêque que par procuration. La *France protestante* (2ᵉ édition) donne sur lui une notice très complète.

de bénéfices sont l'un des exemples les plus frappants du régime de faveur qui déshonorait alors l'Église et contre lequel le concile de Trente devait sévir. Il ne semblait guère que la Réforme dût aller chercher un disciple chez un homme auquel les abus de son temps avaient si largement profité ; mais ce prélat valait mieux que sa fortune, et les honneurs ne devaient pas empêcher sa conscience de parler.

C'était une nature douce, ennemie des luttes, serviable à tous, se dévouant aux autres, « qui jamais, dit Brantôme, ne les abusa, ni ne vendit de fumée de la cour. » De Thou a vanté sa candeur, son esprit de justice, la solidité de son jugement ; par ses goûts naturels, il était porté vers l'étude ; il usait largement de sa grande fortune pour protéger les savants ou les écrivains français de son époque. Rabelais lui a dédié le quatrième livre de *Pantagruel*, Ronsard et l'Hospital plusieurs de leurs poésies. Mais les luttes tragiques auxquelles il fut mêlé montrèrent la force d'âme qui se cachait sous cette douceur. On a déjà vu comment il avait fait avorter, par sa résistance passive, le plan formé par le cardinal de Lorraine pour établir en France l'inquisition. Il avait assisté, sans y prendre une part très active, à l'assemblée de Fontainebleau et aux états généraux d'Orléans. L'exemple donné par l'amiral triompha de ses hésitations.

Dans les premiers jours d'avril 1561, Odet de Châtillon abjura solennellement le catholicisme au château de Werlemont, en présence de plusieurs témoins appartenant à la noblesse ; puis le lundi de Pâques, 7 avril, dans la chapelle de son palais à Beauvais, il donna la sainte Cène sous les deux espèces (1). Cet acte mit la ville en émoi ; les prêtres organisèrent des processions ; on assaillit les maisons des protestants ; plusieurs d'entre eux furent pendus ou brûlés. Le cardinal en appela au fils du connétable, François de Montmorency, gouverneur de l'Ile-de-France, qui arriva sur-le-champ et sévit contre les émeutiers. Odet renonça à ses dignités ecclésiastiques et ne retint de ses titres précédents que celui de comte de Beauvais, qu'il garda jusqu'à la fin. Cependant, c'est sous le nom de cardinal de Châtillon que l'on continua à le désigner.

Mais, au moment où les protestants se réjouissaient de cette conversion, un événement se préparait qui devait tromper leurs espérances : le vieux connétable allait se réconcilier avec les Guises et rompre avec ses neveux.

Depuis longtemps les Guises le circonvenaient. Ils savaient que sa femme, Madeleine de Savoie, haïssait les protestants et ne faisait guère d'exception pour les Châtillons ; le connétable avait été indigné de ce qu'on avait dit à Orléans et répété depuis à Paris, qu'il était temps de faire rendre leurs comptes à ceux qui avaient rempli les grandes charges. Il prenait cela pour un outrage personnel. De Thou affirme que Catherine de Médicis joua en tout cela un double jeu ; que, pour affaiblir Antoine de Navarre, elle l'encourageait à favoriser le protestantisme, mais, que d'autre part, « elle découvrait au connétable les raisons cachées de sa con-

---

(1) Voir les intéressants détails qu'a publiés sur cet événement M. Bonet-Maury dans ses articles sur la *Réforme à Beauvais* (*Bulletin de la Société d'histoire du protestantisme français*, année 1874, p. 73 et suiv.).

duite et elle les lui faisait entendre. » Anne de Montmorency comprit donc que, puisque cette faveur montrée au protestantisme n'était qu'une comédie, le plus sûr pour lui était de se porter en sens contraire, de se réconcilier avec les Guises, qui, comme lui, étaient exaspérés par la crainte d'avoir à rendre leurs comptes.

« Depuis ce temps, dit de Thou, Anne de Montmorency ne garda plus de mesure. Il murmurait et se plaignait hautement : On abandonne, disait-il, l'ancienne religion ; on introduit partout de nouvelles assemblées, de nouveaux rites, de nouvelles cérémonies; des gens inconnus usurpent le ministère sacré; on vend publiquement de la viande les jours d'abstinence et dans le saint temps du carême ; on n'a plus que du mépris pour l'ancien culte que nos ancêtres nous ont transmis. »

Un jour que Jean de Montluc, évêque de Valence, qui dans ce temps-là semblait incliner dans le sens de la Réforme, prêchait au palais, le connétable ne se gêna pas pour manifester sa mauvaise humeur. Sa femme l'y encouragea vivement. « Vous êtes, lui dit-elle, chef de la plus illustre maison de France, c'est à vous de faire respecter la religion dans toute sa pureté. » Saint-André ajoutait que « c'était uniquement par les sourdes menées de l'amiral qu'on avait parlé de la mauvaise administration des finances, et que ce neveu du connétable, aussi ingrat qu'indigne de ses bontés, n'avait proposé cet article que pour embarrasser un oncle qui l'avait comblé de bienfaits (1). »

(1) De Thou (liv. XXVII).

Le fils aîné du connétable s'efforça en vain de retenir son père en lui montrant qu'en cherchant de nouveaux amis, il allait perdre les anciens, « qu'il était plus sûr pour lui de laisser les Châtillons se battre contre les Lorrains et de n'assister au [combat que comme spectateur, ou comme juge, sans prendre de parti. »

« Odet, Gaspard et François de Coligny vinrent aussi trouver le connétable, et protestèrent, en prenant Dieu à témoin, que leur éloignement pour les Lorrains ne venait d'aucune haine particulière, mais du zèle pour le bien de l'État. Ils le prièrent d'examiner si, en abandonnant le prince de Condé, il ne trahissait pas les intérêts du roi et du royaume. Tous ces conseils furent inutiles (1). » Le connétable tendit ouvertement la main aux Lorrains; Diane de Poitiers, qui, dans sa splendide retraite, avait entendu avec exaspération les reproches que les huguenots élevaient contre les favorites enrichies aux dépens de la France, avait reparu dans cette occasion et servi à faciliter ce rapprochement.

C'est elle qui était venue trouver le maréchal Saint-André et lui en avait suggéré l'idée. Saint-André devait, comme elle, son immense fortune aux libéralités fastueuses de Henri II et à la spoliation des protestants. Il était l'un de ceux que visait l'indignation publique; les catholiques eux-mêmes trouvaient que sa situation exceptionnelle était hors de toute proportion avec les services qu'il avait rendus. Saint-André était irrité,

---

(1) De Thou (liv. XXVII).

comme le connétable, à la pensée que les états généraux voulaient sommer les grands dignataires de rendre leurs comptes. Diane de Poitiers n'eut pas de peine à le persuader. Davila raconte que Saint-André alla trouver François de Guise : « Vous voyez, lui dit-il, comment les huguenots, secondés par des princes rebelles, profitent de nos divisions pour perdre tous ceux qui, pendant quinze ans, ont contenu leurs efforts séditieux. Ils en veulent à la fois à nos biens et à notre honneur. Bientôt ils auront le plaisir de frapper séparément vous et le connétable, et l'un par l'autre. Vos périls, votre religion, les derniers vœux du roi qui vous chérissait également, tout vous prescrit à l'un et à l'autre de vous réunir contre les ennemis de la foi... Ne sentez-vous pas que ce sont les artifices de la reine qui vous tiennent divisés? Voulez-vous déconcerter toute sa politique et dominer en dépit d'elle; montrez-vous unis, marchez ensemble à la tête de tous les catholiques, de tous les sujets fidèles. Croyez-en les avertissements d'une femme qui connaît bien la reine, de la duchesse de Valentinois, votre amie, votre alliée; c'est elle qui m'envoie vers vous ; elle vous conjure, au nom du roi qui nous aimait tous, de voir et d'embrasser le connétable de Montmorency. » C'est ainsi que fut préparé le fameux *triumvirat* qui allait exercer une influence décisive sur les destinées de la France. Guise et le connétable s'unirent étroitement à Saint-André, que Brantôme appelle « un vrai Lucullus en bombances et magnificences, » pour devenir les soutiens de la cause catholique.

Cette néfaste alliance, conclue sous les auspices de

la vieille maîtresse de Henri II, fut solennellement consacrée par un acte religieux : les trois chefs communièrent ensemble le jour de Pâques, à Fontainebleau.

L'une des premières conséquences de cette alliance fut la promulgation de l'édit de juillet de 1561, qui défendait, « sous peine de confiscation de corps et de biens, tous conventicules et assemblées publiques, avec armes ou sans armes, *ensemble les privées* où se feraient prêches et administrations de sacrements en autre forme que selon l'usage reçu et observé en l'Église catholique. » Cette disposition exorbitante n'avait été votée au conseil du roi qu'à la majorité de trois voix ; Coligny l'avait énergiquement combattue, disant que « de prétendre réduire ainsi les réformés à la religion romaine contre leur conscience, il y avait en ceci très grande absurdité qui valait autant qu'une impossibilité. » Toutefois, en même temps, on décida que les prélats se rendraient à un colloque où ils pourraient discuter les questions controversées avec des ministres réformés auxquels on accorderait des sauf-conduits. Le colloque devait s'ouvrir le 10 août à Poissy ; mais cette date dut être forcément reculée, par suite de la nouvelle session des états généraux convoquée à Pontoise, puis à Saint-Germain, et qui ne s'ouvrit que le 26 août.

Nous avons dit plus haut que le nombre des délégués à cette session avait été considérablement réduit ; mais l'esprit qui les animait n'avait en rien changé. Les orateurs de la noblesse et du tiers état parlèrent avec plus d'énergie encore qu'à Orléans ; lorsqu'on lit dans le discours de Jacques Bretagne, juge d'Autun, député du tiers, l'âpre et véhémente satire qu'il traça de la vie du clergé, on comprend à quel degré d'irritation la bourgeoisie des provinces en était arrivée. Bretagne demanda, au nom de ses commettants, l'aliénation des biens du clergé; il les estimait à 120 millions de livres; 48 millions au denier douze produiraient un revenu de 4 millions qui, d'après lui, devaient suffire à l'entretien des prêtres. Les 72 millions restants seraient employés soit à éteindre la dette, soit à encourager l'agriculture et le commerce. Comme on le voit, c'est presque le projet que la Révolution française devait réaliser un jour. L'orateur de la noblesse parla dans le même sens; non seulement il réclamait la réforme du clergé, des réductions énormes dans les revenus ecclésiastiques et la convocation d'un concile national, mais, au lendemain de l'édit de juillet, il le traitait comme n'existant pas et demandait pour les protestants le droit de se réunir. Le clergé s'était abstenu de se rendre à ces séances, et, pour marquer sa résistance, il avait résolu de délibérer séparément à Saint-Germain.

L'Hospital, cependant, n'était point découragé par cette opposition, et, quelques jours plus tard, dans l'assemblée du clergé, il plaida avec une grande chaleur la cause de la liberté de conscience et celle de la liberté du culte, qui en était, d'après lui, inséparable. « Quant à leurs assemblées, dit-il, il ne les faut point séparer de leur religion; car ils croient que la parole de Dieu les oblige étroitement de s'assembler pour ouïr la prédication de l'Évangile et participer aux sacrements, et tiennent cela pour un article de foi. »

Après avoir exposé leurs doléances, les députés des états se séparèrent presque immédiatement, et toute l'attention se porta vers le prochain colloque de Poissy.

CHAPITRE XXI

Préliminaires du colloque de Poissy. —
Les seigneurs protestants à Saint-Germain. — Arrivée de Jeanne
d'Albret.—Attitude de Catherine; sa lettre au pape. — Le cardinal
de Tournon.— Le cardinal de Lorraine. — Jacques Lainez. —
Les ministres protestants. — Théodore de Bèze.

L'idée de réunir en un colloque les représentants des deux communions n'était pas nouvelle; on l'avait plus d'une fois réalisée en Allemagne et en Suisse, et c'était souvent à l'issue de semblables conférences que tel prince ou tel canton s'était rallié à la Réformation. La conscience moderne n'admet pas qu'un changement de religion puisse être imposé par la décision d'un prince ou d'une assemblée, et nous reconnaissons sans ambages qu'il y avait quelque chose d'énorme à constituer en quelque sorte juges du débat qui allait s'ouvrir une femme, Catherine de Médicis, et un enfant de onze ans, Charles IX. La réunion de Poissy ne pouvait être une assemblée délibérante; car ses membres n'étant point nommés par des délégations régulières, aucune majorité valable n'avait le droit de s'y produire; c'était, comme son nom l'indique, un simple colloque où des représentants autorisés des deux communions allaient se livrer à une brillante passe d'armes qui ne devait aboutir à aucun vote. Les protestants, toutefois, l'acceptèrent avec empressement; car c'était pour eux l'occasion, tant de fois demandée, de présenter ouvertement leurs croyances et de montrer qu'elles étaient d'accord avec les Écritures et avec les doctrines des grands conciles ; L'Hospital désirait que cette démonstration pût être faite, afin d'être autorisé par là à les placer, comme chrétiens, sous la protection des lois ; certains évêques, tels que Monluc, y voyaient surtout un moyen d'exercer une pression sur Rome pour obtenir d'elle des réformes qu'ils jugeaient urgentes ; enfin d'autres, tels que le cardinal de Lorraine, avaient l'arrière-pensée de faire éclater au grand jour les différences dogmatiques qui séparaient les luthériens des réformés calvinistes ou zwingliens. C'est évidemment ce dernier motif qui put seul amener des catholiques aussi prononcés que le cardinal de Tournon à subir la chance d'une discussion publique avec des hérétiques condamnés d'avance.

En vue du colloque qui allait s'ouvrir à Poissy, la cour s'était réunie à Saint-Germain. Jamais on n'y avait vu encore un si grand nombre de seigneurs protestants. Au premier rang, on remarquait le roi et la reine de Navarre.

Antoine de Bourbon était encore regardé comme le chef nominal des protestants; mais ses oscillations perpétuelles, le rôle humilié qu'il avait consenti à jouer en tant d'occasions, le rendaient suspect aux réformés.

Cependant, quelques mois auparavant (le 7 février 1561), Antoine écrivait au comte palatin « qu'il n'avait d'autre but que d'établir la vraie religion en

France (1), » et, pendant tout le colloque, il affecta de se montrer le protecteur du parti huguenot.

Jeanne d'Albret, sa femme, venait de se rattacher à l'Église réformée. Née le 7 janvier 1528, elle avait alors trente-trois ans. Son père, Henri d'Albret, homme énergique et vif, vaillant chasseur, habitué à respirer l'air libre des Pyrénées, mais en même temps esprit pénétrant, qui ne se laissait duper par personne, et dont Charles-Quint disait : « Je n'ai vu qu'un homme en France, c'est le roi de Navarre (2), » lui avait transmis sa vivacité prime-sautière, sa bonne humeur toujours en éveil, sa ténacité que rien ne pouvait abattre ; elle devait elle-même les léguer à son fils. Jeanne tenait de sa mère, Marguerite de Valois, le goût des choses de l'esprit, l'aversion pour le bigotisme, et ce grand cœur qui s'apitoyait à toutes les souffrances ; mais l'intelligence curieuse de nouveautés qui, chez Marguerite, tournait souvent à la subtilité raffinée, était tempérée chez elle par une raison saine et ferme. Toute jeune, elle avait grandi près de François Ier, qui l'appelait la *mignonne des mignonnes*. On voulut, par politique, la marier presque enfant au duc de Clèves; elle résista : il fallut la porter de force à l'autel; le mariage fut rompu. Plus tard, ce fut elle, au contraire, qui s'éprit d'Antoine de Bourbon ; elle se laissa séduire par sa bonne mine, par son air chevaleresque, sans soup-

---

(1) De Thou affirme que lorsque l'ambassadeur de Danemark était venu en France féliciter Charles IX sur son avènement à la couronne, le roi de Navarre lui avait promis qu'avant la fin de l'année une religion plus pure serait prêchée et reçue dans tout le royaume.

(2) Palma Cayet. (*Chron. novenaire*, t. II, p. 218).

çonner l'inertie de volonté qui se cachait sous ces belles apparences. L'opposition que son père fit à cette alliance surexcita sa passion. Le mariage eut lieu en grande pompe à Moulins, en 1548. Les deux époux furent de toutes les fêtes brillantes par lesquelles Henri II inaugura son règne; en ce temps-là, Jeanne était toute à la vie mondaine. Les épreuves survinrent; Jeanne perdit ses deux premiers enfants par des accidents étranges, dus à la négligence de ceux qui les soignaient (1). Son père, irrité, lui reprocha « qu'elle n'était pas digne d'avoir des enfants, puisqu'elle n'y prenait mieux garde (2). » Il exigea que, si Dieu lui en accordait un nouveau, elle le lui donnât à élever. Chacun sait l'histoire de la naissance de Henri IV, et comment Jeanne, pour faire plaisir à son père, chanta une chanson béarnaise au milieu des douleurs de l'enfantement. Peu après son père mourut, et elle fut appelée au trône de Navarre. Ses sujets fêtèrent son retour avec enthousiasme. A partir de ce moment, elle se fixa dans son royaume, ne faisant plus que des séjours peu prolongés à la cour de France.

La Réforme avait pénétré dans ses États; Antoine de Navarre y fut d'abord favorable; il permit le prêche public au château de Nérac et appela auprès de lui Théodore de Bèze; Jeanne était peu sympathique aux novateurs; elle savait que sa mère, qui les avait protégés, s'était vu reprocher par eux, vers la fin de sa vie, son attitude indécise; il semble aussi que leur aus-

---

(1) Voir à l'Appendice D.
(2) Palma Cayet. (*Id.*, p. 232).

térité ne lui plaisait pas. Elle avouait plus tard qu'une nuit au bal lui paraissait alors plus courte qu'une heure au sermon; mais les devoirs nouveaux qui pesaient sur elle, les souffrances que lui causait la légèreté d'Antoine, la portaient peu à peu vers des pensées sérieuses; son orgueil de souveraine fut profondément blessé par le rôle ridicule que son mari consentit à jouer après la mort de Henri II; dès lors, elle devint vraiment reine et montra qu'elle savait gouverner. On la vit présider son conseil, visiter ses États, créer partout les institutions utiles, frayer des routes nouvelles, multiplier les écoles, accueillir les proscrits qui fuyaient la France. Lorsque, en 1560, Antoine fut arrêté à Orléans et menacé de mort, elle s'enferma avec son fils dans la citadelle de Navarreins et s'y prépara vaillamment à la résistance. Antoine fut délivré par la mort de François II; mais alors commencèrent pour Jeanne des amertumes nouvelles. Elle apprenait que son frivole époux devenait le jouet de Catherine, et que les légèretés de sa conduite étaient le sujet des railleries des catholiques, qui s'amusaient à voir un tel chef à la tête du parti des austères huguenots. C'est sous ces impressions que Jeanne chercha sa force en Dieu; elle se mit à étudier les Écritures, appela auprès d'elle un ministre, Jean de La Tour, et se décida à s'unir aux protestants. Cette décision était d'autant plus courageuse que Jeanne affrontait ainsi l'anathème de Rome. Il suffisait d'une bulle du pape pour la déclarer hérétique, indigne de régner, et pour permettre à son redoutable voisin, Philippe II, de mettre la main sur ses États.

Catherine de Médicis avait demandé avec instance

à Jeanne de venir à la cour, au moment du colloque. Jeanne partit du Béarn, amenant avec elle le ministre de La Tour. Dans plusieurs villes qu'elle traversa, à Orléans en particulier, elle n'hésita pas à se joindre aux assemblées des protestants; elle embrassait ouvertement leur cause au moment où Antoine songeait secrètement à s'en détacher (1). Le 29 août, elle arriva à Saint-Germain, où tous les protestants l'accueillirent avec enthousiasme.

Elle avait évité de passer par Paris, où sa présence aurait risqué de provoquer une émeute. Le jour de son arrivée, il y eut grand banquet à la cour, des courses de taureaux, et le soir un feu d'artifice; Catherine paraissait tout heureuse de sa venue. Il semblait qu'il y eût là un signe évident de réconciliation entre les partis; du reste, presque tout le monde se faisait des illusions sur le colloque, et Throckmorton, d'ordinaire plus judicieux, exprimait l'espoir que le duc de Guise et son frère pourraient être amenés à confesser l'Évangile.

Ainsi donc, à une si courte distance du moment où les bûchers des réformés s'allumaient chaque semaine à Paris, et sous un régime qui punissait encore l'hérésie comme un crime, on voyait se réunir à Saint-Germain, sous les auspices du roi et de la reine de Navarre et avec le consentement tacite de Catherine de Médicis, une véritable petite cour protestante; Louis

---

(1) C'est par erreur que la *France protestante* (même dans sa deuxième édition) présente Jeanne d'Albret comme quittant Paris vers la mi-juillet 1561 et s'enfuyant à Pau, où elle n'aurait embrassé la Réforme qu'à la Cène de Noël.

de Condé et sa vaillante femme, sa belle-mère, la comtesse de Roye, l'amiral et Charlotte de Laval, le cardinal Odet de Châtillon, Renée de France, duchesse de Ferrare, y marquaient au premier rang (1). Tous ces hôtes du roi logeaient soit au château, soit dans les maisons voisines, et, malgré l'édit de juillet, le culte réformé se célébrait chaque jour dans leurs demeures.

L'ambassadeur d'Espagne, Chantonnay, le constatait avec une colère mal dissimulée : « La religion, écrivait-il à Philippe II, va par deçà à son train accoutumé... Il se fait toujours quelque prêche en la maison de quelque seigneur et dame de la cour, quelque chose que j'en crie. Le payement est toujours que l'on n'en sait rien et que l'on s'en fera informer; mais cela s'écarte toujours jusqu'à recommencer. Et présente-t-on continuellement requêtes pour des temples, et ceux de Sorbonne au contraire... Les choses sont de telle sorte que je n'en attends aucun bien, et s'est prêché plus hardiment ces jours passés dedans le château de Saint-Germain qu'il fut oncques devant l'édit (de juillet), de manière que les prédicants y sont autant assurés que les prêcheurs catholiques (2). »

Catherine de Médicis se donnait l'air d'incliner vers la Réforme. Quelque temps auparavant, le 4 août, elle avait fait écrire au pape Pie IV une curieuse lettre, où

(1) La mort venait de frapper une femme éminente, Jacqueline de Longwy, duchesse de Montpensier et belle-sœur de Condé. Elle exerçait sur Catherine de Médicis une influence considérable, et toujours dans le sens de la justice et de la tolérance.
(2) Cité par M. Delaborde dans son écrit : *Les Protestants à la cour de Saint-Germain* (1874).

elle lui indiquait les mesures à prendre pour sauver l'Église (1). On y reconnaît aisément la main de Montluc, évêque de Valence, son théologien favori, dont nous avons déjà signalé le rôle à la conférence de Fontainebleau. Elle y parlait du nombre toujours croissant des protestants, devenus si puissants qu'il fallait renoncer à les dompter par les armes. « Cependant, ajoutait-elle, il n'y a parmi eux ni anabaptistes, ni libertins (libres penseurs), ni aucun partisan des opinions qu'on regarde comme monstrueuses. Tous admettent les douze articles du Symbole, comme ils ont été expliqués par les VII conciles œcuméniques (2). Aussi, plusieurs catholiques des plus zélés croient qu'on ne doit pas les retrancher de la communion de l'Église, quoiqu'ils pensent différemment d'elle sur quelques points. » La reine mère conseillait ensuite l'emploi de l'instruction, des conférences pacifiques pour ramener les égarés; elle pensait qu'il y avait lieu de leur faire des concessions : « On devrait bannir les images, au moins du lieu destiné à l'adoration et au culte public de la divine Majesté; on pourrait omettre, dans l'administration du baptême, les exorcismes et les formules de prières qui n'entrent point dans l'institution du sacrement. » De même, on pourrait revenir à la communion sous les deux espèces, à l'usage de la langue vulgaire dans la liturgie; on devrait supprimer les messes particulières sans communiants. La reine

(1) Cette lettre est rapportée par de Thou (liv. XXVIII).
(2) Comme le remarque de Thou, les protestants ne reconnaissaient comme œcuméniques que les quatre premiers, de Nicée, de Constantinople, d'Éphèse et de Calcédoine.

terminait en protestant de sa fidélité au pape et à la sainte Église. Ces conseils de réforme sur des points secondaires trahissaient chez elle, ou plutôt chez ceux qui l'inspiraient, une méconnaissance profonde du grand mouvement qui portait plus d'un tiers de l'Europe vers de nouvelles destinées religieuses; c'était une dérisoire entreprise que de jeter ces fragiles barrages en travers d'un torrent impétueux.

Ce qui prouve, toutefois, que la famille royale était réellement entamée par les idées nouvelles, c'est l'attitude de deux des fils de Catherine, attitude qui nous est révélée par le naïf témoignage de sa fille Marguerite.

Dans ses *Mémoires*, elle s'exprime ainsi :

« Je fis résistance, pour conserver ma religion du temps du synode de Poissy, où toute la cour était infectée d'hérésie, aux persuasions impérieuses de plusieurs dames et seigneurs de la cour, et même de mon frère d'Anjou, depuis roi de France, de qui l'enfance n'avait pu éviter l'impression de la malheureuse huguenoterie, qui sans cesse me criait de changer de religion, jetant souvent mes Heures dans le feu, et au lieu me donnant des psaumes et prières huguenotes, me contraignant les porter. » Elle ajoute, il est vrai, que sa mère n'admettait pas qu'on allât si loin et qu'elle contraignit d'Anjou « de reprendre la vraie, sainte et ancienne religion de nos pères, de laquelle elle ne s'était jamais départie. » Mais, évidemment, Catherine avait laissé ses enfants subir dans une grande mesure l'influence des croyances réformées; car le petit roi lui-même, Charles IX, dans une conversation avec Jeanne d'Albret (1), affirmait que, lorsqu'il serait maître, il quitterait la messe. « En attendant, ma tante, disait-il à Jeanne d'Albret, gardez, je vous prie, tout ceci pour vous et ayez soin que rien n'en parvienne aux oreilles de ma mère. » La reine de Navarre, en reproduisant ces paroles, exprimait le vœu que Charles IX ressemblât à Édouard VI d'Angleterre et travaillât comme lui à réformer la religion. » Cette opinion était aussi celle de Théodore de Bèze qui, écrivant à Calvin, qualifiait le jeune roi de prince « d'une singulière espérance. »

On comprend que les chefs du parti catholique fussent profondément inquiets de ces dispositions de la cour et missent tout en œuvre pour les combattre. Ils ne voyaient partout que trahison, et Michel de L'Hospital n'était à leurs yeux qu'un protestant déguisé. Pie IV envoya en France, pour organiser la résistance, un légat, le cardinal de Ferrare, fils de la trop célèbre Lucrèce Borgia. Le choix était malheureux; car les scandales que ce nom rappelait avaient puissamment contribué aux progrès de la Réforme. Le légat n'osa pas faire à Paris une entrée solennelle; il évita même de trop paraître en public; au reste, c'est au milieu du colloque seulement qu'il devait arriver à Saint-Germain.

Le vieux cardinal de Tournon était le chef le plus ostensible du parti de la résistance; intraitable et fougueux, il écartait résolument les moyenneurs, tels que

---

(1) Cette conversation a été conservée par l'ambassadeur anglais Throckmorton, *Calendar of state papers, foreign* (an. 1561, p. 415). On la trouvera tout entière dans l'ouvrage de M. Delaborde : *les Protestants à la cour de Saint-Germain* (p. 12 et suiv.).

l'évêque Montluc. Mais le vrai directeur du parti était le fameux cardinal de Lorraine, dont il faut bien marquer ici le rôle.

On se rappelle son ambition précoce, son premier voyage à Rome où, à l'âge de vingt-trois ans, il préparait déjà pour son frère la conquête de Naples, plus tard son alliance avec l'aventurier Carafa et leurs misérables intrigues qui poussèrent la France aux désastres de 1557.

Nous avons vu ensuite son action néfaste à l'époque de la signature de la paix de Cateau-Cambrésis, où, de concert avec Granvelle, évêque d'Arras, il avait conseillé l'extermination des hérétiques; après la mort de Henri II, il avait, avec son frère François, pris en mains le pouvoir, sévi cruellement contre les conjurés d'Amboise et poussé à l'exécution de Condé; la mort de François II l'avait mis un moment dans l'ombre, et, pendant l'année 1561, il s'était souvenu de son diocèse de Reims où il avait prêché fort dévotement, pendant le carême, sur la nécessité de réformer l'Église. Son zèle fut si exemplaire, qu'on l'accusa d'incliner au luthéranisme (1).

Singulier réformateur que cet homme! Ce Lorrain sans scrupule, avait dû à Diane de Poitiers sa fortune extraordinaire. Brantôme nous a instruits sur ses mœurs qui, à cette époque de relâchement, furent exceptionnellement scandaleuses. Il se vantait de triompher, à prix d'argent, des vertus les plus rebelles. Aussi le

(1) Cardinalis Lotharingicus a rigidioribus pontificiis accusatur lutheranismi. (Languet, *Epist.*, XLIV.) Languet revient sur le même sujet plus tard. « Rhemis ita concionatur ut videatur non multum a nostris dissen-

malin chroniqueur peut-il dire de lui qu'il avait « l'âme barbouillée. » Le jésuite Maimbourg, qui a fait son apologie, ne peut nier « qu'il n'ait eu toute sa vie une passion démesurée pour l'agrandissement de sa maison. » Il avoue aussi « qu'ayant l'esprit extrêmement vif et pénétrant, le naturel ardent, impétueux et violent, avec une rare éloquence naturelle, il était le plus timide et le plus faible des hommes quand il s'agissait d'en venir à l'exécution et qu'il y voyait un péril. » Mézeray a relevé également ce trait ; il l'appelle « haut en parole et vindicatif, néanmoins couvert, craintif et dissimulé. » Nul plus que lui ne parla à certains jours de pacifier la France ; nul ne poussa plus violemment aux mesures de répression féroce. Les protestants ne s'y trompèrent pas ; ils lui donnèrent le nom de *tigre de Lorraine* et reconnurent en lui le plus implacable de leurs ennemis.

En 1561, au moment où nous sommes, Charles de Lorraine avait trente-sept ans. De tous les prélats français, il était celui qui avait poussé avec le plus d'ardeur à la convocation du colloque. Il espérait y jouer un grand rôle, grâce à son éloquence naturelle ; la vie qu'il avait menée jusque-là ne l'avait guère préparé à l'étude des questions théologiques, mais il excellait à saisir dans un sujet les points qui faisaient impression sur les esprits ; plus tard, il fut un des orateurs les plus écoutés du concile de Trente. En ce moment, il comptait, avant tout, sur un procédé d'habile tactique pour

---

tire. » Mais Languet ajoute prudemment : « Sed viderine alii quantum huic sit fidendum. » (*Epist.*, LXIII.)

accabler les protestants. Le colloque, selon ses calculs, devait aboutir à les diviser. Il s'agissait, pour atteindre ce but, de diriger adroitement la discussion, de la faire porter sur un point où ils ne fussent pas d'accord, sur la sainte Cène, par exemple ; d'amener les réformés non seulement à exposer leur doctrine, mais si possible à l'exagérer dans le feu de la dispute, et de les rendre ainsi suspects et odieux aux yeux des luthériens d'Allemagne (1). Charles de Lorraine, par la position même de son diocèse, connaissait ces derniers ; il avait eu avec eux des relations de voisinage, et les ménageait fort. Il entretenait une correspondance active avec le duc Christophe de Wurtemberg et vantait, en toute occasion, la confession d'Augsbourg ; c'était sur sa demande que des princes luthériens d'Allemagne venaient de se décider à envoyer leurs théologiens à Poissy ; ils n'y arrivèrent qu'après le colloque, mais nous verrons tout le profit que le cardinal de Lorraine s'efforça de tirer de leur doctrine (2).

La cour de Rome ne se fiait toutefois que médiocrement à Charles de Lorraine ; elle craignait qu'il ne voulût prendre au sérieux son rôle de médiateur entre le catholicisme et les luthériens, et que, placé dans

(1) C'était le piège que redoutait Calvin ; aussi écrivait-il à Coligny, en septembre 1561 : « Surtout, je vous prie, Monseigneur, tenir la main que la confession d'Augsbourg ne vienne au jeu, laquelle ne serait qu'un flambeau pour allumer un feu de discordes » ; et il ajoutait ce jugement injuste : « Et de fait, elle est si maigrement bâtie, si molle et si obscure, qu'on ne s'y saurait arrêter ».

(2) Nous avons rappelé plus haut que, lorsque le petit duc d'Anjou, le futur Henri III, jouait au protestant et s'efforçait de convertir sa sœur Marguerite, c'était le nom du cardinal de Lorraine et la confession d'Augsbourg qu'il avait toujours à la bouche.

cette situation intermédiaire, fort de l'influence qu'elle lui créerait, il ne songeât à en tirer parti pour défendre les privilèges de l'Église gallicane et pour revendiquer cette indépendance relative, qui avait toujours été le rêve d'une partie de son clergé et du gouvernement français. Aussi avait-elle adjoint au légat qu'elle envoyait en France un personnage sur qui elle comptait absolument, le jésuite Jacques Lainez, l'un des premiers compagnons d'Ignace de Loyola, et qui lui avait succédé trois ans auparavant comme général de la célèbre compagnie. C'est Lainez qui, de l'œuvre enfantée par l'enthousiasme ardent de Loyola, a fait le jésuitisme tel qu'il s'est affirmé dans l'histoire. Intelligent, prudent, méthodique, il a le premier su donner à son ordre une direction habile, et, tout en le laissant être une milice absolument dévouée au pape, il l'a défendu contre les défiances de l'épiscopat; son ardeur à soutenir l'infaillibilité du pape le rendait suspect au clergé français; mais le zèle qu'il allait déployer contre les protestants à Poissy comme à Trente devait triompher de ces suspicions et lui faire obtenir, pour son ordre, la liberté ardemment désirée de s'établir en France. La présence de Lainez allait contrecarrer les efforts de Charles de Lorraine pour faire diriger le colloque dans un sens trop gallican; elle devait également annuler le rôle de médiateur de Jean de Montluc, évêque de Valence, le prélat favori de Catherine, dont la conduite louvoyante reflétait la tactique indécise de la reine mère. Cet évêque diplomate, qui avait réussi dans sa jeunesse à resserrer l'alliance de la France avec les Turcs, et qui devait plus tard par ses intrigues assurer au duc d'Anjou le trône de Pologne, avait, à l'assemblée de Fontainebleau, défendu avec chaleur la cause de la Réforme, ce qui n'empêche pas que Blaise de Montluc, son frère, ne vante le concours qu'il lui prêta pour l'extermination des huguenots en Guyenne. C'est sur Montluc que Catherine comptait pour imprimer au colloque une direction favorable à l'affermissement de son autorité.

Tels étaient les représentants principaux du catholicisme au colloque de Poissy. Pour leur tenir tête, les protestants y avaient envoyé quelques-uns de leurs meilleurs théologiens. Un moment, on avait songé à y faire venir Calvin. Mais l'amiral, qui s'employait à obtenir des sauf-conduits pour les ministres protestants, déclara que c'était impossible. Un des pasteurs de l'Église de Paris, La Rivière, écrivit à Calvin dans ce sens : « Quant à vous, monsieur, lui dit-il, comme nous n'avons point vu grande apparence de vous pouvoir avoir par deçà encore, aussi ne voyons-nous pas moyen qu'y puissiez être, sans graves périls, vu la rage que tous les ennemis de l'Évangile ont conçue contre vous, et les troubles que votre seul nom exciterait en ce pays, si on vous y sentait. De fait, monsieur l'amiral n'est nullement d'avis qu'entrepreniez le voyage, et avons bien connu que la reine n'aurait pas à cœur de vous y voir aussi et dit franchement qu'elle ne se voudrait pas assurer de vous conserver par deçà comme les autres, et les ennemis de l'Évangile, de l'autre côté, disent qu'ils entendraient volontiers parler tous les autres, mais quant à vous, qu'ils ne vous sauraient ouïr ni voir. Voilà, monsieur, en quelle estime vous êtes à l'endroit de ces vénérables prélats, etc. (1). »

Ce dut être un singulier spectacle que l'arrivée des ministres à Saint-Germain. « Ils sont aisés à connaître à leurs visages, » écrit ironiquement Chantonnay à la duchesse de Parme. Au milieu de ces courtisans vêtus de soie et de velours, disputant aux femmes les rubans et les dentelles pour en orner leurs pourpoints, au milieu de ces grandes dames parées de toiles d'or et d'argent, pliant sous le poids de leurs robes traînantes de damas et de brocart, il dut sembler étrange de voir passer ces hommes au maintien grave, au visage austère, aux vêtements sombres (2). »

« Ils furent mieux accueillis que n'eût été le pape s'il fût venu, » s'écrie avec indignation Claude Hatton (3). Chantonnay raconte que le cardinal de Châtillon voulut en loger douze. L'amiral reçut chez lui Jean Malot, pasteur de l'Église de Paris; les autres étaient Théodore de Bèze; Jean-Raymond Merlin, aumônier de l'amiral; Jean de L'Espine; Marlorat, qui, l'année suivante, devait être étranglé à Rouen; François Morel, sieur de Collonges, qui, tout jeune encore, avait présidé deux ans auparavant le premier synode de Paris; François de Saint-Paul, Nicolas Follion, Jean Boquin; Nicolas des Gallards, seigneur de Saules, pasteur de l'Église française de Londres, venu sur la de-

---

(1) Cette curieuse lettre, dont l'original se trouve à la bibliothèque de Genève, vol. 196, a été publiée dans le *Bulletin de la Société d'histoire du protestantisme français* (t. XVI, p. 602).

(2) La Ferrière, ouvr. cité (*Introduction*, p. c).

(3) *Journal* (t. Ier, p. 155).

mande de l'amiral; Claude de La Boissière (de Saintes), Nicolas Thobie (d'Orléans), Jean Viret. On attendait d'un jour à l'autre Pierre Martyr, le théologien le plus éminent de la Réforme italienne, et l'un des principaux rédacteurs de la liturgie anglicane; il était alors professeur à Zurich; on espérait qu'il pourrait exercer une influence particulière sur Catherine de Médicis, sa compatriote, qui, elle-même, avait insisté pour qu'il vînt.

De tous les docteurs réformés, celui sur lequel les regards se portaient de préférence, était Théodore de Bèze, l'*alter ego* de Calvin. Bèze avait alors quarante-deux ans. « Il était bien fait, écrit le jésuite Maimbourg, ayant le visage agréable, l'air fin et délicat et toutes les manières d'un homme du monde qui le faisaient estimer des grands, et surtout des dames, auxquelles il prenait grand soin de ne pas déplaire. Pour l'esprit, on ne peut nier qu'il ne l'eût très beau, vif, aisé, subtil, enjoué et poli. »

Dans une autre page, le même auteur attaque Bèze avec une extrême violence et lui reproche les désordres de sa vie. Bèze avait eu une jeunesse orageuse; destiné d'abord au droit, puis pourvu de bénéfices ecclésiastiques, il ne songeait alors qu'à briller comme poète et à imiter Tibulle. Ses œuvres de jeunesse étaient connues, et il n'était que trop facile d'y trouver matière à reproche. Mais les protestants avaient le droit de répondre qu'en se joignant à eux, Bèze avait profondément réformé sa vie, et que ce changement était la meilleure preuve de la sincérité de sa foi. Aujourd'hui, nous lui ferions un autre reproche, c'est d'avoir accepté aveuglément les idées de son temps relativement aux peines à infliger aux hérétiques, et de s'être fait l'apologiste de la condamnation de Servet.

Bèze, établi à Genève depuis douze ans, était déjà revenu une fois dans sa patrie, chargé d'une mission importante auprès d'Antoine de Navarre, qu'il avait contribué à amener à la foi réformée.

Son départ de Genève ne fut pas chose facile; les magistrats de cette ville craignaient que sa vie ne fût menacée; Antoine avait dû écrire pour qu'on le laissât venir.

Bèze était parti de Genève le 17 août, et, après avoir salué en passant, à Montargis, la duchesse de Ferrare, qui allait le rejoindre à la cour, il était arrivé à Saint-Germain le 23. Dans une lettre à Calvin (1), il rend compte de la manière dont il y fut reçu. Le roi de Navarre, Condé, l'amiral de Châtillon et le cardinal de Bourbon lui firent un cordial accueil. Le lendemain de son arrivée, il prêcha chez le prince de Condé. Le soir, invité chez le roi de Navarre, « je fus, dit-il, bien ébahi que je trouvai la reine mère, le seigneur roi, monseigneur le prince, monsieur d'Étampes, les cardinaux de Bourbon et Lorraine, Mme de Crussol et une autre dame encore; je fus comme surpris par la faute d'être averti; mais, grâce à Dieu, cela n'empêcha pas qu'en peu de paroles je ne lui déclarasse la cause de ma venue. A quoi elle me répondit très humainement. Adonc le cardinal (de Lorraine), prenant la parole et commençant par belles louanges, ajouta qu'ainsi que

---

(1) Bibliothèque de Genève, vol. 117.

j'avais affligé la France, je la pourrais maintenant soulager. » Bèze, on peut le croire, ne laissa point passer sans protester ce mot d'affliction. On changea d'entretien; il fut question de Calvin, de son âge, de l'état de sa santé. Puis le cardinal aborda la question de la sainte Cène. Il dit que, quant à lui, il n'attachait pas beaucoup d'importance à la transsubstantiation. Parole habile qui devait porter Bèze à s'engager là-dessus dans la discussion publique, et à toucher ainsi au point qui séparait le plus les réformés des luthériens. Catherine sembla fort satisfaite de ce premier entretien. Le cardinal en s'en allant dit à Bèze : « Je vous adjure que vous ayez à conférer avec moi, et vous trouverez que je ne suis pas aussi noir qu'on me fait. » Sur quoi Mme de Crussol, l'interpellant brusquement, lui dit : « Bonhomme pour ce soir, mais demain, quoi? » Et, en effet, le lendemain le cardinal allait répétant partout qu'il avait réduit Bèze à son opinion. Le connétable, dînant chez la reine mère, se fit l'écho de ce bruit : « J'y étais, lui répondit Catherine, et je vous assure qu'il n'en est rien. »

Dans la semaine qui suivit, Bèze prêcha plusieurs fois. « Il fit hier, écrit Chantonnay à la duchesse de Parme (septembre 1561), le sermon le plus abominable que jamais eût été fait, et y entrait-on par les portes et les fenêtres avec une furie admirable. »

Les réformés auraient voulu qu'on ne transformât pas le colloque en concile, et que les évêques n'y fussent pas juges et parties. En cela, ils avaient raison ; mais ils exigeaient trop de leurs adversaires lorsqu'ils demandaient que les questions fussent tranchées par l'Écriture seule consultée dans le texte original; ce qui, au point de vue catholique, revenait à résoudre la question par la question. Catherine promit vaguement de faire observer ces conditions, mais refusa tout engagement écrit.

CHAPITRE XXIII

Ouverture du colloque. — Discours de L'Hospital.
— Prière et discours de Théodore de Bèze. — Séance du 16 septembre; discours du cardinal de Lorraine. — Séance du 24 septembre; Pierre Martyr et Lainez. — Essai de diverses formules de conciliation. — Rupture du colloque. — Effet produit par le colloque en France. — Démarches secrètes d'un certain nombre de seigneurs catholiques auprès de Philippe II. — Arrivée à Paris des théologiens allemands; leur jugement sur l'amiral (1).

Avant l'ouverture du colloque eut lieu à Saint-Germain l'assemblée du clergé qui était appelée à voter la subvention au roi. La situation financière du royaume

(1) Pour le colloque de Poissy, outre la narration si complète de Théodore de Bèze (*Hist. eccl.*), les lettres de Théodore de Bèze et de Pierre Martyr, et les récits de La Place, de de Thou, de Castelnau, de Fleury, il faut citer le journal du docteur Despence, l'un des théologiens catholiques qui y ont joué le plus grand rôle, esprit grave et modéré (manuscrits 309 et 451 de la coll. Dupuy. Biblioth. nationale.). Les mémoires du curé Hatton, écrits au point de vue du catholicisme le plus extrême, contiennent des détails curieux, mais tombent parfois dans la fantaisie pure; ainsi lorsqu'il met dans la bouche du cardinal de Tournon, dès la première séance, un discours tout à fait invraisemblable. M. Baum, dans son *Theodor Beza* (Leipzig, 1851), a traité ce sujet avec une rare compétence. Il faut signaler aussi la très intéressante étude de M. Klipffel sous ce titre : *Le Colloque de Poissy* (Paris, Librairie internationale), ainsi que les chapitres relatifs au colloque dans Soldan, *Geschichte des Protestantismus in Frankreich*, et dans Ranke, *Franzœsische Geschichte* (Ier vol., p. 236).

était très grave. Les états généraux, à Orléans et à Saint-Germain même, avaient parlé avec énergie de la nécessité de faire rendre leurs comptes aux grands seigneurs du royaume et même de vendre les biens du clergé. Le clergé possédait alors les deux cinquièmes du revenu du royaume (1). Le péril commun rapprochait donc le parti des grands dignitaires, Montmorency, Saint-André, les Guises et l'épiscopat tout entier. La cour ne se fit pas faute d'exercer par ce moyen une pression sur le clergé pour obtenir sa subvention, qui ne fut votée qu'à contre-cœur à la fin d'octobre; c'est à cela qu'il faut attribuer en partie les avances que Catherine fit au parti protestant. Par lui, elle voulait intimider le clergé (2).

Le colloque s'ouvrit le 9 septembre 1561, dans le vaste réfectoire du couvent des nonnains de Poissy. La cour s'y était rendue en cortège solennel. Le roi ayant à côté de lui sa mère, son frère Henri, sa sœur, le roi et la reine de Navarre, s'assit sur un trône derrière lequel se tenait la noblesse; à droite et à gauche siégeaient les prélats. On comptait parmi eux quarante évêques et les cardinaux de Bourbon, de Tournon, de Châtillon, de Lorraine, d'Armagnac et de Guise. Les ministres et députés des Églises réformées, partis de Saint-Germain, sous la garde d'une centaine de cavaliers, arrivèrent à Poissy un peu avant onze heures; on les fit placer devant une barrière qui les séparait du reste de l'assem-

---

(1) C'est l'appréciation de Michel Soriano (*Ambass. vénit.*, t. 1er, p. 505).
(2) Despence, à la date du 4 août, affirme que le bruit courut que le conseil du roi tenait prêt un édit sur l'élection des curés par leurs paroissiens.

blée. Ils étaient là debout, comme des accusés à la barre ; mais leur attitude résolue montrait assez le rôle véritable qu'ils comptaient prendre.

Le petit roi lut un discours qu'on lui avait préparé : « Messieurs, dit-il, je vous ai fait assembler, de divers lieux de mon royaume, pour me donner conseil sur ce que vous proposera mon chancelier, vous priant de mettre toute passion bas, afin que nous en puissions recueillir quelque fruit qui tourne au repos de tous mes sujets, à l'honneur de Dieu, de l'acquit des consciences et du repos public : ce que je désire tant, que j'ai délibéré que vous ne bougiez de ce lieu jusqu'à ce que vous y ayez donné bon ordre ; que mes sujets puissent désormais vivre en paix et union les uns avec les autres, comme j'espère que vous ferez, et ce faisant vous me donnerez occasion de vous avoir en la même protection qu'ont eue les rois mes prédécesseurs. »

Le chancelier de L'Hospital prit à son tour la parole : il justifia l'idée d'un concile national, disant que, dans un concile général, il y aurait une foule d'évêques étrangers qui ne pourraient pas juger les questions telles qu'elles se posaient en France ; il s'adressa aux prélats, et leur recommanda de recevoir les ministres « comme le père fait ses enfants, et prendre la peine de les endoctriner et instruire. » S'ils n'y parvenaient point, au moins ne pourrait-on plus dire, comme par le passé, qu'ils avaient été condamnés sans être entendus ; les prélats étaient nettement reconnus par lui « comme juges en leur cause. » Ce principe posé, il leur recommandait la modération, leur conseillait de « se conformer le plus possible à la parole de Dieu. »

Ce langage était assurément fort conciliant; mais il n'en restait pas moins acquis qu'aux yeux du gouvernement les ministres n'étaient que des prévenus comparaissant devant leurs juges auxquels resterait le dernier mot. Dans de telles conditions, on peut dire que la cause était d'avance entendue.

Les ministres s'avancèrent alors jusqu'à la barre, et Théodore de Bèze s'exprima ainsi : « Sire, puisque l'issue de toutes les entreprises, grandes et petites, dépend de l'assistance et faveur de notre Dieu, principalement quand il est question de son service, et qui surpasse la capacité de nos entendements, nous espérons que Votre Majesté ne trouvera pas mauvais ni étrange si nous commençons par l'invocation du nom d'icelui, le suppliant en cette façon, » puis, se mettant à genoux, il prononça la célèbre confession des péchés que l'on récite encore aujourd'hui à l'ouverture du culte réformé (1).

(1) La voici sous la forme où elle fut prononcée par Théodore de Bèze (elle est, du reste, la même que celle qui se trouve dans la *Forme des prières*, introduite par Calvin à Genève, en 1542. *Calvini Opera*, VI, 173.) « Seigneur Dieu, Père éternel et tout-puissant, nous confessons et reconnaissons sans feintise, devant ta sainte Majesté, que nous sommes pauvres pécheurs, conçus et nés en iniquité et corruption, enclins à mal faire, inutiles à tout bien, et que de notre vice nous transgressons sans fin et sans cesse tes saints commandements; en quoi faisant, nous acquérons, par ton juste jugement, ruine et perdition sur nous. Toutefois, Seigneur, nous avons déplaisir en nous-mêmes de t'avoir offensé et condamnons nous et nos vices, avec vraie repentance, désirant que ta grâce subvienne à notre calamité. Veuille donc avoir pitié de nous, ô Dieu et Père très bénin et plein de miséricorde, au nom de ton Fils Jésus-Christ, notre Seigneur et seul Rédempteur, et, en effaçant nos vices et macules, élargis (accorde) nous et augmente de jour en jour les grâces de ton Saint-Esprit, afin que, reconnaissant de tout notre cœur notre injustice, nous soyons touchés de déplaisir qui engendre droite pénitence en nous,

L'assemblée écouta cette prière avec respect. La reine s'était agenouillée. Les cardinaux étaient restés debout, mais s'étaient découverts. Bèze, s'étant relevé, exposa avec une grande noblesse de langage le but auquel tendaient les réformés. « Ne pensez, dit-il, que nous soyons venus pour maintenir aucune erreur, mais pour découvrir et amender tout ce qui se trouvera de défaut ou de notre côté ou du vôtre. N'estimez que nous soyons tant outrecuidés que nous prétendions de ruiner ce que nous savons être éternel, c'est à savoir l'Église de notre Dieu. Ne cuidez que nous cherchions les moyens de vous rendre pareils à nous en notre pauvre et vile condition, en laquelle toutefois (la grâce à Dieu) nous trouvons un singulier contentement. Notre désir est que les ruines de Jérusalem soient réparées ; que ce temple spirituel soit relevé ; que cette maison de Dieu, qui est bâtie de pierres vives soit remise en son entier ; que ces troupeaux, tant épars et dissipés par une juste vengeance de Dieu et nonchalance des hommes, soient ralliés et recueillis en la bergerie de ce souverain et unique pasteur. Voilà, ajouta-t-il avec une éloquence pénétrante, voilà notre dessein ; voilà tout notre désir et intention, Messieurs ; et si vous ne l'avez cru jusqu'ici, nous espérons que vous le croirez quand nous aurons en toute patience et mansuétude conféré ce que Dieu nous aura donné. Et plût à notre Dieu que, sans passer plus outre, au lieu d'arguments contraires, nous pussions

---

laquelle nous mortifiant à tous péchés, produise fruits de justice et d'innocence qui te soient agréables par icelui Jésus-Christ, notre Seigneur. »
Bèze implora ensuite la bénédiction de Dieu sur l'assemblée, sur ses travaux, sur le roi, et termina en récitant l'Oraison dominicale.

tous d'une voix chanter un cantique au Seigneur, et tendre les mains les uns aux autres, comme quelquefois est advenu entre les armées et batailles toutes rangées de mécréants même et d'infidèles (1). »

Nobles accents ! Appel émouvant à la concorde, que l'on aime à recueillir à cette époque troublée, dans cette rencontre unique entre les représentants des deux partis, dont la lutte allait ensanglanter la France ! Peut-être est-ce à ces mots et à l'impression qu'ils produisirent que le cardinal de Lorraine faisait allusion, le lendemain, lorsqu'il s'écriait : « A la mienne volonté que celui-là eût été muet ou que nous eussions été sourds. »

Après cet exorde, Bèze commença l'exposition de la foi réformée ; il rappela d'abord les dogmes communs aux deux Églises ; puis, abordant ceux sur lesquels il y avait divergence, il en mentionna trois : le fondement de la foi, la sainte Cène et le gouvernement de l'Église (2). Le fondement de la foi était pour lui la

(1) Si l'on faisait ici une étude littéraire, on pourrait insister sur la beauté de ce langage. Certes, le XVIe siècle a de plus grands écrivains que Bèze ; Calvin, au service d'une pensée nette et ferme, a son style incisif et pénétrant ; Montaigne a sa grâce exquise, sa merveilleuse richesse d'expressions ondoyantes comme son esprit même ; Rabelais, sa verve puissante ; d'Aubigné, le mot souvent superbe qui reste et fait tableau. Mais chez aucun de ceux-là ni des autres, la période n'est plus large, plus imposante, plus harmonieuse que chez Bèze. A cet égard, La Boëtie seul, dans *la Servitude volontaire*, peut lui être comparé.

(2) On ne peut s'empêcher de remarquer que si Bèze, au lieu de se placer sur ce terrain, avait abordé, comme Luther dans ses premières conférences, la question plus centrale de la justification, il aurait eu pour lui les sympathies au moins secrètes de toute la partie de l'Église de France qui avait conservé la tradition de saint Augustin et qui devait former bientôt le puissant mouvement janséniste. Sur la question de la Cène, les divergences au sein de la Réforme étaient déjà manifestes ; là où l'Église catholique voyait, depuis le moyen âge, une transsubstantia-

sainte Écriture à laquelle devaient être subordonnés tous les enseignements des Pères et les décrets des conciles. Quand il en vint à la sainte Cène, voulant indiquer que la présence du Christ dans le sacrement ne pouvait être que spirituelle, il exprima sa pensée sous la forme suivante : « que le corps de Jésus-Christ est éloigné du pain et du vin autant que le plus haut ciel est éloigné de la terre. » C'était présenter la doctrine calviniste sous des termes négatifs et certainement malheureux, car la confession de foi des Églises réformées affirmait « que ceux qui apportaient à la table sacrée de Christ une pure foi recevaient véritablement ce que les signes y testifiaient, et que le corps et le sang de Jésus-Christ ne servaient pas moins de manger et de boire à l'âme que le pain et le vin au corps (1). » Puis donc que, d'après la doctrine calviniste, la communion spirituelle de l'âme avec le Christ glorifié correspondait certainement à la réception, faite avec foi, du pain et du vin dans la sainte Cène, il aurait mieux valu ne pas employer une expression qui semblait dire tout le contraire. Si Bèze s'était borné à affirmer que Jésus-Christ n'était à aucun degré présent d'une manière *matérielle* dans les espèces du sacrement, il aurait évité de fournir à ses adversaires l'occasion qu'ils cherchaient avidement, de pouvoir crier

---

tion matérielle du pain et du vin au corps de Jésus-Christ, Zwingle ne voyait qu'un symbole; Luther croyait à une présence réelle du corps du Christ sous l'hostie et le vin, dont la substance toutefois ne changeait pas; Calvin affirmait qu'il y avait mystère, mais que le mystère était d'ordre tout spirituel, et qu'au moment de la communion, l'âme croyante s'unissait au Christ glorifié.

(1) *Confessio Gall.*, art. XXXVII.

au scandale : *Blasphemavit!* ce fut l'exclamation indignée du vieux cardinal de Tournon, auquel presque tous les prélats firent écho.

Bèze n'en continua pas moins son discours, et montra que les réformés repoussaient les traditions qu'ils trouvaient condamnées par l'esprit et la lettre des Écritures. Lorsqu'il eut achevé, il se mit à genoux, fit une prière silencieuse; puis, s'étant relevé, il s'avança et présenta au roi la confession des Églises réformées, en disant : « Sire, il plaira à Votre Majesté n'avoir égard à notre langage tant rude et mal poli, mais à l'affection qui vous est entièrement dédiée. Et, d'autant que les points de notre doctrine sont clairement et plus au long contenus dans cette confession de foi que déjà nous vous avons présentée et sur laquelle se fera la présente conférence, nous supplions très humblement Votre Majesté de nous faire derechef cette faveur de la recevoir de nos mains, espérant, moyennant la grâce de Dieu, qu'après en avoir conféré en toute sobriété et révérence de son nom, *nous nous trouverons d'accord;* et si, au contraire, nos iniquités empêchent un tel bien, nous ne doutons pas que Votre Majesté, avec son bon conseil, ne sache bien pourvoir à tout, *sans préjudice ni de l'une ni de l'autre des parties,* selon Dieu et la raison. »

Comme on le voit, par ces dernières paroles, Bèze écartait clairement l'idée que les réformés fussent des accusés ayant des évêques pour juges. A ses yeux, le colloque était une conférence entre *deux parties* plaidant devant le roi.

Le cardinal de Tournon s'était à peine contenu jusque-là; aussitôt que Bèze eut fini, « tout tremblant de courroux, il prit, comme cardinal et président de l'assemblée (du clergé), au nom d'icelle, la parole, s'adressant au roi, le suppliant leur vouloir donner jour pour répondre; y ajoutant que, sans le respect qu'ils avaient en sadite Majesté, ils se fussent levés en oyant les blasphèmes et abominables paroles qui avaient été proférées et n'eussent souffert qu'on eût passé outre (1); » puis il supplia le roi d'oublier de tels discours et de *revenir...* (ici il se corrigea brusquement sentant la faute qu'il venait de faire) et ajouta : ou plutôt de rester fidèle à la foi de ses pères. Le mot qui lui avait échappé prouvait que le clergé était au courant des sentiments que le jeune roi avait secrètement exprimés à Jeanne d'Albret. Catherine s'en montra blessée et répondit assez sèchement que c'était d'après la pure parole de Dieu qu'on devait déterminer ce qui était droit ou faux et que cette réunion n'avait pas d'autre but.

Les évêques, auxquels il répugnait d'entrer en discussion avec des hérétiques, décidèrent d'arrêter simplement une profession de foi à laquelle les protestants seraient tenus d'adhérer; mais Michel de L'Hospital ayant refusé de se prêter à cette entreprise, le débat se rouvrit dans la séance du 16 septembre.

Dans l'intervalle qui s'écoula entre les deux séances, Pierre Martyr arriva, apportant au groupe des ministres protestants le concours d'une science théologique plus étendue que celle d'aucun de ses collègues. Dans la séance du 16 septembre, qui fut encore présidée par

---

(1) La Place (*Commentaires*, l. VI).

le roi, le cardinal de Lorraine prit la parole. Il parla de l'obéissance due aux rois, précaution oratoire qui lui permit de poser plus facilement le principe que le roi n'était pas juge en matière spirituelle. Il fit de l'Église catholique et de son unité une peinture éloquente, et montra qu'elle devait être juge du sens de l'Écriture et, par conséquent, des controverses. Quand il en vint à l'Eucharistie, il évita soigneusement de parler de la messe ni de la transsubstantiation, et se borna à insister sur le fait que, dans ce mystère, le vrai corps et le vrai sang de Jésus-Christ nous sont donnés d'une manière réelle. Ce discours, qui dura une heure et demie, était très modéré dans la forme. L'impression qu'il produisit fut grande ; aussi, le soir, quand on fut de retour à Saint-Germain, Condé et l'amiral mandèrent Bèze et Pierre Martyr, et leur recommandèrent d'user de la même modération (1). C'est ce que ne manqua pas de faire Pierre Martyr dans un entretien qu'il eut le lendemain avec la reine mère, qui voulait savoir ce qu'il pensait du discours du cardinal (2). Pierre Martyr l'apprécia avec équité, relevant les points où il était d'accord avec lui. Comme Catherine insistait et lui demandait s'il ne pourrait pas suggérer quelque moyen de rapprochement : « Ce serait,

(1) Lettres de Bèze, 17 septembre (*Arch. de Berne*), et de Pierre Martyr, 19 septembre (*idem*).

(2) Catherine s'entretint souvent avec Pierre Martyr pendant le colloque. Hubert Languet, dont la clairvoyance était connue, la juge ainsi dans sa correspondance : « Que dirai-je d'elle? Vraiment, je ne le sais, mais ce dont je ne doute pas, c'est que, de quelque côté que tourne la fortune, elle y tourne aussi ; son principal soin, c'est de gouverner, et ni pour les papistes ni pour les réformés, elle n'est disposée à jouer sa destinée. » (*Arcana seculi*, etc., lib. II, p. 141).

répondit avec finesse le théologien, de réserver l'article de l'Eucharistie, en permettant à chacun de croire et de prêcher sur ce point la doctrine qu'il estimerait conforme à la parole de Dieu. La diversité de croyance ne doit pas faire oublier ici à des chrétiens la charité fraternelle et les pousser à se flétrir réciproquement du nom injurieux d'hérétiques. »

« La reine approuva vivement ce langage; puis, un moment après, elle se rapprocha du feu où Antoine de Navarre, le prince de Condé et l'amiral se tenaient avec Théodore de Bèze et, avant de congédier les deux ministres, elle les exhorta à travailler à l'accord des réformés et des catholiques (1). »

A supposer que Catherine fût sincère dans cette tentative, elle fut détournée de la poursuivre par les conseils du légat du pape dont nous avons déjà parlé et qui venait d'arriver à la cour. Il ne pouvait empêcher le colloque; mais il suggéra l'idée que le roi n'y assistât plus et qu'on n'y admît qu'un nombre très restreint de délégués. C'était enlever à cette assemblée toute la solennité qui l'avait jusque-là signalée à l'attention (2).

En effet, dans la troisième séance, celle du 24 septembre, il n'y eut en présence, outre les cardinaux, que seize docteurs catholiques et les douze ministres réformés, avec la reine, le roi de Navarre et quelques seigneurs.

Bèze y traita la question de l'Église, montra qu'à

---

(1) Lettre de Pierre Martyr. (*Arch. de Berne.*)
(2) Ce fait est attesté dans le Discours des Actes de Poissy (*Mémoires de Condé*, t. II, p. 490).

côté de la vocation ordinaire, il peut y en avoir une extraordinaire, l'esprit de Dieu ne dépendant pas absolument de la consécration des hommes. Il rappela que les conciles avaient souvent erré; que, par conséquent, c'était à l'Écriture sainte qu'il fallait en revenir.

Le docteur Despence lui répondit avec gravité; il contesta la légitimité du ministère des protestants, soutint que l'Écriture seule ne pouvait suffire, insista sur le rôle de la tradition; là-dessus, comme la discussion se prolongeait, le cardinal de Lorraine parla sur la nécessité d'en revenir à la question de l'Eucharistie et demanda aux réformés s'ils étaient prêts à signer, sur ce point, la confession d'Augsbourg; ce à quoi Bèze répondit fort à propos en demandant au cardinal si lui-même l'approuvait.

La séance suivante eut lieu le 26 septembre; on y revint sur les mêmes questions du ministère et de la sainte Cène. Bèze, Despence, Pierre Martyr s'y firent entendre; la discussion restait grave et digne, lorsqu'un acteur nouveau vint la passionner. C'était le jésuite Lainez, dont nous avons parlé et qui, pour la première fois, prenait part aux débats. Lainez qui savait combien son ordre était encore suspect à l'épiscopat français, voulut se concilier sa faveur en lançant aux docteurs protestants des épithètes outrageantes; il les traita de loups, de renards, de singes et d'assassins. Apostrophant directement la reine mère, il lui dit que son devoir était de chasser les réformés du royaume; Catherine fut blessée de ce langage. Théodore de Bèze répliqua avec énergie, et le débat se prolongea jusqu'à la nuit.

Il devenait de plus en plus évident que ces discussions publiques n'aboutiraient pas. Catherine y renonça, et on essaya d'un moyen nouveau, la rédaction de formules relatives à la sainte Cène.

Une commission composée de quelques-uns des représentants les plus modérés des deux partis se rassembla et rédigea le formulaire suivant : « En tant que la foi appréhende ce qui est promis et rend présentes les choses absentes et que cette foi prend très véritablement le sang et le corps de notre Seigneur Jésus-Christ par la vertu du Saint-Esprit, en ce cas nous confessons la présence du corps et du sang d'icelui en la sainte Cène, en laquelle il nous présente et exhibe très véritablement la substance de son corps et de son sang par l'opération du Saint-Esprit, et nous y mangeons spirituellement et par foi ce propre corps qui est mort pour nous, pour être os de ses os et chair de sa chair, afin d'en être vivifiés et percevoir tout ce qui est nécessaire au salut. » Cette confession reposait sur une équivoque ; elle n'exprimait franchement ni la doctrine catholique ni celle des réformés. Ceux-ci la modifièrent et présentèrent finalement une rédaction nouvelle (1) qui fut

---

(1) La voici : « Nous confessons que Jésus-Christ en la sainte Cène nous présente, donne et exhibe véritablement la substance de son corps et de son sang par l'opération de son Saint-Esprit, et que nous recevons et mangeons sacramentellement, spirituellement, et par foi ce propre corps, qui est mort pour nous, pour être os de ses os et chair de sa chair, afin d'en être vivifiés et de percevoir tout ce qui est requis à notre salut. Et pour ce que la foi appuyée sur la Parole de Dieu nous fait et rend présentes les choses produites, et que par cette foi nous prenons vraiment et de fait le vrai et naturel corps et sang de notre Seigneur, par la vertu du Saint-Esprit, en cet égard, nous confessons la présence du corps et du sang d'icelui notre Seigneur en la sainte Cène. » On souffre,

soumise à une nombreuse commission catholique dont faisaient partie tous les docteurs de la Sorbonne présents à Poissy.

Le 9 octobre, ceux-ci lurent dans l'assemblée générale leur rapport sur cette formule qu'ils déclarèrent insuffisante, captieuse et hérétique. Ils proposèrent une confession de foi strictement catholique. Le cardinal de Tournon déclara alors que toute discussion était close; puis les évêques et les cardinaux se levèrent et répétèrent les paroles de la confession catholique, et le cardinal de Lorraine prononça l'anathème contre ceux qui n'y adhéraient pas. Ainsi se termina le colloque de Poissy (1).

en lisant cette déclaration, de voir au moyen de quelles équivoques on prétendait concilier des hommes, dont les uns croyaient à la transsubstantiation et adoraient l'hostie, et dont les autres croyaient fermement que nul changement ne s'opérait dans la substance du pain et du vin, et que la présence du Christ dans l'Eucharistie était un fait tout spirituel, que la foi seule pouvait saisir.

(1) Nous ne pouvions que retracer sommairement l'histoire du colloque dans ses traits généraux; mais il est bon de rappeler deux choses : 1º simultanément avec le colloque avait lieu un véritable synode du clergé catholique, dans lequel on examina douze articles sur lesquels on jugeait qu'il y avait des réformes à faire pour donner satisfaction à l'opinion publique. Ces articles ne touchaient en rien à la doctrine, mais uniquement à des abus relatifs à l'ordre ecclésiastique; 2º après le colloque, Catherine de Médicis essaya d'organiser de nouvelles conférences entre catholiques et réformés, en présence du conseil privé. Ces conférences se prolongèrent même jusque après l'édit de janvier. On y traita surtout de la question des images. Plusieurs catholiques, Salignac, Montluc, Despence, etc., votèrent avec les réformés pour qu'on les supprimât; mais la majorité s'y opposa avec véhémence. Ce qui malheureusement envenima le débat, ce furent les destructions de statues et d'ornements sacrés que les huguenots faisaient en province, malgré les sévères protestations de Calvin, de Bèze, de Coligny. Les conférences restèrent sans fruits. Il y avait, du reste, bien de l'illusion à croire que ces réformes de détail pourraient arrêter le grand mouvement protestant.

Comme on pouvait s'y attendre, chacun des deux partis prétendit avoir vaincu l'autre. En réalité, la discussion avait été écourtée, incomplète ; un seul point, celui de l'Eucharistie, avait été traité avec un peu d'étendue. Le parti catholique modéré, représenté par des hommes tels que Montluc et Despence, avait été débordé par le cardinal de Tournon, et surtout par Lainez qui devait obtenir pour récompense de voir l'ordre des jésuites reconnu en France. L'idée de réunir protestants et catholiques sous un symbole commun devait être désormais écartée. Il ne restait donc plus que deux partis à prendre : ou proscrire la communion nouvelle par la force (c'était ce qu'on essayait depuis tantôt quarante ans) ; ou admettre la coexistence légale de deux religions. C'est à ce dernier avis que se rangea L'Hospital.

L'impression produite par le colloque avait été plutôt favorable aux huguenots. Ils y gagnèrent plusieurs adhésions éclatantes à leur parti (1). Leurs livres se

---

(1) Entre autres, celle de La Place, président de la Cour des Aides, que l'on a pu appeler plus tard avec justesse le L'Hospital des protestants ; car il fut l'un des rares esprits de ce temps qui comprirent la liberté religieuse et défendirent toujours la cause de l'humanité. C'est à lui que nous devons les *Commentaires de l'état de la religion et de la république sous les rois Henri II, François II et Charles IX*, « ouvrage remarquable par son impartialité. » La Place devait être égorgé à la Saint-Barthélemy. Outre La Place, il faut citer, parmi ceux qui se rattachèrent à la Réforme, après le colloque, l'évêque de Troyes, Carraccioli ; il était fils d'un maréchal de France, le prince de Melphes ; mais c'était un homme sans consistance et d'une conduite légère. Il devait retourner à l'Église romaine, puis osciller ensuite jusqu'à sa mort entre les deux partis. Les protestants firent une recrue bien plus sérieuse en la personne de Pierre Ramus, le philosophe le plus célèbre de son temps. Racontant plus tard sa conversion, il écrivait au cardinal de Lorraine : « Ce n'est pas par moi-même, c'est par votre

propageaient rapidement partout (1). On avait vu, pour la première fois, une reine, Jeanne d'Albret, professer ouvertement les croyances réformées dans le voisinage même de la cour, et inviter les plus grands seigneurs aux prêches qui se faisaient dans ses appartements ; à l'issue de ces services, protestants et catholiques se rencontraient et conféraient sur les sujets qu'on y avait traités. Dans ces entretiens familiers, bien des préventions tombaient ; on découvrait que ces odieux sectaires n'étaient pas aussi noirs qu'on se les était figurés (2). On avait entendu affirmer publiquement, devant le roi lui-même, ces doctrines qui, quelques

bienfait (le plus grand de tous ceux dont vous m'avez comblé) que j'ai appris cette précieuse vérité, si bien exposée dans votre discours *au colloque de Poissy*, que, des quinze siècles écoulés depuis le Christ, le premier fut véritablement un siècle d'or, et, qu'à mesure qu'on s'en est éloigné, tous les siècles qui ont suivi ont été de plus en plus vicieux et corrompus. C'est alors, qu'ayant à choisir entre ces différents âges du christianisme, je m'attachai à « l'âge d'or. » Comme La Place, Ramus devait mourir à la Saint-Barthélemy.

(1) Il faut lire, sur ce point, les lamentations de Claude Hatton, curé de Provins, qui, dans ses *Mémoires*, énumère « les psaumes marotiques et béziens » ainsi que les « catéchismes, boucliers de la foi », etc., et « autres infimes livres pleins de la doctrine de leur prétendue religion, imprimés à Genève et à Lyon, en Dauphiné, tous bien reliés en peau de veau rouge et noire, les aucuns bien dorés, desquels ils firent présents aux princes et princesses de la cour, jusques à la personne du roi, et le reste desdits livres furent exposés en vente à la cour et en la ville de Paris, par permission du roi. Il passa, par la ville de Provins, quatre charretées pleines desdits livres que l'on menait à la cour, enfoncés dans de grandes tonnes de bois de sapin. » (*Mémoires*, t. Ier, p. 160, cités par Klipffel).

(2) Dans les lettres que Bèze adresse à Calvin, on sent parfois une certaine détente, et le mot pour rire se glisse au milieu de ces graves débats. Un jour, par exemple, que l'on dînait chez l'amiral, il y avait là un perroquet qui ne cessait de crier : « Vie, vie ! la messe est abolie. N'oserait-on parler de Dieu en tout lieu ? Parlons de Dieu en tout lieu. » Voyez Jules Bonnet (*Lettres de Calvin*, t. II, p. 426, note).

mois auparavant, valaient à leurs représentants les ignominieux supplices de la place Maubert et de la place de Grève. Vers la fin de septembre, à quelques pas de Saint-Germain, à Argenteuil, Bèze avait béni un mariage *à la mode de Genève*, celui de Jean de Rohan, cousin du roi de Navarre et de Diane de Barbançon, nièce de la duchesse d'Etampes; Jeanne d'Albret, l'amiral et sa femme, le prince et la princesse de Condé et une foule de grands personnages y assistaient. Une telle cérémonie, célébrée sans aucune protestation de la part de la cour, avait la valeur d'un grand événement public.

« En définitive, les réformés furent les seuls à qui le colloque profita (1). » Malheureusement, des excès vinrent gâter leur triomphe. Sur beaucoup de points de la province, à Orléans, Blois, Tours, Angers, Lyon, Montpellier, ils s'emparèrent des églises, détruisant les images, et des scènes tumultueuses se produisaient.

Philippe II, cependant, s'alarmait de ces symptômes. Il fit entendre des paroles menaçantes. On apprit à Paris qu'un certain nombre de catholiques français s'étaient mis en relation directe avec lui, réclamant même la promesse de son intervention armée contre les hérétiques, s'il y avait lieu. Le sentiment national en fut douloureusement blessé, et Catherine se vit obligée d'intervenir. Elle attendit l'arrivée de Jacques de Monberon, sieur d'Aussance, qu'elle avait envoyé auprès de Philippe II pour se justifier d'avoir convoqué le colloque. L'ambassadeur revint le 14 octobre et

---

(1) La Ferrière (*Introd. aux Lettres de Catherine de Médicis*, p. cviii).

déclara que Philippe II allait répétant tout haut « qu'il valait mieux aller éteindre le feu en la maison de son voisin qu'attendre en la sienne. » La reine lui demanda ce que Philippe II pensait de ses enfants. « Le roi, répondit Monberon, pense que le jeune Charles IX fera tout ce que sa mère voudra ; mais que, quant à M. d'Orléans et à Mme Marguerite, il serait malaisé de les pervertir, » et Monberon ajouta que Philippe II se vantait de savoir tout ce qui se passait chez la reine mère mieux que Catherine elle-même (1).

L'attitude de Chantonnay, l'ambassadeur d'Espagne, ne faisait que confirmer le langage de Monberon. Il disait ouvertement que le roi son maître avait offert à la reine mère toutes ses forces contre les hérétiques, et que, si elle les refusait, il les offrait à tous les catholiques (2).

Catherine n'y tint pas, et quand Chantonnay vint à son lever, le 16 octobre, elle l'interpella avec une telle énergie que l'ambassadeur d'Espagne en conclut qu'elle avait préparé sa réponse avec l'amiral, le cardinal de Châtillon, l'évêque Monluc et le roi de Navarre. « Si quelques-uns des sujets du roi, lui dit-elle, réclamaient un secours étranger, le roi saurait y aviser et les châtier de telle sorte qu'ils s'en repentiraient. » L'entretien s'envenima ; Chantonnay l'accusa de favoriser les hérétiques, et, en résumant ses impressions sur la reine, il

---

(1) Lettre de Chantonnay à la duchesse de Parme (octobre 1561), citée par La Ferrière (*id.*). Quelque bien renseigné que Philippe crût être, il ignorait que c'était précisément le petit duc d'Orléans (le futur Henri III) qui à ce moment était « perverti » et s'efforçait de « pervertir » Marguerite.

(2) Même lettre.

écrivait à la duchesse de Parme que Catherine n'avait réellement confiance qu'en Coligny et en ceux de son parti.

Un événement futile contribua encore à exaspérer Catherine. Nemours, qui appartenait au parti des Guises, offrit au petit duc d'Anjou de l'emmener en Savoie. Là-dessus l'imagination de la reine travaille; elle se persuade que le parti catholique veut lui enlever son fils et l'écrit à tous les siens. Elle dicta à Charles IX, le 21 octobre, une lettre qui fut adressée à l'évêque de Limoges, ambassadeur de France à Madrid. Le langage de Charles IX était fier, presque menaçant. Répondant à Philippe II, qui avait déclaré « que des Français de l'ancienne religion l'avaient requis de leur assister à la manutention d'icelle, s'ils étaient contraints de s'élever et prendre les armes pour cet effet, de les secourir et employer ses forces et sa puissance en leur aide, » Charles IX s'exprimait ainsi : « Sur quoi je vous prierai de le remercier très affectueusement de ma part de cette bonne volonté, etc.; mais, quant au second point, qui touche l'élévation de mes sujets, je ne puis tenir de trouver ce propos étrange, d'autant que, n'étant licite à aucun sujet de s'élever contre son prince pour quelque occasion que ce soit, je ne puis croire qu'en une cause commune et qui touche et regarde tous les princes et potentats, ceux de mes sujets qui se seraient tant oubliés puissent trouver faveur, support et aide contre ceux qui me seraient amis. » Et un peu plus loin, parlant de l'amitié que lui porte le roi d'Espagne, il écrivait : « Cette amitié me fait espérer que, connaissant tels mutins rebelles et ennemis de moi et de ma couronne, s'ils s'adressent à lui, non seulement il les rejettera comme ennemis et perturbateurs du repos public, mais m'avertira de leurs noms et qualités pour en faire la punition et châtiment tel que leur malice le mérite; autrement, il me fera connaître le peu d'assurance qu'il y aura en ses paroles et offres de sa bonne volonté tant de fois réitérée, dont, s'il n'y a rien de vrai, je le prie et le conjure par l'amitié qu'il me porte, tout aussi que je ne m'empêche de ses affaires plus avant qu'il ne veut, me laisser faire les miennes, espérant, sans qu'il soit besoin d'y empêcher personne, en venir si bien à bout qu'il ne me sera de besoin y employer ni lui ni autre quelconque de mes voisins (1). »

On voit quel était l'état d'esprit de Catherine au moment où le colloque de Poissy se terminait.

Quelques jours après, tous les ministres protestants avaient quitté Saint-Germain, à l'exception de Pierre Martyr, de Théodore de Bèze et des de Gallars. Coligny venait de s'attacher ce dernier comme aumônier, en l'absence de Merlin, que Genève avait réclamé.

C'est à ce moment (fin d'octobre) qu'arrivèrent à Paris les théologiens allemands envoyés, à la sollicitation du roi de Navarre, par l'électeur palatin et le duc de Wurtemberg; l'électeur était réformé; le duc, luthérien prononcé; celui-ci avait recommandé à ses docteurs Beurlin, Bidenbach, Andreæ, de faire aux catholiques toutes les concessions possibles et de chercher dans la confession d'Augsbourg un terrain de rappro-

---

(1) Cette lettre se trouve au British Museum, vol. 19,272, folios 23 et 24. Une minute en existe dans le n° 15,875 du Fonds français, f° 364.

chement avec eux. On comprend sans peine que si ces théologiens étaient arrivés en plein colloque, leur présence n'aurait servi qu'à rendre les discussions plus embrouillées et plus ardentes. Bèze se félicita de ce qu'ils étaient venus trop tard (1). Le roi de Navarre se plaignit auprès d'eux de ce que les Guises feignaient d'adhérer à la confession d'Augsbourg ; à cette époque, son langage était encore celui d'un protestant convaincu.

La mission des docteurs allemands était donc inutile. Avant de repartir, ils visitèrent les principaux seigneurs protestants. « Nous saluâmes l'amiral, écrit l'un d'eux, Pierre Boquin, et lui annonçâmes notre prochain retour en Allemagne. Dans un langage empreint d'une dignité et d'une bonté qui lui sont habituelles, il nous adressa les meilleurs vœux; puis, arrivant à parler de la religion chrétienne, au service de laquelle il consacre toute l'énergie de son âme, il nous recommanda chaleureusement de travailler à en étendre l'influence salutaire, en nous prémunissant contre *tout esprit de discorde* (2). Il déclara qu'en tout ce qui dépendrait de lui, il ne cesserait de concourir à l'avancement du règne de Jésus-Christ, devoir sacré qui lui tenait au cœur plus profondément que jamais; qu'il était convaincu que l'électeur palatin partageait, à cet égard, ses sentiments, et qu'il nous priait d'autant plus instamment de transmettre à ce prince l'expression de

(1) Lettre à Calvin, en date du 23 octobre.
(2) C'est à ces traits de détail que l'on reconnaît l'esprit de largeur de Coligny. Tandis que Bèze ne voit chez les théologiens luthériens que des *eutychiens* et presque des ennemis, l'amiral cherche à rapprocher les deux communions et arrache au luthérien Andreæ le vœu que nous mentionnons plus loin.

sa cordiale sympathie (1). » « Si Dieu, écrivait de son côté Andreæ, consent à faire surgir le salut de l'État du milieu des troubles qui désolent présentement la France, ce sera certainement en faisant de cet homme l'instrument de ses desseins. »

(1) *Kluckholm. Briefe Friedrichs des Frommen*, 1 Band, S. 224, traduit par M. Delaborde (t. Ier, p. 554).

CHAPITRE XXIV

Progrès du protestantisme à Paris. — Assemblées publiques à Popincourt et dans l'enclos du Patriarche. — Soulèvements populaires contre les protestants. — Le connétable saccage le lieu de culte de Popincourt. — L'Hospital et Coligny préparent l'édit de janvier 1562. — La liberté religieuse au seizième siècle. — Appréciation de l'édit. — Défection d'Antoine de Navarre.

Depuis le colloque, la situation des réformés gagnait chaque jour en importance. Leur parti faisait des conquêtes dans la plus haute noblesse. Malgré l'édit de juillet encore existant, malgré les réclamations réitérées du légat, des prélats français et de l'ambassadeur d'Espagne, le roi se vit forcé de leur accorder la faculté de célébrer leur culte dans les faubourgs de Paris. « Il le fit, dit Languet (1), sous la réserve que nous ne dépasserions pas le chiffre de deux cents; mais, à la première assemblée nous étions plus de dix mille. » Les deux endroits choisis pour se réunir étaient l'enclos du *Patriarche*, au faubourg Saint-Marcel, et le lieu appelé Popincourt, au faubourg Saint-Antoine (2). Le prince

(1) Dans une lettre écrite la veille de la Saint-Martin, 1561.
(2) On a conservé le règlement rédigé alors par le consistoire pour « la distribution des deniers et aumônes aux pauvres de l'Église réformée, en la ville de Paris. » (*Bulletin de la Société d'histoire du protestantisme français*, t. Ier, p. 254).

de La Roche-sur-Yon, gouverneur de Paris, faisait protéger les réunions par des troupes. Le peuple s'émerveillait de voir passer la foule qui se rendait aux assemblées, et dans laquelle figuraient des représentants des plus vieilles familles de France.

Mais le fanatisme ne pouvait longtemps supporter un tel scandale. Le lendemain de Noël, au moment où le pasteur Jean Malot prêchait au *Patriarche,* à trois heures de l'après-midi, le clergé de Saint-Médard fit sonner à toutes volées les cloches de l'église qui était attenante à l'enclos. Impossible d'entendre la voix du prédicateur. Celui-ci suspend le service, fait chanter le psaume XVIe ; pendant ce temps, deux protestants vont prier le curé de Saint-Médard d'arrêter la sonnerie ; on les assaille, et l'un d'eux est tué sur le coup. Les réformés, furieux, envahissent l'église ; les prêtres se barricadent et engagent une lutte que l'arrivée du guet put seule arrêter. On amena au Châtelet trente-six catholiques comme provocateurs du tumulte. Mais le lendemain le peuple, pour se venger, envahit l'enclos du *Patriarche* et le saccagea. Le Parlement donna tort aux protestants et fit arrêter et pendre le chef du guet, Gabaston, qui, quoique catholique, avait pris au sérieux son devoir. Deux jours plus tard, Anne de Montmorency lui-même, à la tête d'un corps de troupes, alla dévaster le temple de Popincourt et gagna à cette ridicule aventure le surnom de capitaine *Brûle-Bancs.*

Il fallait, à tout prix, mettre un terme à ces violences et assurer aux réformés une protection légale. Coligny et L'Hospital s'y employèrent activement.

Nous touchons ici à une date importante dans l'histoire de France. L'édit de janvier devait être, dans la pensée de ses auteurs, un acte considérable. Il convient d'examiner de près ici comment la question de la liberté religieuse était envisagée par les hommes de ce temps.

On peut réclamer la liberté de conscience avec sa conséquence logique, qui est la libre manifestation des opinions religieuses, en partant de deux principes différents.

On peut dire que l'État doit à toutes les croyances (tant qu'elles ne portent pas atteinte à l'ordre public) une protection ou une indifférence égale, parce qu'aucune d'elles n'est évidente et n'a le droit de s'imposer comme telle. C'est la manière de voir qui, avec Locke et ses successeurs, a fait lentement son chemin au XVIIIe siècle et a fini par triompher, au moins en théorie, aujourd'hui.

On peut, en se plaçant à un point de vue supérieur, qui est, selon nous, celui du christianisme bien compris, affirmer que la relation des consciences avec Dieu échappe, par sa nature même, à l'action du législateur, que les convictions religieuses n'ont de valeur morale qu'en tant qu'elles sont libres, et que, s'il faut choisir entre la vérité imposée et la liberté de l'erreur, c'est la dernière qui est vraiment morale, car la liberté respecte au moins la conscience, tandis que celui qui obéit à la vérité par la force obéit à la force et non pas à la vérité.

Or, il est évident que ni l'un ni l'autre de ces principes n'était reconnu au XVIe siècle. Rien n'est plus faux que d'appliquer aux hommes de ce temps-là nos pensées et notre langage modernes. Dire que la Réforme s'est faite au nom de la liberté religieuse ou de ce qu'on a appelé plus tard le libre examen, c'est énoncer une thèse absolument contraire aux faits.

La prétention des réformateurs était d'avoir retrouvé la vérité chrétienne et de la substituer partout aux erreurs de l'Église romaine. Or, comme à leurs yeux le magistrat était armé pour défendre cette vérité, ils enseignaient qu'il pouvait et devait le faire par la force. Lorsque le souverain d'un État, lorsque la majorité dans un canton suisse s'étaient déclarés pour la Réforme, il ne restait à la minorité catholique d'autre alternative que la soumission ou l'exil. Cette manière de voir, qui nous paraît aujourd'hui monstrueuse, tout le monde alors la partageait. Si la minorité résistait, elle était impitoyablement frappée. Si le magistrat protestant trouvait devant lui non plus seulement le catholique récalcitrant, mais l'hérétique déclaré, par exemple, un antitrinitaire tel que Servet, alors l'exil ne lui suffisait plus, et sans remords il le livrait au bûcher. Pour avoir blâmé ces choses, Castalion fut exilé de Genève et mis au ban de la chrétienté (1).

Quand donc l'évêque Montluc, à l'assemblée de Fontainebleau, après avoir rendu à la piété des réformés un éloquent hommage, concluait en demandant qu'on les

(1) Il ne sert de rien d'alléguer d'admirables paroles sur la liberté de la conscience que l'on peut recueillir chez Luther, chez Zwingle, chez les anabaptistes persécutés. Tous les partis qu'on opprime ont eu de ces protestations éloquentes. Tertullien en avait prononcé de magnifiques et, cependant, qui oserait prétendre que Tertullien, si dur envers les hérétiques, eût conseillé la tolérance sous un empereur chrétien?

exilât, à moins qu'ils ne vécussent désormais « catholiquement, » il ne faisait que leur appliquer le principe que les réformés pratiquaient là où ils étaient les maîtres.

Supposons que François Ier ou Catherine de Médicis, appuyés sur les Parlements, se fussent, comme on le pensa un moment, déclarés pour la Réforme, peut-on croire qu'ils eussent inauguré un régime de liberté religieuse? Ils auraient fait ce que faisaient Élisabeth et les souverains protestants d'Allemagne, et ce n'est, certes, ni Bèze ni Calvin qui les en eussent blâmés. Cela est si vrai que, lorsqu'à Poissy même les ministres discutaient sur la question des croix et des images, ils voulaient que *le roi* les supprimât partout.

Ne pouvant pas être les maîtres en France, que demandèrent les protestants? D'être tolérés, protégés par la loi, de pouvoir tenir leurs assemblées. Mais le demandaient-ils au nom des droits supérieurs de la conscience? Nullement. Ils disaient ceci : « Vous devez nous reconnaître; car nous sommes chrétiens, nous adhérons aux Symboles des apôtres et de Nicée, la loi ne peut pas nous frapper. »

Voilà ce que réclamait Coligny, voilà ce qu'admettait L'Hospital, et si ce principe avait été accepté, il en serait résulté la coexistence légale des deux religions dans le royaume; or, il est évident que cela n'était pas encore la liberté.

Eh bien! cela même était déjà un idéal que ne comprenait pas cette époque; on le vit bien à la résistance qu'allait rencontrer partout l'édit de janvier, résistance qui n'aurait pu être vaincue que par la ferme volonté du souverain. Et ici encore n'accusons pas seulement la France catholique. Demandons-nous de bonne foi si Élisabeth en Angleterre, ou Calvin à Genève, ou les magistrats de Berne ou de Zurich eussent accepté que la messe ou le prêche pussent se célébrer simultanément sur leur territoire. Bien du sang devait couler avant que, de guerre lasse, ce principe triomphât, et c'est Guillaume d'Orange, dans les Pays-Bas, c'est la France, par l'édit de Nantes, qui devaient le consacrer par des lois. Quand on veut juger le XVIe siècle avec quelque justice, il faut reconnaître loyalement que l'intolérance fut alors l'erreur de tous les partis. En reconnaissant que ceux qui la pratiquaient étaient sincères, l'historien n'est pas désarmé pour juger les perfidies et les crimes que les hommes de ce temps y ont souvent ajoutés, et qui n'ont pas pour excuse les préjugés d'une époque, car la conscience alors les flétrissait comme aujourd'hui.

En préparant l'édit de janvier, L'Hospital et Coligny devançaient leur siècle. Coligny devait plus tard faire de nouveaux pas dans cette voie et entrevoir un plus grand idéal de liberté.

Vers la fin de décembre 1561, l'amiral avait remis au roi une supplique de deux mille cinquante Églises (1), qui réclamaient le droit de célébrer leur culte. Au commencement de janvier 1562, on convoqua à Saint-Ger-

---

(1) MM. Haag, dans la *France protestante* (tome Ier, pièces justificatives, page 52), ont donné un tableau aussi complet que possible des Églises protestantes à cette époque.

La requête des protestants se trouve dans les *Mémoires de Condé* (t. II, p. 575 et suiv.).

main, par l'ordre du roi et sous sa présidence, une assemblée composée des princes du sang, des membres du conseil privé et de conseillers choisis dans les divers parlements.

Michel de L'Hospital l'ouvrit. Il rappela tout ce qui avait été tenté jusque-là pour produire la paix religieuse : les édits d'Amboise, de Romorantin, de Fontainebleau, les états d'Orléans, le colloque de Poissy ; il dit que le protestantisme n'avait fait que croître et pouvait, comme un arbre puissant, écraser ses ennemis dans sa chute.

Il eut des paroles émues pour montrer que le roi ne pouvait se mettre d'un des partis, car ce serait « dire qu'il devrait assembler une armée pour ruiner l'autre, chose qui est non seulement répugnante au nom de chrétien que nous portons, mais à toute humanité. » Et, d'ailleurs, comment pourrait-on combattre, quand on verrait dans l'autre camp son père, son fils, ses plus proches ? La victoire, de quelque côté qu'elle fût, ne pourrait être que dommageable tant aux vainqueurs qu'aux vaincus, « tout ainsi que si les parties du corps se défaisaient l'une l'autre. » Il montra qu'on n'avait pu exécuter l'édit de juillet, qu'il fallait aviser à de nouveaux remèdes. « Le roi, dit-il, ne veut point que vous entriez en dispute quelle opinion est la meilleure, car il n'est pas ici question *de constituenda religione, sed de constituenda republica ;* » un excommunié ne laisse pas d'être un citoyen. « Si un catholique peut vivre en paix avec un membre de sa famille qui appartient à la religion nouvelle, pourquoi le même fait ne se produirait-il pas dans l'État ? » Langage libéral et généreux que cette époque ne savait pas comprendre !

Les débats continuèrent les jours suivants. On en attendait impatiemment l'issue, à Rome comme à Paris ; la Sorbonne, alarmée, envoya des délégués au roi ; ils déclarèrent que si Sa Majesté cédait aux novateurs, elle perdrait Paris, que l'admission de deux religions bouleverserait tout l'État, qu'il faudrait alors deux rois de France, etc. D'autre part, plusieurs des conseillers des divers parlements étaient favorables à l'idée d'accorder aux protestants la liberté qu'ils réclamaient. Le 15 janvier, l'assemblée se sépara, et, le surlendemain, était signé le fameux édit de janvier, qui, pour la première fois, reconnaissait aux protestants le droit d'exister légalement et de célébrer publiquement leur culte.

Une lettre du légat, Hippolyte d'Este, au cardinal Borromée, à la date du 17 janvier, montre dans quel esprit cette concession était faite : « On ne leur concède que temporairement, écrit-il, de tenir leurs prêches ; car, dès qu'on aura fini le concile (de Trente), on s'attend à les chasser du royaume. » Dans la même lettre, il annonce que le roi de Navarre vient de se détacher du parti protestant et a parlé ouvertement contre l'édit dans le conseil privé. Nous reviendrons bientôt sur cette conversion, dont l'effet fut considérable. Essayons de donner une idée de l'édit.

Tout d'abord, l'édit enjoignait aux protestants de restituer toutes les églises et tous les revenus ecclésiastiques dont ils s'étaient emparés ; on leur interdisait de bâtir un seul temple ; ils ne pouvaient donc célébrer leur culte qu'en plein air ou dans des locaux privés ;

ils ne pouvaient se réunir dans aucune ville, mais seulement dans les faubourgs, sous la surveillance des officiers royaux, et ceux-ci avaient le droit exorbitant d'écarter les assistants dont « la vie, les mœurs et la condition ne leur paraissaient pas recommandables. » Voilà pour la liberté du culte.

Les ministres devaient jurer de ne prêcher qu'une doctrine conforme aux saintes Écritures et au Symbole de Nicée, « s'abstenant d'attaquer la messe et les cérémonies catholiques. » Voilà pour la liberté du ministère.

Toute cotisation ou imposition régulière pour le culte était défendue ; les dons volontaires étaient seuls autorisés.

Aucun consistoire ni synode ne pouvait se réunir sans congé des officiers du roi et en leur présence.

D'autre part, l'édit *recommandait* aux prêcheurs catholiques d'éviter les invectives contre les ministres et leurs sectateurs.

Toutes ces dispositions étaient d'ailleurs provisoires ; il était stipulé qu'on attendait qu'un concile amenât les esprits et les cœurs à l'unité.

On le voit, les restrictions étaient derrière chaque concession apparente. Aussi, le légat du pape pouvait-il écrire que l'édit n'avait qu'un but : désarmer les protestants, leur retirer les églises si nombreuses qu'ils occupaient, les forcer à ne plus se réunir dans les villes, et qu'après on aviserait (1).

(1) Lettre du légat au cardinal Borromée, en date du 6 février 1562. Le légat affirme qu'il tient tout cela de la reine mère elle-même. Il y aurait un parallèle curieux à tracer entre la correspondance du cardinal de Fer-

Beaucoup de protestants murmuraient, pressentant le piège, comprenant fort bien où on allait en venir. Coligny et L'Hospital s'efforcèrent de les calmer. Sous l'influence de l'amiral, les pasteurs de Paris écrivirent aux Églises une circulaire enjoignant la soumission, affirmant « que le roi, étant persuadé de notre obéissance, sera de plus en plus enclin à nous ouïr patiemment et à nous faire droit et raison de tout ce que nous proposerons à Sa Majesté. » Noble confiance qui alors parut touchante et qui nous fait sourire lorsque nous voyons les lettres du légat au pape, et l'espoir qu'il exprime du prochain retour du royaume au pape, « comme de celui de l'enfant prodigue vers son père (1). »

Partout, en effet, les protestants obéirent et restituèrent sans hésiter les édifices et les biens d'église dont ils étaient en possession. Mais, comme le légat l'annonçait, les Parlements, ou refusaient d'enregistrer l'édit ou ne le faisaient qu'avec des stipulations secrètes qui constituaient de véritables trahisons envers les réformés (2).

rare avec le pape et celle de Chantonnay avec Philippe II. Tous deux jugent également Catherine ; mais, tandis que Chantonnay, fidèle interprète de la politique altière et despotique de son maître, s'irrite de la moindre concession faite aux protestants, et voit dans la reine mère leur secrète alliée, le cardinal, avec sa pénétration italienne et son génie souple et fin, voit mieux le fond des choses ; il sait que Catherine est Italienne comme lui, qu'elle ruse et louvoie, et que tout finira par bien tourner.

(1) Lettre du 14 février.
(2) L'une de ces stipulations dont on se servit auprès du Parlement de Paris pour triompher de ses résistances portait (à l'insu des protestants) que l'édit n'avait qu'un caractère provisoire, que les assemblées étaient toujours à la merci des gouverneurs de province, que tous les officiers du roi devaient être de sa religion. (Lettre du cardinal de Ferrare au pape, en date du 28 février.)

Loyalement appliqué, l'édit de janvier aurait pu assurer la paix religieuse ; en quelques semaines, grâce aux interprétations ambiguës qu'on en tirait, il excita partout la défiance et la haine. Antoine de Bourbon, dont le rôle était alors considérable, contribua plus que personne à ce triste résultat.

Nous avons vu qu'au moment du colloque de Poissy il passait encore pour le chef du parti protestant, et protégeait ouvertement Théodore de Bèze. Le 24 janvier 1562, il se rendit au Parlement pour forcer la compagnie à enregistrer l'édit de janvier. Mais à ce moment-déjà il négociait son retour à l'Église catholique ; depuis trois mois, Manriquez, qui venait d'être adjoint à Chantonnay comme ambassadeur extraordinaire d'Espagne à Paris, travaillait à sa conversion, de concert avec le légat du pape ; il lui assurait que Philippe II serait disposé à lui rendre la Navarre, ou, à son défaut, l'île de Sardaigne ; pour l'allécher, on faisait de cette île une description fantastique, vantant ses fruits, son climat, ses ports, son voisinage de Tunis, dont Antoine pourrait s'emparer. On lui promettait même de faire rompre à Rome son union avec Jeanne d'Albret et de préparer pour lui un nouveau mariage avec Marie Stuart. Dans une lettre au pape en date du 10 janvier 1562, le cardinal de Ferrare assure que le roi de Navarre est gagné ; sept jours plus tard, il annonce que, pour la première fois, dans le conseil privé du 15 janvier, Antoine s'est déclaré pour le parti catholique, et que cette conversion si brusque a inquiété la reine mère elle-même. Toutefois, le légat, en louant le prince, n'a guère d'illusion sur sa sincérité ; car, dans une lettre au cardinal Borromée, en date du commencement de février, il insiste sur la nécessité de procurer au roi des compensations pour son retour à l'Église : « On ne doit pas s'imaginer, écrit-il, que, pour se le rendre favorable, il suffise de lui représenter que le bien de sa conscience est préférable à tout autre bien, puisqu'il ne paraît que trop aujourd'hui que le plaisir et l'intérêt ou, si l'on veut, l'agréable et l'utile sont les deux seules choses qui satisfont les âmes du monde. » Cette réflexion mélancolique sur la nécessité de faire une part aux mauvais penchants de la nature humaine, et de suppléer aux arguments spirituels par des raisons d'un ordre très grossier, prouvent que le légat était passé maître en casuistique, mais elle montre en même temps ce qu'il pensait de la conquête qu'il venait de faire (1).

Quant à Catherine, elle favorisait ouvertement la passion du roi de Navarre pour l'une de ses dames d'honneur, Mlle de Rouet ; Jeanne d'Albret, froissée dans sa dignité d'épouse et dans ses convictions les plus intimes, ne put se résoudre à courber le front plus longtemps sous ces humiliations ; elle se décida à quitter la cour et à retourner dans le Béarn, en emmenant son fils. Dès lors, Antoine ne cacha plus sa haine contre Coligny et les autres chefs protestants, dont la vie intègre et la fidélité à leur cause lui semblaient un perpétuel reproche. Il poussa l'indignité jusqu'à dénoncer Coligny auprès du roi d'Espagne, comme favorisant les déprédations que la marine espagnole avait à subir

---

(1) Il faut voir aussi le peu de cas que faisaient d'Antoine les ambassadeurs vénitiens dans leurs *Rapports*. Jean Michieli (t. Ier, p. 429), et Michel Suriano (t. Ier, p. 553).

de la part des corsaires ; Philippe II saisit avec empressement cette ouverture ; il écrivit à Chantonnay de demander que Coligny fût éloigné de la cour, et Antoine promit d'appuyer cette demande. Catherine se montra fort indignée de cette intrusion dans son autorité ; elle prit la défense de Coligny, et lorsque celui-ci lui offrit de se retirer à Châtillon pour éviter d'être un sujet de division, elle lui déclara « qu'elle le connaissait tant fidèle serviteur du roi et tant affectionné aussi envers Sa Majesté, que, si le besoin l'y rappelait, il ne serait paresseux à employer tous ses moyens pour la garantir de la conspiration des Guises (1). »

Pendant que ces choses se passaient à la cour, chaque semaine prouvait que l'édit de janvier était destiné à rester lettre morte. Des scènes de violence, de vrais massacres éclataient sur plusieurs points du territoire. On les a attribués à l'exaspération que ressentaient les populations catholiques en voyant les protestants favorisés par la cour ; mais il faut ajouter que Catherine ne fit pas une tentative sérieuse pour arrêter ces soulèvements. Tout montrait donc que le légat disait vrai lorsqu'il écrivait que l'édit ne devait inspirer au pape aucune inquiétude sérieuse, et que tout cela ne durerait pas.

(1) C'est ce qu'affirme Théodore de Bèze qui, dans une lettre à Calvin, à la date du 26 février, déclare que Coligny et d'Andelot *regi et reginæ gratissimos discessisse*. La lecture de la correspondance du légat sur ce sujet nous laisse cependant une impression différente et nous fait douter de l'intérêt que Catherine portait à l'amiral. Ce qui est du moins certain, c'est que Catherine fut très blessée du rôle de l'ambassadeur d'Espagne en cette affaire et le lui montra bien. (Voir la dépêche de Chantonnay en date du 25 février).

CHAPITRE XXV

Attitude des Guises au lendemain de l'édit de janvier. — Leur correspondance avec Christophe, duc de Wurtemberg. — Conférence de Saverne. — Massacre de Vassy. — Réclamations des huguenots. — Antoine de Navarre et Théodore de Bèze à Monceaux.

Cependant, les Guises allaient reparaître sur la scène et montrer le cas qu'ils faisaient de l'édit. Mais il est bon de faire voir par quelles négociations singulières ils préludaient à la tragédie de Vassy.

Le cardinal de Lorraine n'avait pu réussir à mettre aux prises, à Poissy, les réformés avec les luthériens ; il n'en continuait pas moins activement ses pourparlers avec ces derniers ; son frère l'y aidait et avait engagé depuis plusieurs mois une correspondance suivie avec Christophe, duc de Wurtemberg (1).

François de Guise témoignait une grande admiration pour la confession d'Augsbourg, et Christophe répondait que « ce lui a été une grande joie d'avoir entendu qu'en matière de la foi le duc de Guise ne désire autre chose plus que sa conscience soit bien instruite ». Le duc de Guise s'efforce de démontrer (lettre du 11 juillet

(1) On trouvera dans le *Bulletin de la Société d'histoire du protestantisme*, t. XXIV, d'intéressants extraits de cette correspondance. Voir aussi l'ouvrage de M. Delaborde (t. II, p. 17 et suivantes).

1561) que les luthériens d'Allemagne n'ont rien de commun avec les réformés, qui ne sont que des contempteurs des rois et de l'Église. Les lettres échangées deviennent de plus en plus affectueuses, et l'on convient de se rencontrer à Saverne le 15 février 1562. Nous savons ce qui s'y passa par le duc de Wurtemberg lui-même, qui a laissé le naïf exposé de cette conférence (1).

Le 16 février, le cardinal prêcha à Saverne en présence de Christophe et des autres invités. Son discours eut pour but de montrer qu'il n'y a pas d'autre médiateur ni intercesseur que Jésus-Christ, et que l'homme ne doit pas se confier dans ses bonnes œuvres.

Le lendemain, pendant que le cardinal conférait avec les théologiens allemands que le duc avait amenés à sa suite, François de Guise prit Christophe à part, lui raconta à sa manière le colloque de Poissy, montra qu'il n'y avait rien à attendre des calvinistes, qui étaient intraitables, mais qu'il désirait connaître la foi des Allemands. « Il ajouta avec beaucoup de paroles qu'il

(1) La plupart de nos historiens ont ignoré ces faits qui jettent un jour si lumineux sur les événements ultérieurs et sur la conduite des Guises. La relation du duc Christophe, dont personne n'a jamais soupçonné la parfaite loyauté, avait été publiée sous sa forme originale (en allemand mêlé de latin) dans Suttler (*Geschichte vom Wurtemberg unter den Herzogen*. 1771, t. IV, p. 215 et suivantes). Signalée par M. Baum, elle a été traduite pour la première fois par M. Muntz (*Bulletin de la Société d'hist. du prot. français*, t. IV, p. 184 et suivantes). Il est à remarquer que de Thou, Sandras de Courtils et Bayle avaient parlé, en passant, du piège tendu par les Guises au duc de Wurtemberg, et qu'on n'avait pas pris au sérieux leurs affirmations. M. de Félice, dans son *Histoire des protestants de France*, ne mentionne pas l'entrevue de Saverne; mais M. Puaux, dont l'*Histoire de la Réformation française* est plus récente, en fait le récit au tome II de son ouvrage.

aimerait s'éclairer et se mettre la conscience en repos, qu'il avait été élevé dans la foi de ses aïeux ; qu'homme de guerre depuis sa jeunesse, il était resté ignorant en religion, et que bien certainement, si on lui montrait qu'il a été dans l'erreur jusqu'à présent, il suivrait volontiers et de grand cœur les nouveaux enseignements qu'on lui donnerait. »

Le duc de Wurtemberg exposa sa foi. François de Guise assura qu'il la partageait. « Je n'adore d'autre Dieu que le vrai Dieu, répondit-il ; je me confie uniquement en Jésus-Christ ; je sais bien que ni la mère de notre Seigneur, ni les saints ne peuvent m'être en aide ; je sais bien aussi que je ne puis être sauvé par mes bonnes œuvres, mais par les mérites de Jésus-Christ. »

« — Ce que vous dites me remplit de joie, s'écria Christophe. Que Dieu vous maintienne dans cette confession ! »

On parla de la messe ; Guise cita la parole de Bèze au colloque de Poissy ; Christophe la justifia en disant que Bèze n'avait sans doute voulu combattre que « l'opinion papistique, » qui fait un dieu de l'hostie. Guise se déroba alléguant son ignorance en ces matières. Christophe lui dit alors : « Puisque nous en sommes maintenant à nous expliquer l'un avec l'autre, je ne puis m'empêcher de vous informer que vous et votre frère êtes hautement soupçonnés en Allemagne d'avoir contribué à faire périr, après le décès de Henri II et encore de son vivant, plusieurs milliers de personnes qui ont été misérablement livrées à la mort à cause de leur foi. Comme ami et comme chrétien, je dois vous avertir : gardez-vous, gardez-vous du sang innocent. Les châtiments de Dieu vous atteindraient dans cette vie et dans l'autre. »

« Il me répondit avec de grands soupirs : « Je sais bien qu'on nous accuse de cela et d'autres choses encore, mon frère et moi ; mais on nous fait tort, nous vous l'expliquerons tous deux avant votre départ. »

Alors, changeant brusquement de sujet, Guise demanda au prince luthérien pourquoi les protestants étaient divisés, tandis que la plus grande unité régnait chez les catholiques. Christophe répondit que chez les catholiques l'unité était avant tout hiérarchique, tandis que chez les évangéliques elle était réelle et vivante, puisqu'en ayant des formes diverses ils marchaient sous un même drapeau et n'avaient qu'un seul chef, Jésus-Christ.

Le lendemain 17, nouveau sermon du cardinal, qui prêche comme un vrai luthérien, insistant sur le fait que Jésus est le seul médiateur. Puis la conversation s'engage entre le cardinal et les théologiens allemands. L'un d'eux, Brenz (1), demande au cardinal si Jésus-Christ doit être adoré dans le pain et promené dans des processions. « J'avoue, dit le cardinal, que nous avons été trop loin en cela. » A propos des messes pour les morts, même aveu de sa part. Il demanda ensuite à Brenz s'il croyait que l'Eglise dût avoir un pape, des cardinaux, des évêques. « Jésus-Christ, répondit Brenz, n'a pas de vicaire, car il est le seul chef de l'Église; l'Écri-

---

(1) Jean Brenz (appelé Brentius dans la narration du duc) était l'un des théologiens les plus distingués de son Église.

ture ne parle pas de cardinaux ; nous concédons qu'il y ait des évêques, mais ils doivent être élus canoniquement. » Le cardinal dit que, sur ce point encore, on serait facilement d'accord ; puis il insiste sur son idée fixe, décider Christophe à rompre avec les calvinistes ; mais, tout en croyant que ceux-ci se trompent en partie, Christophe n'y consent pas. Le cardinal revient à la charge, exalte la confession d'Augsbourg, dit que si on l'avait présentée à Poissy il aurait tout arrangé.

Le duc de Wurtemberg lui dit alors : « Si Bèze et ses amis signaient la confession, la signeriez-vous ? — Certainement, répondit le cardinal ; de plus, je prends Dieu à témoin que je pense et crois, comme je le dis, qu'avec la grâce de Dieu je vivrai et mourrai dans ces sentiments. J'ai lu la confession d'Augsbourg ; j'ai lu aussi ce qu'ont écrit Mélanchthon, Brentius et d'autres ; j'approuve entièrement leurs doctrines, et je m'accorderai avec eux en matière de discipline ecclésiastique, mais il faut que je dissimule encore quelque temps, afin d'en gagner plusieurs autres qui sont encore faibles dans la foi. »

Lorsque la conférence fut finie, le cardinal renouvela les protestations de son frère à propos des condamnations des hérétiques français. « Je vous jure, dit-il avec une audace étrange, je vous jure au nom de Dieu, mon créateur, et en y engageant le salut de mon âme, que je ne suis coupable de la mort d'aucun homme condamné pour cause de religion. » Le duc de Guise affirma la même chose avec de grands serments. Ils promirent tous deux « de ne persécuter ni ouvertement ni en secret les fauteurs de la nouvelle doctrine. »

On se sépara, le 18 février, après s'être engagé à travailler, chacun de son côté, à la pacification de la chrétienté.

Or, dix jours après ces protestations solennelles, le 28 février, François de Guise écrivait à Lamothe-Gondrin, son lieutenant en Dauphiné : « Je pense que s'il se fait par delà quelque assemblée notable où il y ait beaucoup de gens, il sera bon de se saisir du ministre et de le faire tout soudain pendre et étrangler, comme auteur des séditions et tumultes dont on a usé à l'encontre de vous. » Et il ajoutait : « Vous me ferez plaisir de n'épargner en cela chose que vous puissiez, car je ne pense point qu'on en puisse venir autrement à bout (1). »

Au reste, ce que le duc de Guise commandait à son lieutenant, il le pratiquait lui-même, au retour de Saverne, car ayant trouvé à Saint-Nicolas en Lorraine un pauvre épinglier qui avait fait baptiser son enfant à la mode de Genève, il le fit pendre sur-le-champ (2). Aussi, en apprenant son retour, plus de soixante fermiers protestants des environs de Joinville s'enfuirent épouvantés.

Il y avait alors depuis peu, dans une partie de la Champagne qui avait été détachée du gouvernement de la maison de Lorraine pour faire partie du douaire de Marie Stuart (3), à Vassy, une petite communauté

(1) Théodore de Bèze (*Hist. eccl.*). Voir les articles de M. Jules Bonnet sur le massacre de Vassy. (*Bulletin*, t. XXI, p. 56).

(2) Crespin (*Hist. des Martyrs*). Le même fait est consigné dans les *Mémoires de Condé*.

(3) C'était donc une terre française, placée sous le bénéfice de l'édit de janvier.

protestante dont l'existence irritait profondément la mère des princes lorrains, la vieille Antoinette de Bourbon, qui résidait à Joinville. Elle y avait envoyé l'évêque de Châlons-sur-Marne. Celui-ci avait eu une discussion publique avec les protestants, s'était retiré très mortifié du débat, était revenu raconter sa mésaventure aux Lorrains, qui ne lui avaient pas épargné les brocards. Les Lorrains avaient adressé au conseil privé du roi de France une requête « tendant à cette fin que *commission fût donnée au duc de Guise* pour être exécutée sur les délinquants » (1). Mais le conseil privé n'avait vu là aucun délit. Les réunions avaient donc continué et le nombre des fidèles allait croissant. A Noël, on y avait compté un millier de communiants.

Le dernier jour de février 1562, François de Guise, accompagné de sa femme et de ses deux fils, vint de Joinville coucher à Donmartin-le-Franc, où se trouvait sa mère. Le dimanche 1ᵉʳ mars, il en part, après avoir avoir assisté à la messe et se rend à Vassy. Dans quel but? Le pays était en paix; or, le duc emmène avec lui deux cents arquebusiers, auxquels se joint une compagnie d'archers venue de Montier-en-Der. A un quart d'heure de Vassy, il entend sonner une cloche et demande ce que c'est. On lui répond que c'est la cloche qui appelle les réformés au prêche. « Marchons, marchons, dit le duc, il faut aller voir ces gens pendant qu'ils sont assemblés! » On arrive

(1) Voilà les détails dont l'histoire doit tenir compte, si elle veut apprécier le vrai caractère du massacre de Vassy. Comment soutenir encore, en présence de tels faits, qu'il a été le simple résultat d'un accident?

à Vassy, et le duc ordonne à ses gens de *marcher au prêche,* « qui était en une grange (1), tout au contraire et à l'opposite de la rue et chemin que ledit duc devait prendre pour aller à Esclaron, où il devait dîner (2). » Le duc recommanda en même temps aux catholiques de ne pas se trouver dans les rues.

Dans la grange étaient réunis environ douze cents huguenots; quelques-uns étaient assis sur le rebord des fenêtres. Deux ou trois des gens du duc de Guise entrent dans l'assemblée, on les invite à s'asseoir. Ils répondent : « Mort Dieu ! il faut tout tuer. » En même temps, du dehors on tire sur les fenêtres. Les malheureux protestants, absolument désarmés, veulent fermer les portes, mais la soldatesque arrive en criant : Tue! tue! Une véritable tuerie commence; ceux qui veulent s'échapper par le toit sont criblés de balles; le massacre dura une heure. Il y eut soixante morts et deux cent cinquante blessés, mais pas une victime du côté des catholiques (3). La duchesse de Guise intervint pour supplier qu'on épargnât les femmes enceintes. Ce trait prouve que l'on prenait le temps de choisir les victimes et qu'il n'y avait pas là, comme on l'a pré-

---

(1) La fameuse gravure du temps représentant le massacre montre qu'il faut entendre par là une espèce de hangar, ou plutôt de vaste bâtiment couvert ayant de larges fenêtres.

(2) Crespin. On trouvera dans les articles de M. Jules Bonnet, que nous avons cités, la discussion des assertions de Brantôme, de de Thou, de La Popelinière, de Castelnau sur ces incidents. Les défenseurs du duc de Guise ont prétendu qu'une querelle s'était engagée entre ses gens et les protestants. Or, de l'aveu de tous, ceux-ci étaient au prêche et chantaient alors leurs psaumes.

(3) Crespin, dont la relation est évidemment d'un témoin oculaire, donne les noms des victimes.

tendu, une rixe où l'on frappe dans l'aveuglement du combat.

Le ministre, Léonard Morel, était agenouillé dans sa chaire. On tire sur lui, il veut descendre, se heurte à un cadavre, tombe et reçoit plusieurs coups d'épée : « Seigneur, s'écrie-t-il, je viens rendre mon âme entre tes mains. » On le relève, car il ne pouvait se tenir debout, et on l'amène au duc de Guise. « Ministre, viens çà, lui dit ce dernier, es-tu le ministre d'ici ? Qui te fait si hardi de séduire ce peuple. — Je ne suis point séducteur, répond Morel; j'ai prêché l'Évangile de Jésus-Christ. — Mort-Dieu, s'écrie le duc, l'Évangile prêche-t-il sédition ? Tu es cause de la mort de tous ces gens ; tu seras pendu tout à l'heure. » On n'eut pas le temps de dresser une potence, et le ministre fut jeté en prison.

Le duc s'était emparé de la Bible, et, la montrant à son frère, le cardinal (1), il lui dit : « Tenez, mon frère, voyez le titre des livres des huguenots. » Le cardinal le voyant, dit : « Il n'y a point de mal en ceci, car c'est la Bible et la sainte Écriture. » Le duc, fâché qu'il ne lui répondît selon son désir, entra en plus grande rage qu'auparavant et dit : « Comment, sang Dieu, la sainte Écriture ! Il y a mille et cinq cents ans que Jésus-Christ a souffert mort et passion, et il n'y a qu'un an que ces livres sont imprimés. Comment dites-vous que c'est l'Évangile ? Par la mort Dieu, tout n'en vaut rien (2). »

---

(1) C'était son plus jeune frère, le cardinal Louis de Guise, qu'il ne faut pas confondre avec Charles, cardinal de Lorraine.

(2) Relation du massacre dans Crespin.

Davila, l'historien catholique de nos guerres religieuses, cite à ce propos un fait très caractéristique. Guise, après le massacre, manda le juge du lieu et le tança d'avoir permis aux huguenots de s'assembler. Le juge ayant invoqué l'édit de janvier, Guise mit la main sur son épée et répondit avec colère : « Le tranchant de celle-ci réduira bientôt à néant cet édit si étroitement lié (1). »

Quelques jours après, Guise écrivait, d'une part à Antoine de Navarre, de l'autre au duc de Wurtemberg, pour les informer de tout ce qui s'était passé. D'après lui, les protestants avaient été les agresseurs. C'étaient donc ces pauvres gens assemblés pour entendre un prêche qui auraient assailli trois cents hommes armés jusqu'aux dents ! Dans le tumulte, une pierre lui avait été lancée au visage, et, voyant son sang couler, ses soldats rendus furieux auraient tué quelques protestants. Telle est l'assertion sommaire qu'il faut mettre en regard du récit naïf et détaillé des témoins du massacre. Le duc de Wurtemberg ne crut pas un mot de ce que lui écrivait Guise ; depuis l'entrevue de Saverne, Christophe avait réfléchi, et, après s'être enquis minutieusement de ce qui s'était passé à Vassy, il écrivit à la suite du récit qu'il avait fait de la conférence, ces mots significatifs : « Que Dieu, de la cause duquel il s'agit en cette affaire, soit le vengeur de la ruse et du parjure (2). »

(1) *Livre III*, à l'année 1562. « Or, ajoute Davila, comme ces paroles, qu'il proféra dans une ardente colère, n'échappèrent point à ceux qui se trouvèrent présents, elles furent cause que plusieurs estimèrent que le duc de Guise a été l'auteur des guerres suivantes. »
(2) Deus sit ultor doli et perjurii, cujus namque res agitur.

Quatre mois plus tard, espérant apaiser le prince, François de Guise lui envoya son valet de chambre, nommé Rascalon, avec des chiens courants, car Christophe aimait fort la chasse. « Mais ledit duc de Wurtemberg, au lieu de les recevoir, les fit tuer en la présence dudit Rascalon, qu'il fit mettre en prison par l'espace de sept ou huit jours, au pain et à l'eau, et au départ lui dit ces mots : « Va dire à ton maître que si je le tenais, je lui en ferais autant comme j'ai fait à ses chiens (1). »

Nous venons de raconter ce que les historiens, guidés par des appréciations diverses, ont appelé, les uns l'échauffourée, les autres le massacre de Vassy.

Or comme, de l'aveu de tous, cet événement a été le signal des guerres civiles, il faut nous y arrêter un moment et en faire ressortir le vrai caractère.

Qu'il n'y ait eu là qu'une rencontre fortuite entre les soldats de Guise et les réformés de Vassy, c'est une thèse qu'on a pu soutenir avec bonne foi dans l'ignorance où l'on était des faits qui avaient précédé, mais une thèse qu'il faut désormais écarter. François de Guise voulait sévir contre les protestants de Vassy, il avait demandé dans ce but une commission au gouvernement, et c'est sur le refus qui lui fut fait qu'il résolut d'agir de lui-même ; voilà pourquoi, en pleine paix, le 1er mars, il a quitté Donmartin, accompagné de plusieurs centaines d'hommes armés, et, se détournant de la grande route qu'il devait suivre, il s'est dirigé à

---

(1) Extrait d'un manuscrit du XVIe siècle. (*Bulletin de la Soc. d'hist. du protest. français*, t. XXIX, p. 119, cité par M. Jules Bonnet).

l'heure du prêche vers la grange où les protestants étaient rassemblés.

N'a-t-il voulu, par cet acte prémédité (1), que délivrer une terre, hier encore lorraine et dont sa nièce était suzeraine, de la présence de ces huguenots qu'Antoinette de Bourbon exécrait ? A-t-il eu d'autres visées ? Telle est la vraie question qui se pose devant nous.

Pour la résoudre, reportons-nous à quelques mois en arrière ; rappelons-nous ce qui se passait au lendemain du colloque de Poissy, les progrès étonnants du protestantisme, les prêches désormais publics, le nombre toujours croissant de familles nobles gagnées à la Réforme, la nécessité de donner l'édit de janvier, c'est-à-dire de reconnaître l'existence légale des deux religions.

Les Guises ont vu tout cela ; leur force, le secret de leur puissance est de rester à la tête du parti catholique. Ils savent les indécisions, les tergiversations de Catherine ; ils comprennent que le seul moyen d'arrêter le mouvement qui emporte la France, c'est d'intervenir par un coup d'audace, c'est, comme l'a dit François lui-même, de trancher par le fil de l'épée l'édit de janvier.

Pour cela, que faut-il ? Avec son coup d'œil d'homme de guerre, Guise l'a également vu dès le premier jour ; il faut d'abord diviser l'ennemi. Si les protestants ré-

---

(1) Cette préméditation est reconnue par le dernier historien des Guises, M. de Bouillé, qui est d'ailleurs grand admirateur du duc François : « L'embrasement de la patrie, dit-il, allait résulter d'un conflit plus ou moins fortuit *que les Guises n'avaient que trop habilement prévu et préparé*, que les serviteurs du prince précipitèrent. »

sistent, il faut leur ôter la possibilité de lutter. En ce moment, on ne pouvait former d'armée qu'avec l'appui de l'Allemagne, « ce grand marché des hommes de guerre. » Que serait-ce si les lansquenets et les reîtres d'au delà du Rhin venaient chevaucher sous la bannière de Condé? Il faut à tout prix empêcher cette alliance, il faut persuader aux luthériens qu'ils n'ont rien de commun avec ces odieux sacramentaires à la façon de Genève, ces ennemis des rois et de la sainte Église. De là cette entrevue de Saverne trop négligée par les historiens, cette habile et odieuse comédie où le grand vainqueur de Metz et de Calais se fait théologien, exprime son admiration pour la confession d'Augsbourg, laisse entrevoir sa conversion prochaine au luthéranisme, joue en un mot si bien son rôle qu'il ne mérite pas d'être cru lorsque plus tard, il se déclare innocent de ce qui s'est fait à Vassy, tandis que le cardinal, son frère, l'instigateur féroce des supplices d'Amboise, jure par le salut de son âme qu'il n'a jamais fait mourir un huguenot. Les Guises, après avoir dupé Christophe, travaillent aussitôt à lever des troupes en Allemagne, et, le 18 mars déjà, Sturm peut écrire à Calvin qu'ils y ont recruté une véritable armée.

Maintenant, l'heure est venue du coup d'audace par lequel on va forcer la reine mère à prendre un parti. Puisque le gouvernement hésite, puisqu'il fait des avances aux huguenots, et qu'entre eux et la France la paix risque de se conclure, il faut sur-le-champ, entre elle et eux, creuser un abîme. Quand le sang aura coulé entre les deux camps, la séparation sera faite; on verra cesser toute équivoque : d'un côté la vieille France catholique dont les Guises tiendront le drapeau, de l'autre des révoltés.

Interrogeons l'histoire. Dans les époques de crise, elle nous montrera les grands audacieux jouer ainsi une partie suprême. En 1792, la France hésite entre la monarchie et la république ; par les massacres de septembre, Danton la force à choisir. En 1804, Bonaparte veut séparer de l'ancien régime la dynastie nouvelle qu'il va fonder ; il fait fusiller Enghien à Vincennes.

Ainsi, dans tous les siècles, les ambitieux et les violents comprennent que, pour séparer à jamais les hommes, rien ne vaut l'effusion du sang.

Et ce qui montre que tel a été le calcul des Guises, c'est qu'au moment où, pour abuser les Allemands, François explique l'affaire de Vassy en parlant d'une échauffourée qu'il n'a point cherchée et qu'il regrette, sans hésiter, il marche sur Paris ; en vain la reine veut l'arrêter et lui enjoint de déposer les armes. Il sait que la France catholique l'a compris, qu'elle va saluer en lui son vrai chef, l'homme qui en son nom a saisi l'épée pour lacérer l'édit de janvier ; son instinct ne l'a pas trompé. Il entend déjà les acclamations qui vont l'accueillir à Paris et forcer le roi et la reine mère à marcher derrière son drapeau.

Voilà le vrai sens du drame de Vassy.

C'est ainsi que les protestants le comprirent. Sur l'heure même, ils jugèrent que ce coup de foudre était le premier éclat de la tempête qui depuis longtemps s'amassait.

Pendant que ces faits se passaient à Vassy, le Parlement de Paris résistait à l'enregistrement de l'édit de janvier, et ce ne fut que le 6 mars, sur les instantes sommations de Catherine, qu'il consentit à l'enregistrer, mais avec la réserve suivante : « Attendu la nécessité urgente et en obtempérant à la volonté du roi, sans approbation de la nouvelle religion, le tout par manière de provision, et jusqu'à ce qu'il en soit autrement ordonné. » Antoine de Bourbon avait évidemment favorisé secrètement cette résistance, et ce qui le prouve, c'est qu'il envoyait en même temps au duc de Guise lettre sur lettre pour le prier de venir le rejoindre avec bonne compagnie, « afin de se rendre les plus forts auprès du roi (1). » Catherine de Médicis, effrayée de ce qui se préparait, quitta Paris avec le jeune roi et vint s'établir au château de Monceaux, en Brie, où elle ordonna à Bourbon de la rejoindre.

A peine y était-elle établie qu'elle y reçut la nouvelle du massacre de Vassy. Cet événement mettait la France en feu ; pendant que beaucoup de catholiques l'accueillaient avec un enthousiasme frénétique, les protestants de toutes parts crièrent vengeance. Ils virent sur-le-champ, comme nous l'avons dit, qu'on n'allait pas en rester là et que cet exemple allait être suivi partout. Agrippa d'Aubigné, avec sa verve puissante, a fidèlement traduit leurs sentiments : « Il est à noter pour jamais, dit-il, que tant qu'on a fait mourir les réformés sous la forme de justice, quelque inique et cruelle qu'elle fût, ils ont tendu les gorges et n'ont point eu

(1) Castelnau.

de mains. Mais quand l'autorité publique, le magistrat, lassé des feux, a jeté le couteau aux mains des peuples, et par les tumultes et grands massacres de France, a ôté le visage vénérable de la justice et fait mourir au son des trompettes et des tambours le voisin par son voisin, qui a pu défendre aux misérables d'opposer les bras aux bras, le fer au fer, et de prendre d'une fureur sans justice la contagion d'une juste fureur (1)? » D'Aubigné a dit le vrai mot ; jusque-là, il y avait eu répression légale, et maintenant, sous un régime apparent de liberté, la violence allait prendre le dessus.

D'emblée et d'instinct, on comprit que la cour serait incapable de la réprimer, soit par impuissance, soit par connivence secrète.

Les faits, d'ailleurs, ne le prouvaient que trop ; la tuerie de Vassy fut le signal d'autres massacres beaucoup plus étendus, mais moins connus, parce que le souvenir en a disparu au milieu du bruit de la guerre de religion qui allait éclater. En quelques semaines, l'explosion de fanatisme éclata partout : à Sens, où l'on jeta plus de cent cadavres à la rivière ; à Amiens, à Épernay, à Châtillon-sur-Loire, à Moulins, à Blois, à Angers, à Tours ; dans le Midi, là où les protestants ne purent pas se mettre sur la défensive, on les extermina en détail avec des raffinements de cruauté. Blaise de Montluc, le frère de l'évêque favori de Catherine, commença, par Cahors, cette série d'exécutions atroces dont lui-même s'est fait dans ses mémoires le chroni-

---

(1) *Histoire universelle* (t. II, p. 628).

queur sinistre. Michelet n'a exagéré en rien en disant que la Saint-Barthélemy de 1562 fut pire que l'autre par le nombre des victimes; jamais tant de sang protestant n'a rougi le sol de la France.

La reine mère, cependant, sembla accueillir avec bienveillance les députés des protestants qui accoururent auprès d'elle pour se plaindre du massacre de Vassy; mais Antoine de Bourbon, qui venait, nous l'avons vu, de négocier avec l'ambassadeur d'Espagne les conditions de son retour au parti catholique, se découvrit tout à coup.

« Le roi de Navarre, dit Bèze, se déclara du tout, disant que qui toucherait au bout du doigt au duc de Guise, qu'il appelait son frère, le toucherait au corps. Sur quoi de Bèze, l'ayant supplié très humblement de l'écouter en patience comme celui qu'il connaissait de longtemps et que lui-même avait fait revenir en France pour servir au repos d'iceluy, lui remontra que la voix de la justice était la voix de Dieu, dont les rois étaient débiteurs à leurs pauvres sujets, et que demander justice n'était pas endommager aucun. Et pour ce que ledit roi de Navarre, excusant le fait de Vassy, avait dit que le mal était advenu pour avoir jeté des pierres contre ledit duc de Guise, qui n'aurait pu sur cela retenir la furie de ses gens, et que les princes n'étaient pas pour endurer d'être frappés de coups de pierre, de Bèze, après avoir répliqué que si cela était ainsi, ledit sieur de Guise en serait quitte en représentant ceux qui auraient fait une telle faute, ajouta finalement ces propres mots : Sire, c'est à la vérité, à l'Église de Dieu, au nom de laquelle je parle, d'endurer les coups, et non pas d'en donner, mais aussi vous plaira-t-il vous souvenir que c'est une enclume qui a usé beaucoup de marteaux (1). »

(1) *Hist. ecclés*. Le mot devint populaire et fut l'origine de la fameuse devise « tant plus à frapper on s'amuse, tant plus de marteaux on y use, » surmontant une enclume frappée par des marteaux.

CHAPITRE XXVI

Condé à Paris. — Conseils envoyés par Élisabeth
d'Angleterre à Catherine de Médicis. — Guise arrive à Paris
malgré la défense de Catherine.—Conduite équivoque de celle-ci ;
violation à Paris de l'édit de janvier. — Condé sort de Paris
et convoque les chefs protestants à Meaux. — Attitude de l'amiral
au mois de mars 1562. — Ce qu'il faut penser du célèbre dialogue
entre Coligny et Charlotte de Laval reproduit par d'Aubigné. —
Les protestants pouvaient-ils éviter la lutte ? — Des causes qui
décidèrent Coligny à y entrer.

On pouvait craindre qu'Antoine de Bourbon n'entraînât son frère dans sa défection ; mais Condé tint ferme ; à peine remis d'une grave maladie qui l'avait rendu inactif au moment de la proclamation de l'édit de janvier, il employait toute son énergie à faire respecter cet édit à Paris même, où la foule, surexcitée par la nouvelle de ce qui s'était passé à Vassy, menaçait ouvertement les huguenots. Élisabeth d'Angleterre s'efforçait d'encourager Catherine à ne pas céder aux instigations des violents et à faire observer l'édit : « Vous direz à la reine mère, écrivait-elle à son ambassadeur à Paris, qu'aussi longtemps qu'elle n'aura rien d'autre en vue que le bien de son fils et la tranquillité du royaume, il n'y a rien à craindre, pourvu qu'elle évite toutes les pratiques et les desseins de ceux qui par ambition ne cherchent que leur propre gloire et richesse... Vous saluerez affectueusement l'amiral en notre nom, et l'assurerez que la sagesse et constance dont il a fait preuve jusqu'ici et tout l'ensemble de sa conduite ont mérité d'être et sont en grande recommandation dans le monde. En conséquence, il ne peut maintenant négliger la cause de Dieu, dont sa conscience l'assure qu'il est un si bon témoin, mais il doit employer sa sagesse au progrès de cette cause (1). »

Ce langage d'Élisabeth nous semble marquer d'une manière très exacte le vrai rôle que Coligny jouait en ce moment; très dévoué à la cause protestante, il ne veut la soutenir que par des voies légales; c'est par sa modération et sa fermeté qu'il agit sur Catherine. Mais comme celle-ci alléguait sans cesse la pression des Guises et du parti catholique, l'amiral avait chargé un jeune noble français, Louis de Bar, qui avait étudié en Allemagne, de voir l'électeur palatin et le duc de Wurtemberg, afin de les décider à donner à Catherine, si cela était nécessaire, un concours militaire. Calvin écrivit dans le même sens aux cantons de la Suisse allemande. En ce temps, où l'Allemagne et la Suisse étaient les grands réservoirs des troupes mercenaires, chacun avait intérêt à prendre les devants pour s'assurer leur concours.

François de Guise, sur ces entrefaites, ne perdait pas son temps. Malgré les recommandations de Catherine, qui lui enjoignait de ne point venir à Paris, il s'était dirigé sur la capitale quelques jours après le massacre de Vassy et y avait fait, le 16 mars, une véritable

---

(1) Dépêche de la reine à Throckmorton, en date du 31 mars 1562.

entrée triomphale ; Antoine vint l'y rejoindre, ainsi que le connétable et Saint-André ; c'était le triumvirat qui l'emportait et se constituait maître de la France.

A ce moment, où il aurait fallu plus que jamais une attitude énergique et nette, Catherine de Médicis recourut à sa tactique habituelle ; elle louvoya.

Elle écrivit plusieurs fois à Condé, du 16 au 26 mars, pour implorer son aide (1) ; l'histoire de ces lettres est curieuse. Aucune d'elles n'est explicite. Catherine était trop prudente pour s'exposer en cette affaire ; ce qu'il y a de plus clair, ce sont, dans ces lettres, des phrases telles que celles-ci. « Mon cousin, j'ai parlé à Ivoy (de Genlis) aussi librement que si c'était à vous-même, m'assurant de sa fidélité, et qu'il ne dira rien qu'à vous-même *et que vous ne m'alléguerez jamais et aurez seulement souvenance de conserver les enfants et la mère* et le royaume, comme celui à qui touche, et qui se peut assurer ne sera jamais oublié. *Brûlez cette lettre incontinent.* » Et dans une autre lettre : « Mon cousin, je vois tant de choses qui me déplaisent que, si ce n'était la fiance que j'ai en Dieu *et assurance que j'ai en vous que m'aiderez à conserver ce royaume et le service du roi mon fils, en dépit de ceux qui veulent tout perdre,* je serais encore plus fâchée ; mais j'espère que nous remédierons bientôt à tout avec votre bon conseil et aide. »

Mais il faut se souvenir que chacune de ces lettres

---

(1) Elle lui envoya sept lettres ou plutôt sept billets (voir la discussion relative à ce sujet dans les *Mémoires de Condé*, t. III, p. 213); on en trouvera quatre dans les *Lettres de Catherine de Médicis*, publiées par le comte de La Ferrière (p. 281 et suiv.).

était confiée à un messager qui était chargé d'exposer de vive voix les demandes de la reine, et que ces lettres n'étaient que le garant de la réalité de sa mission. Or, Condé, qui savait ce que valait la parole de la reine, ne consentit pas à détruire ces lettres, comme elle le lui demandait. Au contraire, il en fit des copies et en laissa le texte entre les mains de Spifame, qu'il envoya auprès de l'empereur, afin de justifier sa prise d'armes. Lorsque Spifame en eut remis plus tard le texte à l'empereur, Catherine écrivit à l'évêque de Rennes, son ambassadeur auprès de Ferdinand, et à la duchesse de Lorraine, pour expliquer le sens de ces lettres ; elle en fit faire des copies avec des *post-scriptum* destinés à les expliquer (1).

Elle prétendit que l'unique but de sa correspondance avec Condé avait été de l'engager à sortir de Paris, pour ne pas risquer un conflit ; mais cette misérable explication ne pouvait tromper personne. Si tel avait été son but, en effet, pourquoi ne pas le dire ouvertement ? Pourquoi des messagers secrets ? pourquoi cette prière instante à Condé de ne pas la compromettre ? pourquoi lui dire de brûler ses lettres ? pourquoi le désir qu'elle exprime souvent, plus tard, d'en retrouver le texte original ?

Il est certain qu'à un moment donné Catherine songea à s'appuyer sur Condé, mais que, sous la pression de Guise et du roi de Navarre qui vinrent la surprendre à Fontainebleau, elle céda au plus fort, et chercha

---

(1) On trouve ces *post-scriptum* dans le recueil de M. de La Ferrière.

ensuite à effacer le souvenir de cette velléité d'indépendance.

En même temps qu'elle s'adressait secrètement à Condé, elle voulut rassurer le parti catholique, et nomma le cardinal de Bourbon gouverneur de Paris à la place de Montmorency, fils aîné du connétable, dont les Guises redoutaient la sympathie pour les protestants. Le cardinal inaugura ses fonctions en interdisant aux protestants de célébrer la sainte Cène à Popincourt. Antoine de Bourbon, devenu « tout Espagnol », selon le mot de Throckmorton (1), accourut à Paris pour appuyer cette interdiction par la force. C'était la violation flagrante, officielle de l'édit de janvier.

La situation de Condé était des plus critiques. C'est en vain qu'il aurait songé à rester à Paris pour y défendre plus longtemps les droits des réformés (2) ; les

(1) « Is all Spanish. » *Calend. of state papers* (1561-1562, p. 553).
(2) Paris était alors très hostile à la Réforme. « Chacun, dit Lanoue, sait que là est le siège de la justice, qui a une merveilleuse autorité, et comme la faveur d'icelle eût beaucoup servi à ceux de la religion, aussi la défaveur leur apportait grande nuisance ; cependant tout ce sénat (le Parlement) et sa suite se montra toujours ennemi capital d'iceux, excepté très peu. Le clergé, qui en cette cité est très puissant et révéré, enrageait de voir en public choses qui le touchaient si au vif, et sous main brassait mille pratiques à l'encontre. Le corps de la maison de ville, craignant les altérations qu'il estimait provenir de la diversité de religion, s'efforçait aussi de la bannir ou reculer. A cette fin tendait aussi la plupart de l'Université, et quasi tout le bas et menu peuple, avec les partisans et serviteurs des princes et seigneurs catholiques... Quant à la cour, il est notoire qu'au temps du colloque de Poissy la doctrine évangélique y fut proposée en liberté, ce qui causa que plusieurs, tant petits que grands, prirent goût à icelle. Mais, tout ainsi qu'un feu de paille fait grande flamure et puis s'éteint incontinent, d'autant que la matière défaut, aussi, après que ce qu'ils avaient reçu comme une nouveauté se fut un peu envieilli en leur cœur, les affections s'amortirent, et la plupart retournèrent à l'ancienne cabale de la cour, qui est bien plus propre pour faire rire et piaffer et pour

quelques soldats dont il disposait n'auraient pu faire face à la populace aidée par les soldats de Guise. On a souvent cité à ce propos le mot de Lanoue : « Qu'était-ce que cela contre un peuple comme infini, sinon une petite mouche contre un grand éléphant ? Je cuide que si les novices des couvents et les chambrières des prêtres seulement se fussent présentées à l'imprévue avec des bâtons de cotterets ès mains, que cela leur eût fait tenir bride (1) ». Lanoue estime que la présence du roi, appuyant son édit, eût pu seule faire respecter les droits des protestants à Paris.

Le 22 mars, Condé quitta la capitale et se rendit à Meaux, où il pria ses deux oncles, Coligny et d'Andelot, de venir le rejoindre.

Guise, Saint-André et le roi de Navarre firent demander à Catherine de venir à Paris. Catherine s'y refusa, alléguant la santé du jeune roi. Ce que voyant, les trois chefs, qui sentaient qu'il n'y avait pas une minute à perdre pour s'emparer du pouvoir, se rendirent avec une escorte militaire à Fontainebleau. C'était le vendredi 27 mars. Catherine les reçut très froidement, mais il lui fallait bien céder à la force; ils alléguèrent la nécessité de mettre le jeune roi en lieu sûr. Catherine et son fils se laissèrent emmener par eux à Melun.

Le message de Condé était parvenu à Châtillon-sur-Loing, où l'amiral se trouvait avec ses deux frères et quelques seigneurs protestants, entre autres Genlis, Boucard et Briquemault.

s'enrichir. Même il y eut des huguenots qui se défroquèrent pour resuivre cette trace. »

(1) Lanoue, *Discours polit. et milit.* (p. 551).

On délibéra sur le parti à prendre. Fallait-il s'armer pour résister aux Guises? Tout était là. Il ne fut pas question un moment de s'insurger contre la reine mère. Au contraire, les lettres qu'elle avait adressées à Condé réclamaient le secours de ce dernier. Une chose était évidente : c'est que l'édit de janvier devenait lettre morte, c'est que le gouvernement se sentait incapable de le faire respecter; c'est qu'il fallait lui prêter main-forte contre les Guises, si on voulait empêcher la ruine de la religion. Nul n'envisagea l'idée d'une révolte contre l'autorité royale. C'est ce qui nous explique ce fait, attesté par le véridique Lanoue, que de tous les côtés les protestants arrivèrent, devançant les appels de Condé. « Aucuns ont pensé, dit-il, qu'on avait prémédité ceci de longtemps, ou qu'il était advenu par la diligence des chefs ; mais je puis affirmer que non, pour avoir été présent et curieux d'en rechercher les causes (1). Il est certain que la plupart de la noblesse ayant entendu l'exécution de Vassy, poussée d'une bonne volonté et partie de crainte, se délibéra de venir près Paris, imaginant, comme à l'aventure, que les protestants pourraient avoir besoin d'elle. Et en cette manière partaient des provinces ceux qui étaient plus renommés, avec dix, vingt ou trente de leurs amis, portant armes couvertes et logeant par les hôtelleries ou par les champs en bien payant, jusqu'à ce qu'ils rencontrèrent le corps et l'occasion tout ensemble. Plusieurs d'entre eux

---

(1) Lanoue, alors âgé de trente et un ans, se trouvait à Paris lorsqu'on y reçut la nouvelle du massacre de Vassy.

m'ont assuré que rien ne les fit mouvoir que cela (1). »

Il y eut donc là, tout l'indique, un mouvement spontané de la noblesse protestante. Elle se sentit menacée dès qu'elle connut le massacre de Vassy et elle s'arma, non pour s'insurger, mais pour se défendre.

C'est là ce que l'on voit dans une lettre que l'amiral adressa à Catherine, le 27 mars, de Meaux, où il venait de se rendre sur l'invitation de Condé. La reine mère lui avait envoyé deux missives dont nous n'avons pas le texte et Coligny lui répondit en ces termes (2) :

« Madame, j'ai reçu deux lettres qu'il a plu à Votre Majesté de m'écrire, toutes deux du 25e de ce mois, la première par un courrier envoyé devers M. le Prince, et la seconde par votre valet de chambre ; et, pour répondre à toutes deux, en premier lieu, je ne sais d'où le roi de Navarre a eu avertissement que je faisais levée de gens, mais je vous réponds sur mon honneur, Madame, que je n'y ai pas seulement pensé ; bien ai-je averti quelques-uns de mes voisins et amis et prié de me faire compagnie pour venir trouver mon dit sieur le Prince ; que si d'aventure il s'en est trouvé en ma compagnie d'armés, il me semble qu'il ne doit être trouvé non plus étrange que de ceux qui vont trouver M. de Guise avec armes découvertes et dont je puis parler comme les ayant vus ; davantage que je suis averti de plusieurs endroits que M. de Guise me menace fort, ce que m'a encore ici confirmé M. le Prince, comme l'ayant entendu de bon lieu, et pour cette cause je vous supplie très humblement, Madame, ne trouver mauvais que je me tienne sur mes gar-

---

(1) Lanoue, *Discours polit. et milit.* (p. 547).
(2) *Lettres de Catherine de Médicis*, par le comte de La Ferrière (p. 285).

des. La seconde lettre de Votre Majesté fait encore mention de ce que vous avez entendu que je suis parti de chez moi avec grande compagnie de gens armés d'armes creues (1) et découvertes et que je fais ainsi marcher ma compagnie, l'ayant levée de sa garnison. Quant à avoir bonne compagnie, je confesse que je l'ai et la meilleure que je pourrai pour me garder d'être outragé; quant à armes découvertes, je n'en ai eu en ma compagnie, sinon de pistoles et pistolets, ce qui est commun par tout le royaume de France; quant à avoir levé ma compagnie de sa garnison (2), il ne s'en trouvera nul mandement de moi, et ce principalement m'en a gardé, c'est que je savais bien qu'il n'y avait pas tant de gens que cela me pût porter grande faveur; et toutefois, Madame, quand je l'aurais mandée, je n'aurais fait que ce que ont fait d'autres. Quant à ce que me mandez si j'ai fait faire un serment à ma compagnie sans parler du roi, afin que vous connaissiez la vérité du fait, il y a plus de quatre ans que je ne fus en monstre (revue) de ma compagnie, là où les serments se font; d'en avoir fait faire depuis, en quelque sorte que ce soit, si vous trouvez qu'il en soit rien, je veux que vous me teniez pour infâme et déshonoré. Au demeurant, je vous supplie très humblement, Madame, croire qu'il n'y a gentilhomme en France qui plus désire vous voir en repos et contente que moi, ce que je ferai plus particulièrement entendre

---

(1) On disait *armé à cru* pour armé de pied en cap; mais il nous est impossible d'expliquer l'expression dont se sert ici Coligny; le parallèle avec armes découvertes, semble indiquer qu'il s'agit de l'armure défensive, des diverses parties de la cuirasse.

(2) Ceci semble contredire l'assertion ci-dessus : « S'il s'en est trouvé *en ma compagnie* d'armés. » La contradiction n'est qu'apparente. Coligny est parti de chez lui en compagnie de plusieurs voisins et amis, et il l'avoue, mais il n'a nullement levé la compagnie régulière dont il était le chef, ce qui aurait déjà impliqué une prise d'armes. Il ne le fit que plus tard, d'accord avec Condé et lorsque le roi fut en la tutelle du duc de Guise.

par le capitaine Breuil que M. le Prince envoie devers Votre Majesté, et sur ce je prierai Notre-Seigneur, Madame, vous donner en parfaite santé très heureuse et longue vie.

» Votre très humble et très obéissant sujet et serviteur.

» CHASTILLON.

» De Meaux, ce 27ᵉ de mars 1561 (1562 n. s.). »

Nous avons reproduit cette lettre en entier parce qu'elle a une importance capitale et nous permet de juger le véritable état d'esprit de Coligny à la veille de la prise d'armes des huguenots. Condé est sorti de Paris le 22 mars. Le 23, il convoque Coligny et les chefs protestants à Meaux (1). Le 25, Catherine envoie à l'amiral deux lettres, dont la seconde dit qu'elle vient d'apprendre « que Coligny est parti de chez lui avec grande compagnie de gens armés. » Preuve irrécusable que l'amiral a répondu sur-le-champ à la convocation de Condé (2), et, en effet, c'est bien de Meaux que le 27 il répond à Catherine la lettre ci-dessus. Son langage est parfaitement sincère. Il n'a jamais pensé à faire une levée de troupes, mais il ne veut pas être dupe ; il a vu Guise venir à Paris avec une véritable armée malgré l'ordre de la reine, il sait quels sont les desseins de Guise envers lui et les chefs protestants,

---

(1) « Étant là (à Meaux), M. le Prince envoya en diligence vers messieurs l'amiral et d'Andelot, et leur manda qu'ils marchassent en diligence vers lui. » (Lanoue.)

(2) Ce point doit être noté, parce qu'il est en opposition évidente avec l'assertion de d'Aubigné, que nous citons plus loin.

il est donc venu conférer avec Condé, et il s'est fait accompagner pour sa sûreté d'un certain nombre de gentilshommes ; si ceux-ci sont armés, la reine ne peut le trouver étrange, car leurs ennemis le sont et depuis longtemps. Du reste, jamais Coligny ni ses amis n'ont songé un instant à s'insurger contre l'autorité du roi et de sa mère. Voilà ce qu'il affirme sans hésitation et sans l'ombre d'un remords.

Remarquons que Lanoue, témoin oculaire de la prise d'armes, s'exprime absolument dans le même sens. Après avoir dit, dans les passages que nous avons cités plus haut, qu'il n'y avait eu aucun soulèvement prémédité, il affirme que Coligny et les autres nobles protestants vinrent à Meaux, « sans toutefois découvrir les armes que ceux de la Ligue (les partisans des Guises) avaient déjà découvertes. » A Meaux, on s'attarda « cinq ou six jours, tant pour délibérer de ce qu'on ferait que pour la Cène qui se célébrait le jour de Pâques. » Pendant ce temps, Guise et le roi de Navarre avaient été à Fontainebleau et avaient forcé le roi et la reine mère à les suivre. C'est alors que « M. l'amiral qui n'était pas novice ès affaires d'État, prévoyant que le jeu allait s'échauffer, remontra qu'il convenait se renforcer d'hommes diligemment, ou se préparer à la fuite, et encore craignait-il qu'on eût beaucoup tardé. » Ce n'est qu'en voyant arriver de tous côtés des gentilshommes huguenots que Coligny sentit qu'on pouvait faire tête et résister.

Il est évident que, chez une grande partie de la noblesse protestante, la perspective d'entrer en campagne pour combattre les Guises dut enfler les cœurs d'une enthousiaste et joyeuse espérance. Que l'on songe aux cruelles souffrances infligées à leur Église depuis plus de trente ans, aux ressouvenirs cruels d'Amboise, au sanglant martyrologe écrit dans le livre de tant de familles. L'Église réformée était d'ailleurs dans sa période ascendante ; depuis deux ou trois ans, elle avait fait des recrues nombreuses dans la plus haute noblesse ; elle avait les sympathies avouées des ennemis des Guises ; Élisabeth d'Angleterre, les princes protestants d'Allemagne ne lui refuseraient pas leur concours ; Catherine de Médicis passait même pour être leur secrète alliée. Enfin, ils s'armaient pour défendre un édit solennellement juré.

Coligny vit plus clair que les autres ; il entra dans la lutte sans enthousiasme, par le sentiment impérieux du devoir.

Agrippa d'Aubigné, dans des pages célèbres, les plus belles qu'il ait jamais écrites, a voulu retracer la lutte qui se passa dans l'âme du grand huguenot. Qu'y a-t-il d'authentique dans le dialogue que nous allons reproduire ? Nul ne pourra jamais le dire (1). Si l'on y prend garde, l'entretien de l'amiral avec sa femme, publié par d'Aubigné, plus de cinquante après, en 1616, offre une lointaine analogie avec celui qu'ils avaient eu en 1559, au moment de se joindre à l'Église persécutée (2) ; alors

---

(1) Nous ne saurions aller jusqu'à dire avec M. Delaborde que d'Aubigné eut « le privilège d'être le confident de la noble influence que Charlotte de Laval exerça alors sur l'amiral. » D'Aubigné avait alors douze ans ; il en avait vingt-deux lors de la mort de l'amiral, en 1572, et il est fort douteux que jamais Coligny se soit ouvert à lui sur les incidents de cette nuit mémorable.

(2) Nous l'avons reproduit plus haut, p. 181, d'après la *Vita Colinii*.

déjà, c'était Charlotte de Laval qui avait pressé l'amiral de prendre un parti ; c'était lui qui lui avait énuméré « bien au long » tous les obstacles à surmonter, toutes les hontes et toutes les souffrances à subir, sur quoi elle avait répondu simplement qu'elle était prête à tout. Il est par trop évident que l'entretien de Châtillon ne put être reproduit par personne, que d'Aubigné a prêté à Coligny un langage prophétique qui ne pouvait être exact alors, et qu'il faut voir dans ce magnifique tableau l'une de ces libres compositions que d'Aubigné s'est souvent permises. Mais, ces réserves faites, il faut reconnaître que ce dialogue est vrai, en ce sens qu'il ne prête à l'amiral et à sa femme pas un mot qui ne soit digne d'eux et qui ne traduise avec une sincérité puissante l'héroïsme moral de ces grands caractères. On peut dire que l'âme de la Réforme française est là tout entière dans son inspiration la plus noble et la plus authentique. Laissons parler l'historien :

« A Châtillon-sur-Loing s'étaient assemblés près l'amiral, le cardinal, d'Andelot, ses frères, Genlis, Boucart, Bricquemault et autres, pour le presser de monter à cheval.

» Ce vieil capitaine trouvait le passage de ce Rubicon si dangereux qu'ayant par deux jours contesté contre cette compagnie, et par doctes et spécieuses raisons rembarré leur violence, il les avait étonnés de ses craintes, et n'y avait comme plus d'espérance de l'émouvoir (1), quand il arriva ce que je veux donner à

(1) Ceci est en contradiction formelle avec l'assertion bien plus vraisemblable de Lanoue et avec le fait que l'amiral répondit sur-le-champ à l'appel de Condé.

la postérité, non comme un intermèze de fable, bienséante aux poètes seulement, mais comme une histoire que j'ai apprise de ceux qui étaient de la partie (1).

» Ce notable seigneur, deux heures après avoir donné le bonsoir à sa femme, fut réveillé par les chauds soupirs et sanglots qu'elle jetait; il se tourna vers elle et, après quelques propos, il lui donna occasion de parler ainsi :

» C'est à grand regret, monsieur, que je trouble votre repos par mes inquiétudes, mais étant les membres du Christ déchirés comme ils sont et nous de ce corps, quelle partie peut demeurer insensible? Vous, monsieur, n'avez pas moins de sentiment, mais plus de force à le cacher. Trouverez-vous mauvais de votre fidèle moitié si, avec plus de franchise que de respect, elle coule ses pleurs et ses pensées dans votre sein? Nous sommes ici couchés en délices, et les corps de nos frères, chair de notre chair et os de nos os, sont, les uns dans les cachots, les autres par les champs, à la merci des chiens et des corbeaux. Ce lit m'est un tombeau puisqu'ils n'ont pas de tombeaux; ces linceuls me reprochent qu'ils ne sont pas ensevelis. Pourrons-nous ronfler en dormant, et qu'on n'oye pas nos frères aux soupirs de la mort? Je remémorais ici les prudents discours desquels vous fermiez la bouche à messieurs vos frères; leur voulez-vous aussi arracher le cœur et

(1) Cette précaution oratoire de d'Aubigné prouve qu'il sentait que les lecteurs se demanderaient comment il avait pu, à une telle distance des faits, reproduire cet entretien. Ce qu'il y a de plus plausible, c'est que Coligny avoua à ses hôtes que sa femme l'avait poussé dans le sens de la résistance et put leur citer telle de ses paroles, trop grande pour avoir été inventée.

les faire demeurer sans courage comme sans réponse ? Je tremble que telle prudence soit des enfants du siècle et qu'être tant sage pour les hommes ne soit pas être sage à Dieu, qui vous a donné la science de capitaine. Pouvez-vous en conscience en refuser l'usage à ses enfants ? Vous m'avez avoué qu'elle vous réveillait quelquefois ; elle est le truchement de Dieu. Craignez-vous que Dieu vous fasse coupable en la suivant (1) ? L'épée de chevalier que vous portez est-elle pour opprimer les affligés, ou pour les arracher des ongles des tyrans ? Vous avez confessé la justice des armes contre eux ; pourrait bien votre cœur quitter l'amour du droit pour la crainte du succès ? C'est Dieu qui ôta le sens à ceux qui lui résistèrent sous couleur d'épargner le sang ; il sait sauver l'âme qui se veut perdre et perdre l'âme qui se veut garder. Monsieur, j'ai sur le cœur tant de sang versé des nôtres ; ce sang et votre femme crient au ciel vers Dieu et en ce lit contre vous que vous serez meurtrier de ceux que vous n'empêchez point d'être meurtris. »

L'amiral répond : « Puisque je n'ai rien profité par mes raisonnements de ce soir sur la vanité des émeutes populaires, la douteuse entrée dans un parti non formé, les difficiles commencements, non contre la monarchie, mais contre les possesseurs d'un état qui a ses racines envieillies (2), tant de gens intéressés à sa manutention,

---

(1) C'est à de tels accents que l'on reconnaît la grandeur première de la Réforme et sa force invincible.

(2) D'Aubigné n'a pas voulu dire que les commencements contre la monarchie eussent été faciles ; son idée est qu'il était difficile d'attaquer les possesseurs d'un état qui a ses racines envieillies (et, pour le dire en

nulles attaques par dehors, mais générale paix, nouvelle et en sa première fleur, et, qui pis est, faite entre les voisins conjurés, et faite exprès à notre ruine (1); puisque les défections nouvelles du roi de Navarre et du connétable (2), tant de force du côté des ennnemis, tant de faiblesse du nôtre, ne vous peuvent arrêter, mettez la main sur votre sein, sondez, à bon escient, votre constance, si elle pourra digérer les déroutes générales, les opprobres de vos ennemis et ceux de vos partisans, les reproches que font ordinairement les peuples quand ils jugent les causes par les mauvais succès, les trahisons des vôtres, la fuite, l'exil en pays étrange, là les choquements des Anglais, les querelles des Allemands, votre honte, votre nudité, votre faim, et qui est plus dur, celle de vos enfants; tâtez encore si vous pouvez supporter votre mort par un bourreau, après avoir vu votre mari traîné et exposé à l'ignominie du vulgaire, et, pour fin, vos enfants infâmes valets de vos ennemis accrus par la guerre et triomphants de vos labeurs : je vous donne trois semaines pour vous éprouver, et, quand vous serez, à bon escient, fortifiée contre tels accidents, je m'en irai périr avec vous et avec vos amis. »

L'amirale répliqua : « Ces trois semaines sont ache-

passant, quelle magnifique image!), et il ajoute le mot *non contre la monarchie*, pour marquer que les protestants n'en voulaient pas à la monarchie elle-même.

(1) Nous avons indiqué les stipulations secrètes de la paix de Cateau-Cambrésis dirigées contre les protestants.

(2) Le mot de défection convient à Antoine, qui venait de faire une honteuse volte-face ; on le comprend moins appliqué au connétable, qui n'avait jamais fait de promesse aux protestants.

vées (1). Vous ne serez jamais vaincu par la vertu de vos ennemis; usez de la vôtre et ne mettez point sur votre tête les morts de trois semaines; je vous somme, au nom de Dieu, de ne nous frauder plus, ou je serai témoin contre vous en son jugement. »

« D'un organe bien-aimé et d'une probité éprouvée, les suasions furent si violentes qu'elles mirent l'amiral à cheval pour aller trouver le prince de Condé et autres principaux chefs du parti à Meaux (2). »

Parvenu à la fin de ce livre et à cette date d'avril 1562, qui va inaugurer l'ère sanglante des guerres religieuses, nous rencontrons en terminant une question souvent débattue. On s'est demandé si la lutte n'aurait

(1) Ce mot de Charlotte de Laval est sublime. « Corneille n'a rien de plus grand. » (Sainte-Beuve).
(2) Quand on lit avec soin ce dialogue, on se convainc que, vrai par le fond, par les sentiments qu'il prête à l'amiral et à sa femme, et par quelques paroles qui doivent avoir été fidèlement conservées, il n'en est pas moins l'œuvre de d'Aubigné lui-même. Ni l'amiral ni sa femme n'ont pu songer à le reproduire; il y a là, d'ailleurs, des prédictions qui n'ont été rédigées qu'à la sombre lumière des défaites postérieures, quand ce ne serait que ce trait relatif à l'amiral *traîné et exposé à l'ignominie du vulgaire*. Notons enfin cette progression savante, ces antithèses bien choisies, d'un effet si puissant, mais qui ne s'improvisent pas sur l'heure. Si nous faisions une étude littéraire, il y aurait lieu de s'arrêter à marquer ces expressions pleines et fortes, ces images prises sur le vif, telles que Saint-Simon seul saura en trouver de pareilles, ce style âpre et sincère où tel mot qui semble vulgaire ajoute à l'effet du tableau. Quant à l'inspiration de l'ensemble, elle est de première grandeur; c'est d'avance « la tempête sous un crâne », de Hugo; c'est le drame de la conscience retracé par un historien de génie.

pas pu être évitée; si les protestants français n'auraient pas été plus grands en renonçant à tout appel aux armes, en se laissant frapper jusqu'au bout.

Pendant plus de trente ans, l'histoire de l'Église réformée de France n'avait été qu'un martyrologe d'une monotonie morne, tragique et sublime; à certains moments, sous François Ier et sous Henri II, les exécutions avaient atteint un chiffre effrayant. Cela n'avait point empêché l'Église de grandir; vers 1562, au moment de l'édit de janvier, elle avait conquis quelques-unes des plus grandes familles de la noblesse. La guerre n'allait-elle pas arrêter cette marche ascendante? A la place d'une religion proscrite, mais qui n'en poursuivait pas moins ses conquêtes jusque dans les rangs de ses proscripteurs, n'allait-elle pas constituer un parti, c'est-à-dire une puissance militaire et politique? Or, les partis, et surtout les partis en guerre, se préoccupent avant tout de réussir et de vaincre. Il leur faut les alliances politiques, il leur faut l'argent et la force, et comment avoir tout cela sans diplomatie, sans ruse, sans toutes les ressources qui de tout temps, dans l'ordre terrestre, ont assuré le succès? La guerre, pour cette Église, jusque-là si jalouse de l'égalité de ses membres, et qui s'était recrutée surtout dans les rangs du peuple, ce sera forcément l'influence prépondérante des chefs militaires, et partant des nobles; que deviendra la ferveur morale première, quand les ministres devront céder le pas aux grands seigneurs si libres d'allures, si peu habitués à se dompter eux-mêmes, quand la soldatesque se donnera libre carrière, en ce temps surtout où les combattants croyaient avoir droit au pillage et à la licence ouverte? Voilà donc la vérité dépendant des succès de la force, de l'appui des lansquenets suisses, des reîtres de l'Allemagne, des subsides d'Élisabeth. Voilà la France déchirée par les factions contraires, la ruine et la malédiction suivant partout les pas des victorieux eux-mêmes, et cette chance terrible de la défaite possible, de l'écrasement impitoyable pour ceux qui, pris les armes à la main, ne seraient plus les martyrs de la foi, mais des révoltés, des maudits. Ah! combien préférable et plus glorieuse la mort sur le bûcher, sans autre arme que la prière, sans autre cri que ce chant des psaumes qui tant de fois troubla la foule et subjugua la conscience des bourreaux eux-mêmes!

Ainsi sentaient bien des âmes chrétiennes dans la première génération des huguenots français. Ainsi pensa toujours Calvin. Dans sa correspondance immense avec les persécutés, on ne trouvera pas une ligne où il en appelle à la révolte; ce qu'il veut toujours, c'est la soumission aux puissances établies de Dieu, sans que l'on recoure jamais aux armes charnelles; vue par ce côté-là, cette résignation a quelque chose de sublime; mais combien l'impression change lorsqu'on voit Calvin revendiquant, en vertu du même principe, pour les magistrats de Genève, le droit de réprimer l'hérésie et recourir au bras de la chair pour frapper ceux qui ne croient pas comme lui! Calvin blâma sans hésiter la conjuration d'Amboise (1). Coligny longtemps pensa comme lui.

(1) Nous l'avons montré p. 194. Aux preuves que nous avons données, on peut ajouter ce passage d'une lettre à Sturm. (*Opera*, vol. XVIII, l. III, 174).

Mais la question ne se présentait plus sous cette forme simple. Les protestants avaient usé les supplices ; leur droit s'était imposé à la conscience publique et venait d'être écrit dans une loi solennellement proclamée, que le gouvernement avait promis de faire observer. Il s'agissait donc de savoir désormais si, comme citoyens, ils assisteraient passivement à l'immolation de leur droit.

D'autre part, les Guises venaient de violer l'édit de janvier résolument, publiquement, et il aurait fallu être aveugle pour ne pas comprendre qu'ils se préparaient à soutenir par les armes l'entreprise commencée à Vassy (1). Catherine elle-même, se disant opprimée par les Guises, avait fait appel à Condé ; elle représentait le jeune roi comme captif (2). Les protestants s'armaient donc pour défendre la loi ; ils pouvaient légitimement s'y croire appelés par le roi, et Théodore de Bèze exprimait fidèlement leur pensée lorsqu'il écrivait plus tard : « Ce serait une calomnie par trop effrontée de bailler le nom d'émotion et rébellion contre le roi et le repos à une si juste et totalement nécessaire défensive contre tels et si

Calvinus Sturmio : « Quum me principio consulerunt qui primi ad hoc negotium agitandum aliis fuerunt auctores, libere respondi *mihi non placere totam agendi rationem, rem vero ipsam multo minus probari.* » (Lettre du 23 mars 1560.) Bèze, déjà, pensait tout autrement.

(1) Le 18 mars déjà, Sturm écrit de Strasbourg à Calvin, que, par l'initiative des Guises, des troupes se préparent partout en Allemagne : « Supra sexaginta signa peditum conscripta jam habere nunciatur, octo et amplius millia equitum conquiri. »

(2) Nos accepto captivi Regis nuncio (neque enim hoc aliud est quam miserrima captivitas quam etiam Rex cum lacrymis testatus est), etc. (Lettre de Bèze. *Opera Calvini*, vol. XIX, p. 389).

horribles violateurs de tout droit divin et humain, osant bien cependant couvrir tout cela de l'autorité d'un roi mineur, captif entre leurs mains, avec une femme, sa mère, et des Parlements choisis et pratiqués après en avoir déchassé tous ceux qui pouvaient s'opposer au mal; défensive, dis-je, très juste, puisqu'il n'y a pays au monde auquel les lois n'arment tous loyaux sujets, voire jusqu'au plus petit, pour rendre fort le droit de justice contre les ennemis publics, qui ne peuvent autrement être réprimés (1). »

On voit à ces dernières paroles de Bèze par quelle progression logique, des protestants, même les plus loyaux, tels que Coligny, sont arrivés à la résistance. Au début, c'est la théorie de la soumission absolue qui prévaut; lorsque survient la conjuration d'Amboise, la plupart des théologiens que l'on consulte, sauf Calvin, approuvent sous la réserve qu'on ne s'élève pas contre le roi et qu'on puisse avoir à la tête de l'entreprise un prince du sang (2). Depuis lors, les droits des protestants sont inscrits dans la loi; le gouvernement a juré de les respecter; Condé passe pour être soutenu secrètement par la reine; l'insurrection n'est plus une insurrection (3).

Au fond, de quoi s'agissait-il? De faire triompher

---

(1) Le *Mémoire* de Bèze, d'où sont extraites ces paroles, fut rédigé en 1594. (*Bullet. de la Soc. de l'hist. du prot. français*, t. XXI, p. 28).
(2) La Planche.
(3) De quel droit le parti des Guises accusait-il les protestants de s'insurger contre le roi? Eux-mêmes avaient maintes fois déclaré qu'ils n'accepteraient pas un roi hérétique. Le 15 mai 1561, Catherine de Médicis

leur religion par l'épée? Peut-être certains chefs protestants l'ont-ils rêvé. Coligny, lui, ne voulut qu'une chose : assurer la liberté du culte réformé. Nous ne l'en blâmerons point. Tout peuple a le droit de faire inscrire dans ses lois la liberté religieuse et, lorsqu'il y est parvenu, de la défendre comme toutes les libertés.

Établir ou propager une religion par la force est contraire non seulement à l'esprit du christianisme, mais au droit le plus élémentaire de la conscience. Saint Paul a dit en parlant de son apostalat : « Nous n'usons pas d'armes charnelles ; » mais on sait avec quelle énergie il a fait respecter en sa personne les droits du citoyen romain. Défendre la liberté des consciences est pour un peuple comme pour un individu le plus impérieux des devoirs.

L'histoire ne prouve que trop que, malgré le beau mot de Tertullien : *Sanguis martyrum semen Ecclesiæ*, la persécution religieuse peut réussir, et qu'elle a d'autant mieux réussi qu'elle a été plus atroce. Toutes les Églises chrétiennes en ont fait la cruelle expérience ; le glaive de Mahomet a enlevé à celle d'Orient Alexandrie, Jérusalem, Antioche, Éphèse et Constantinople elle-même ; en Chine, au Japon, l'Église catholique a perdu pour des siècles un sol que le sang de ses martyrs avait généreusement arrosé ; c'est par les mêmes

---

avait voulu savoir de la bouche de François de Guise ce que signifiait le triumvirat ; allant plus loin, elle lui demanda *si, dans le cas où elle et son fils changeraient de religion, il lui refuserait ce jour-là l'obéissance. Le duc répondit nettement que oui.* (Lettre de Chantonnay à la duchesse de Parme, juin 1561). Voyez La Ferrière. (Introd., p. xciv).

moyens que la Réforme a été extirpée de l'Italie, de l'Espagne, de la Bohême.

Sans doute, dans un sens général et supérieur, le mot de Tertullien reste vrai. A moins de penser que tout est fatal et qu'une ironie universelle préside aux choses humaines, il faut affirmer que pas une souffrance ne se perd quand elle est au service de la justice et de la vérité. L'auteur des *Tragiques,* dans une admirable image, compare les cendres des martyrs à une graine précieuse que le vent de la persécution porte en d'autres climats où elle doit germer sûrement. C'est là le ferme espoir de quiconque croit à la justice éternelle ; les faits montrent que cet espoir est souvent réalisé sur la terre et que l'humanité, dans son ensemble, profite du dévouement et des sacrifices du plus obscur de ses membres. Mais, ce qui est vrai de l'ensemble, ne l'est plus de chaque nation prise en détail. Une nation peut étouffer la pensée dans l'enceinte de ses frontières ; elle peut éteindre la lumière et entrer dans la nuit dont on ne se réveille plus. Malheur aux religions qui se propagent par l'épée; mais malheur aux nations qui ne savent pas prendre l'épée pour défendre la liberté des consciences et le droit des opprimés ! Les huguenots n'ont pas voulu que la France devînt une seconde Espagne, et leur main vaillante a déchiré la trame dans laquelle on l'enserrait. Charlotte de Laval ne s'est pas trompée, et, sur ses lèvres frémissantes, j'entends la voix généreuse de la patrie elle-même s'avouant meurtrière de ceux qu'elle n'a pas empêchés d'être meurtris.

Lorsque Calvin recommandait la soumission passive,

il était fort heureux pour lui que le peuple de Genève ne l'eût pas trop pratiquée, qu'il eût su se défendre contre les entreprises de la Savoie; ni l'Ecosse, ni la Hollande, ni les protestants d'Allemagne n'ont eu à se repentir d'avoir défendu leurs droits par l'épée; il faudrait que la conscience humaine descendît bien bas pour que le nom de Guillaume d'Orange ne fût plus honoré parmi les hommes. Sans doute, pour les protestants français, la lutte a été terrible et pleine de dangers; mais, en la soutenant, ils ont bien mérité de Dieu et de la patrie; sans doute, la cause qu'ils défendaient a été souvent compromise par les ambitions de leurs chefs, et il faut déplorer à jamais cette transformation, qui fit, à certains jours, de leur Église un parti entraîné à des alliances toutes politiques. Mais que leurs adversaires leur rendent au moins cette justice : jamais ces prétendus factieux n'ont songé à renverser le gouvernement de leur pays; ils devaient défendre plus tard les droits de Henri III lui-même, l'inspirateur de la Saint-Barthélemy, quand les chefs de la Ligue offraient le trône de France à Philippe II d'Espagne; jamais peuple ne vit un exemple de loyauté plus touchante que celle de Châtillon, le fils de l'amiral, lorsqu'à la tête de ses huguenots, s'avançant à Blois sous un feu terrible, avec un calme qui arrachait des cris d'admiration à ses ennemis eux-mêmes, il défendait contre les ligueurs le roi qui avait été le bourreau de son père.

Si ce seul mot, liberté religieuse, eût toujours été écrit sur le drapeau des huguenots, leur cause eût été sans reproche; c'est l'honneur de Coligny de n'avoir voulu que cela ; il le disait au moment où il prenait les armes, il pouvait le répéter sincèrement lorsque, dix ans plus tard, blessé par Maurevel, il affirmait à Charles IX qu'il ne s'était jamais armé que pour défendre les édits.

FIN

APPENDICE

A

Page 13 : *Trait relatif à la jeunesse de Coligny.*

Coligny et d'Andelot donnèrent fort à faire à leur gouverneur Prunelay. Un jour, dans une séance d'escrime, leur maître d'armes, Morin, brisa son fleuret, qui blessa si profondément un jeune gentilhomme du Poitou qu'il en mourut. « Ce gentilhomme avait deux frères qui ne furent pas plus tôt avertis de cet accident que, sans entrer en connaissance de cause, ils voulurent se ruer sur ce prévôt, qui était plus mort que vif. M. de Châtillon, qui avait été présent à la chose, voulut les en empêcher et leur conter comment elle était arrivée; mais n'étant pas capables de raison, dans le ressentiment où ils étaient, ils se mirent en devoir de lui passer sur le ventre, ce qu'ils auraient fait, si la plupart des académistes ne se fussent rangés de son côté. Il empêcha, par ce moyen, que ces gentilshommes ne tuassent le prévôt; et, l'ayant fait sauver, ils en conçurent tant de dépit qu'ils résolurent de s'en venger..... L'aîné d'entre eux parla à M. de Châtillon, lui disant qu'il le croyait trop honnête homme pour ne pas lui donner satisfaction. Il n'y avait rien alors de plus commun que les duels, de sorte que bien loin d'avoir horreur de ces sortes de choses, comme la raison et le service de Dieu le voulaient, on tirait une espèce de vanité de s'être trouvé plusieurs fois sur le pré. M. de Châtillon, donnant donc comme les autres dans les désordres du siècle, promit à ce gentilhomme de se trouver au rendez-vous qu'il lui donnait, et comme son frère devait être de la partie, il en avertit Andelot, afin que le combat fût de deux frères contre deux frères. Mais Parini (leur maître écuyer) s'étant douté de la chose, sur ce que ces deux gentilshommes étaient sortis et qu'ils ne revenaient point, il en avertit Prunelay et le pria d'y donner ordre. Châtillon et Andelot, pour se dérober de lui, firent une partie de paume, au sortir de laquelle ils prétendaient s'évader, car il les quittait d'ordinaire quand ils étaient à cette sorte d'exercice, et ils espéraient que ce serait la même chose. Mais il n'eut garde de le faire après l'avis qu'il avait reçu, et eux s'étant aperçus qu'il les observait ne dirent rien, mais ils avertirent un de leurs valets de chambre d'aller acheter une grande corbeille et de l'apporter si adroitement que leur gouverneur ne s'en aperçût. Le valet de chambre exécuta leurs ordres sans y manquer d'un seul point, et ayant caché la corbeille dans un cabinet au coin de leur lit, sans savoir ce qu'ils en voulaient faire, il leur rendit compte de son message. Ils en furent ravis et, après lui avoir promis monts et merveilles, ils lui dirent qu'ils attendaient un service de lui dont il devait espérer une grande récompense, que c'était, en un mot, de se cacher dans le grenier à foin qui était à deux ou trois étages au-dessus de leur chambre, et que, quand leur gouverneur serait endormi, il descendît la corde avec laquelle on montait le foin, afin qu'ils y pussent attacher la corbeille, que leur dessein était de se mettre dedans l'un après l'autre, c'est pourquoi il faudrait qu'il les descendît quand la corbeille serait attachée. Le valet de chambre trembla à cette proposition, jugeant bien, après ce qui s'était passé, quelle pouvait être leur intention. Néanmoins, s'étant laissé intimider par les menaces qu'ils lui firent de ne jamais rien faire pour lui, à moins qu'il ne leur obéît, il accepta le parti et les descendit l'un après l'autre. Le rendez-vous était pour le matin, ainsi ils s'en furent dans une hôtellerie du faubourg Saint-Germain, où ils achevèrent le reste de la nuit..... La nuit étant passée, ils n'eurent pas grand'peine à se lever, car ils ne s'étaient couchés que sur un méchant matelas; et, s'étant rendus au Pré-aux-Clercs, ils y trouvèrent les deux gentilshommes qui les attendaient en bonne dévotion. Ils se visitèrent les uns les autres, selon la mode du temps, pour voir s'ils n'étaient point armés, et n'ayant rien trouvé qui ne fût selon la bonne foi, ils mirent l'épée à la main. Le combat fut plus rude qu'il ne fut long. Châtillon blessa son homme du premier coup, et, lui ayant fait une passe au collet, il lui fit demander la vie. Andelot ne fut pas si heureux; celui contre qui il avait assaut, qui était une des meilleures épées de Paris, ayant feint de reculer, prit son temps pour se jeter sur lui, et, de fait, il lui avait déjà saisi son épée quand Châtillon lui mit la pointe de la sienne dans les reins et l'obligea à suivre l'exemple de celui contre qui il s'était battu (1). » La chose n'en resta pas là. Les vaincus essayèrent de prendre leur revanche d'une façon peu loyale. Quelque temps après, ayant appris que Coligny et son frère chassaient à Juvisy, près des terres d'un de leurs amis, il saisirent l'occasion pour les épier et pour courir sur eux, sous prétexte qu'ils avaient dépassé les limites de leur chasse; ce guet-apens improvisé dégénéra en une véritable bataille, où les Châtillons eurent encore le dessus; la chose vint en cour. Louise de Montmorency porta plainte sur ce qu'elle considérait comme une tentative d'assassinat; mais Coligny étouffa généreusement l'affaire, ce qui augmenta encore la réputation de courage chevaleresque qu'il s'était acquise.

B

Page 20.

A la prise d'Arlon, il se passa un fait qui, s'il est authentique, met en évidence la force morale de Coligny. La ville avait été livrée au pillage et, suivant l'usage barbare du temps, les habitants appartenaient aux vainqueurs. On amena à Coligny une jeune fille admirablement belle; se défiant de lui-même, il lui offrit de la faire conduire en lieu sûr avec une escorte, ou, si elle préférait occuper sa maison, de se retirer immédiatement.

(1) Sandras de Courtils (livre Ier, p. 15 et suiv.).

Il n'eut pas de repos qu'elle n'eût été conduite dans un couvent voisin ; mais l'escorte qu'il lui avait donnée ayant été attaquée par des soldats qui l'outragèrent, Coligny exigea du duc d'Orléans que les coupables fussent punis ; le prince fut surpris de cette vertu, qui n'était pas commune dans l'armée, et essaya quelque remontrance ; mais comme l'escorte avait été violemment dispersée, le cas d'infraction à la discipline était flagrant, et deux des coupables furent exécutés (1).

C

Page 30.

L'élévation de sa fortune ne changea rien à la gravité de sa vie. Voici, d'après les témoignages que Sandras de Courtils assure tenir de sa famille, comment il passait d'ordinaire ses journées en ce temps-là (2) :

« La première chose qu'il faisait au sortir de son lit était de se jeter à genoux devant un crucifix, et il y demeurait un quart d'heure, sans vouloir qu'on le vînt interrompre pour quelque chose que ce fût, à moins que quand il était à l'armée, où il disait que Dieu voulait bien que l'on différât de lui rendre ce qu'on lui devait en faveur de la nécessité. Après avoir fait sa prière, il s'habillait et allait ensuite dans son écurie, où il regardait ses chevaux l'un après l'autre, s'en fiant beaucoup plus à ses yeux qu'au soin de son écuyer. Il était si bon homme de cheval que c'était lui qui montait ceux qui étaient les plus difficiles, quelquefois deux, quelquefois trois, et il passait tous les jours une heure et demie à cet exercice..... Il se retirait ensuite dans sa chambre, où il lisait régulièrement une heure entière, mais avec tant de fruit qu'il n'y avait point d'homme qui fût mieux versé dans l'histoire. Cette heure s'étant écoulée, il s'en allait à

---

(1) Sandras de Courtils (livre Ier, p. 29).
(2) Livre Ier, p. 69.

la messe, qu'il entendait à genoux ; car, quoi qu'il ne manquât pas de se trouver à celle du roi, il croyait que la plupart n'y allant que pour faire leur cour, et chacun passant, pour ainsi dire, à tous moments sur le corps des autres, c'était un temps mal propre pour faire sa prière. Au sortir de la messe, il s'en allait au lever du roi, et, après avoir achevé la matinée auprès de lui, il se mettait à table, où il demeurait plus longtemps qu'il n'eût fait s'il y eût été tout seul ; mais comme tout le monde était bien venu chez lui, la bienséance l'obligeait à donner quelque chose à la coutume. Après avoir dîné, il lisait encore une heure, et, afin de n'être point gêné, il faisait donner des cartes à ceux qui avaient mangé avec lui. Cette heure étant passée, il s'en retournait au Louvre, où il avait, le plus souvent, quelque partie de paume avec le dauphin. S'il ne jouait pas à la paume, c'était tantôt au mail et tantôt au billard ; mais il ne savait pas ce que c'était que les jeux de hasard, disant que, si l'on faisait bien, ces sortes de jeux seraient défendus dans tout le royaume. Aussi une personne de ses amis l'étant venue trouver cinq ou six ans après pour le prier de vouloir la servir de son crédit, afin qu'il pût obtenir le privilège de donner tout seul à jouer dans Paris, il lui fit réponse qu'en toute autre chose il serait ravi de lui rendre service, mais qu'à l'égard de celle-là, bien loin de s'y vouloir employer, il était d'humeur à en détourner le roi, s'il croyait qu'il fût d'humeur à lui accorder sa demande. Mais, pour revenir à mon sujet, il achevait de passer l'après-dînée chez le roi ou chez le dauphin, et, quand huit heures venaient, il se retirait chez lui, où il lisait encore une heure, après quoi il se faisait donner du fruit ou un biscuit dans du vin, car il ne savait ce que c'était que de souper. De là il s'en retournait encore chez le roi, d'où il ne revenait point qu'après son coucher. Il se couchait dès qu'il était revenu, mais non pas sans avoir été encore un quart d'heure au chevet de son lit, et cela en présence de ses gens ; car, quoiqu'il crût que la véritable dévotion ne consistait pas dans l'apparence, il savait néanmoins que les maîtres sont obligés de donner l'exemple à leurs domestiques. »

Le même écrivain cite de lui, à ce moment de sa vie, un trait qui concorde tout à fait avec le souci que Coligny montra si souvent, plus tard, pour les pauvres, ce qui est à noter chez un homme de guerre et à une époque de mœurs rudes, où les souffrances du peuple n'émouvaient guère la sensibilité des grands. « Il faut, dit-il, que je rapporte ce qui lui arriva dans l'église des Jacobins (1), où il était allé entendre la messe le jour de saint Dominique. Il avait mis dans une de ses poches de la monnaie pour donner aux pauvres, et, en étant venu un auprès de lui, dans le temps qu'il était le plus occupé à ses prières, au lieu de fouiller dans la poche où était cette monnaie, il fouilla dans l'autre, où il y avait des pièces d'or. Il en prit plein sa main sans compter, et les donnant à ce pauvre sans regarder ce que c'était, celui-ci demeura bien surpris quand il vit la grandeur de l'aumône. C'était sans doute un homme de bien que ce pauvre-là, et il le parut à ce qu'il fit; car, s'étant mis après cela sur la porte de l'église, il attendit M. de Châtillon, et quand il vint à sortir : « Monsieur, lui dit-il en montrant ce qu'il avait reçu de lui, je ne sais si ç'a été votre dessein de me donner une si grosse aumône, mais si cela n'est point, je ne prétends pas en profiter. » M. de Châtillon ne fut pas si surpris de s'être trompé que de la générosité de ce pauvre, et, le regardant avec admiration : Non, bon homme, lui répondit-il, mon dessein n'était pas de vous donner ce que vous me montrez, mais puisque vous avez la générosité de me le vouloir rendre, j'aurai bien celle de vous le laisser. » Il ne se contenta pas de cela, il le fit venir dans sa maison, où il le nourrit et l'entretint tant qu'il vécut..... Pour en dire la vérité, ce pauvre homme était un exemple de vertu, ce qu'on reconnut encore mieux après sa mort que pendant sa vie, car il n'eut pas plutôt les yeux fermés qu'une vieille femme, qui avait coutume de le venir demander tous les jours, se prit à sangloter dès qu'on lui eut annoncé que Dieu l'avait rappelé à lui. On crut qu'il fallait qu'elle fût sa femme pour y prendre tant d'intérêt, et chacun l'ayant interrogée là-dessus : « Non, répondit-elle, ce n'était point mon mari, mais quand il l'aurait été, il n'aurait pas pris plus

---

(1) C'était une ancienne église attenant au couvent des Jacobins et non la célèbre église des Jacobins, rue Saint-Honoré, qui fut transformée en club en 1792; celle-ci ne fut construite qu'au XVIIe siècle.

soin de moi et de ma famille qu'il faisait. » Elle conta ensuite comment, depuis qu'il était dans la maison, il lui avait apporté tous les jours la viande et le vin qu'on lui donnait pour sa nourriture, outre que c'était elle qui avait profité de la grosse aumône qu'on lui avait faite. La chose ayant été rapportée à M. de Châtillon, il ne la put croire avant de l'entendre lui-même de la bouche de cette femme; mais lui ayant été confirmée dans le même temps, il ne put retenir ses larmes, ni s'empêcher de dire qu'il avait perdu un trésor qu'il n'était pas digne de posséder. Cependant, il donna ordre de s'informer qui était cette femme, et ayant su que c'était une pauvre honteuse qui était chargée d'enfants, il prit soin d'elle et de sa famille. »

« Il n'avait point plus de joie qu'à ces actions de charité, et l'on remarqua que, tout jeune qu'il était, il avait tant de compassion des malheureux qu'il se serait ruiné volontiers pour les mettre à leur aise. Il plaignait surtout la pauvre noblesse, disant qu'ils lui faisaient encore plus de pitié que les autres, parce que ceux-ci pouvaient travailler et que les autres n'y étaient pas accoutumés. Comme on connaissait son cœur, tous les pauvres le guettaient quand il venait au Louvre, et pas un ne s'en retournait sans qu'il lui eût donné..... Il est certain qu'il n'y avait point d'ostentation à son fait, et qu'il était véritablement touché quand il se présentait un pauvre devant lui..... Étant allé à Châtillon avec Andelot, il y vint un pauvre gentilhomme de quatre ou cinq lieues de là, et s'étant fait présenter par une personne qu'il connaissait : « Ah! mon frère, dit-il à Andelot en se tournant de son côté, qu'avons-nous fait d'agréable à Dieu pour être si à notre aise et si bien vêtus, pendant que ce pauvre gentilhomme est tout nu et souffre toutes sortes d'incommodités? Il a le même rang que nous dans le royaume; si nous sommes gentilshommes, il l'est aussi, et si j'y vois de la différence, c'est qu'il a plu à Dieu de nous favoriser, au lieu qu'il permet qu'il demeure dans la souffrance. » Cependant, il n'en restait pas aux paroles; les effets suivaient de près, et il donna ordre non seulement qu'on l'habillât, mais encore que ses fermiers lui donnassent tous les ans une certaine somme pour lui aider à subsister. Ses terres étaient ainsi chargées de ces sortes de pensions, et il avait tant de soin des pauvres, qu'il y entretenait un certain nombre de femmes pour les servir dans leurs maladies, ni plus ni moins que si elles eussent été gardes. Mais comme, quelque soin qu'elles en pussent avoir, ce n'était rien, à moins de subvenir à leur nourriture, il donnait deux cents francs par mois pour leur faire des bouillons dans sa terre de Châtillon, et il faisait la même chose dans les autres, selon qu'elles étaient plus ou moins grandes. Il ne prenait pas seulement le soin de leur corps, mais encore celui de leur âme, et l'on remarque que, devant d'avoir embrassé la religion réformée, il entretenait des prêtres à Châtillon et qu'il avait même fondé des écoles pour instruire la jeunesse. Il n'eut garde de discontinuer cette bonne œuvre quand il fut appelé à la vérité de la religion, et tout le changement qu'il y fit, c'est qu'au lieu de ces prêtres il y mit des ministres. »

D

Nous avons dit, page 270, que Jeanne d'Albret perdit ses deux premiers enfants par des accidents étranges. En voici le récit, extrait de la *Chronologie novenaire* de Palma Cayet. (Edit. Petitot, t. II p. 230 et suiv.).

« Ces deux beaux princes ne purent être élevés, ainsi par inconvénient moururent en bas âge, à savoir : le duc de Beaumont ayant été mis ès mains de la baillive d'Orléans, qui fut grand'mère du maréchal de Matignon, laquelle faisait sa résidence en ladite ville, étant fort âgée et frileuse extrêmement, selon qu'elle, pour sa condition, se tenait close et tapissée de toutes parts, avec un grand feu, elle en faisait encore plus à l'endroit de ce petit corps de prince, le faisant haleter et suer de chaleur à toute outrance, sans qu'elle souffrît air, vent, ni haleine être donné ni entrer en la chambre, ce qu'elle fit si opiniâtrément, quoiqu'on lui en sût dire, qu'enfin le petit duc de Beaumont étouffa peu à peu dans ses langes, et si toujours cette bonne femme disait : « Laissez-le, il vaut mieux suer que trembler. »

« Le comte de Marle (second fils de Jeanne) expérimenta une autre affliction, qui fut qu'étant M. de Vendôme et ladite princesse son épouse (Antoine de Bourbon et Jeanne) allés voir le roi Henri d'Albret en Béarn, ils le trouvèrent au Mont-de-Marsan où ils séjournèrent ; et y ayant mené le comte de Marle en son maillot, ainsi que ledit sieur roi l'avait désiré, ils le lui présentèrent, de quoi il reçut un merveilleux contentement. Mais comme ce prince était très beau, désiré d'être tenu d'un chacun, un gentilhomme se jouant à lui dans la croisée de la fenêtre de sa chambre, lui étant entre les bras de sa nourrice, le gentilhomme et la nourrice se le baillèrent plusieurs fois de l'un à l'autre, d'une fenêtre à l'autre par le dehors de la croisée, quelquefois feignant de le prendre, ce qui fut cause du malheur qui en arriva, car le gentilhomme feignant de le prendre et ne le prenant pas de fait, la nourrice, s'attendant qu'il le prît, lâcha prise, et le petit comte de Marle tomba de la fenêtre en bas sur un perron, où il se froissa une côte. Le gentilhomme sauta aussitôt de la fenêtre en bas, car c'était du premier étage, et, relevant le prince, il le porta à la nourrice tout éplorée, qui l'apaisa du mieux qu'elle put, lui baillant à teter. Le roi, M. de Vendôme et la princesse étaient allés à la chasse, on leur cacha cet accident. J'ai ouï-dire à ses anciens serviteurs valets de chambre que, si la nourrice eût averti de cet inconvénient, il y eût eu moyen de le rhabiller, mais son mal rengrégeant en pis, finalement il mourut. »

TABLE DES MATIÈRES

Pages.

PRÉFACE . . . . I à XX

CHAPITRE PREMIER

Origine des Coligny. — Naissance de Gaspard, le futur amiral. — Louise de Montmorency, sa mère. — Rôle des femmes au XVIe siècle. — Le connétable Anne de Montmerency. — Éducation de Coligny. — Traits de sa jeunesse. — La cour de François Ier. — État moral de la France . . . . 1 à 18

CHAPITRE II

Coligny fait ses premières armes. — Campagnes de 1542 et 1543. — Cérisoles. — Paix de Crépy. — Siège de Boulogne. — Rôle de Coligny dans l'attaque de l'île de Wight. — Mort de François Ier. — Avènement de Henri II. — Faveur croissante du connétable. — François de Guise et le cardinal de Lorraine. — Avancement de Coligny et de son frère d'Andelot. — Mariage de Coligny avec Charlotte de Laval . . . . 19 à 31

CHAPITRE III

Coligny devant Boulogne. — Les ordonnances de M. de Châtillon. — Prise de Boulogne. — Coligny se rend à Londres pour la signature du traité de paix. — Le prince de Condé épouse Éléonore de Roye, nièce de Coligny. — Ce dernier est nommé gouverneur de Paris et de l'Ile-de-France . . . . 33 à 39

CHAPITRE IV

Campagne de 1551 ; alliance de Henri II avec les protestants d'Allemagne. — Brillante conquête des Trois-Évêchés. — Maurice de Saxe se tourne contre Charles-Quint. — Retour offensif de l'empereur qui vient assiéger Metz. — Belle résistance de Guise. — Rôle de Coligny à l'armée d'observation. — Il est nommé amiral de France ; attributions de cette charge. . . . . . 41 à 49

CHAPITRE V

Services rendus par Coligny en qualité d'amiral de France. — Ses vues sur les colonies. — Expéditions dirigées par lui sur l'Amérique. — Tentative de Villegagnon au Brésil . . . . 51 à 59

CHAPITRE VI

Nouvelle tentative d'invasion de la France par Charles-Quint. — Emmanuel-Philibert, général des impériaux. — Campagnes de 1553 et 1554. — Bataille de Renty. — Intervention décisive de Coligny. — Coligny reçoit du roi une compagnie de cent hommes d'armes. — Il est nommé gouverneur de Picardie. — Abdication de Charles-Quint. — Préparation de la paix de Vaucelles. — Coligny se rend à Bruxelles, où il voit Charles-Quint et Philippe II. . . . . 61 à 76

CHAPITRE VII

Ligue secrète entre Paul IV et le roi de France. — Le cardinal Carafa. — Sa mission en France et son alliance avec les Guises

TABLE DES MATIERES

Pages.

pour faire rompre la paix de Vaucelles; résistance de Coligny. — Guise part pour l'Italie. — Coligny offre sa démission du gouvernement de la Picardie; le roi la refuse. . . . . . . 77 à 87

CHAPITRE VIII

Rupture de la trêve. — Les hostilités sont déclarées. — Marche en avant d'Emmanuel-Philibert. — Coligny s'enferme dans Saint-Quentin. — Commencement du siège. . . . . 89 à 98

CHAPITRE IX

Le connétable s'avance pour secourir Coligny. — Bataille de Saint-Quentin. — Déroute de l'armée française. — Nouveaux efforts des assiégeants. — Résistance acharnée de Coligny. — La ville est surprise. — Coligny est fait prisonnier. — Sac de Saint-Quentin. . . . . 99 à 113

CHAPITRE X

Captivité de Coligny. — Campagne de Guise en Italie. — Promesses trompeuses de Carafa. — Triste fin de l'expédition française. — Guise est rappelé. — Il surprend Calais. — Paix avec les Anglais. — Mariage du dauphin François avec Marie Stuart . . . . 115 à 128

CHAPITRE XI

Coligny, dans sa prison, — Crise religieuse de l'amiral. — D'où lui vinrent ses croyances nouvelles. — Sa correspondance avec Calvin. — Attitude de Charlotte de Laval. — Influence de Calvin sur la Réforme française. — Ce que fut cette Réforme au début . . . . 129 à 143

Pages.

CHAPITRE XII

Intrigues des Guises contre Odet et d'Andelot. — Défection momentanée de celui-ci. — Traité de Cateau-Cambrésis. — Coligny est rendu à la liberté. — Appréciation du traité. . . . . . . 145 à 155

CHAPITRE XIII

Situation des protestants français au moment où Coligny revient de sa captivité. — Premier synode des Églises réformées de France à Paris. — Ambassade du duc d'Albe. — Projets du roi contre les protestants. — La Mercuriale. — Mort du roi. . . . . 157 à 163

CHAPITRE XIV

Avènement de François II. — Les Bourbons sont écartés, ainsi que le connétable. — Alliance étroite des Guises avec Philippe II. — Intervention de Coligny en faveur des réformés de Paris. — Assemblées de Vendôme et de La Ferté . . . . 165 à 179

CHAPITRE XV

Coligny participe pour la première fois au culte réformé. — Son opinion sur la sainte Cène. — Persécution terrible de l'Église réformée de Paris. — Procès et supplice du conseiller Anne Du Bourg. — Coligny se démet du gouvernement de la Picardie. . . . . 181 à 189

CHAPITRE XVI

Conspiration d'Amboise. — Coligny est tenu en dehors du projet. — Catherine le mande auprès d'elle. — Édit du 8 mars. — Répression sanglante exercée par les Guises. — Mort de Castelnau . . . . 191 à 201

CHAPITRE XVII

Mission de Coligny en Normandie. — L'Hospital est nommé chancelier. — L'édit de Romorantin. — L'assemblée de Fontainebleau. — Convocation des états généraux à Orléans. — Tentative des protestants pour s'emparer de Lyon . . . . 203 à 215

CHAPITRE XVIII

Les Guises à Orléans. — Arrestation et jugement de Condé. — Il est condamné à avoir la tête tranchée. — Maladie subite et mort de François II. . . . . 217 à 225

CHAPITRE XIX

Avènement de Charles IX. — Catherine de Médicis prend possession du pouvoir. — Son caractère et sa politique. — Elle essaye de secouer le joug des Guises. — Séance des états généraux. — Discours de L'Hospital et des orateurs du tiers état, de la noblesse et du clergé. — Faute commise par les protestants au synode de Poitiers. — La cour se rend à Fontainebleau. 227 à 239

CHAPITRE XX

Coligny dans son intérieur. — Châtillon-sur-Loing. — La vie d'un grand seigneur huguenot. — Zèle de l'amiral pour l'instruction. — La réforme des études au XVIe siècle. — Relations de Coligny avec Renée de Ferrare. — L'amiral pratique à Châtillon la liberté religieuse . . . . 241 à 251

CHAPITRE XXI

Tolérance de Catherine de Médicis envers les grands seigneurs protestants. — Adhésion du cardinal Odet de Châtillon à la foi réformée. — Rupture du connétable avec ses neveux. — Le triumvirat. — L'édit de juillet. — Attitude énergique des délégués des états généraux à Saint-Germain . . . . 253 à 265

CHAPITRE XXII

Préliminaires du colloque de Poissy. — Les seigneurs protestants à Saint-Germain. — Arrivée de Jeanne d'Albret. — Attitude de Catherine; sa lettre au pape. — Le cardinal de Tournon. — Le cardinal de Lorraine. — Jacques Lainez. — Les ministres protestants. — Théodore de Bèze . . . . 267 à 286

CHAPITRE XXIII

Ouverture du colloque. — Discours de L'Hospital. — Prière et discours de Théodore de Bèze. — Séance du 16 septembre; discours du cardinal de Lorraine. — Séance du 24 septembre; Pierre Martyr et Lainez. — Essai de diverses formules de conciliation. — Rupture du colloque. — Effet produit par le colloque en France. — Démarches secrètes d'un certain nombre de seigneurs catholiques auprès de Philippe II. — Arrivée à Paris des théologiens allemands; leur jugement sur l'amiral . . . . 287 à 308

CHAPITRE XXIV

Progrès du protestantisme à Paris. — Assemblées publiques à Popincourt et dans l'enclos du Patriarche. — Soulèvements populaires contre les protestants. — Le connétable saccage le lieu de culte de Popincourt. — L'Hospital et Coligny préparent l'édit de janvier 1562. — La liberté religieuse au XVIe siècle. — Appréciation de l'édit. — Défection d'Antoine de Navarre. . . . . 309 à 321

CHAPITRE XXV

Attitude des Guises au lendemain de l'édit de janvier. — Leur correspondance avec Christophe, duc de Wurtemberg. — Conférence de Saverne. — Massacre de Vassy. — Réclamations des huguenots. — Antoine de Navarre et Théodore de Bèze à Monceaux. . . . . 323 à 340

CHAPITRE XXVI

Condé à Paris. — Conseils envoyés par Élisabeth d'Angleterre à Catherine de Médicis. — Guise arrive à Paris malgré la défense de Catherine. — Conduite équivoque de celle-ci; violation à Paris, de l'édit de janvier. — Condé sort de Paris et convoque les chefs protestants à Meaux. — Attitude de l'amiral au mois de mars 1562. — Ce qu'il faut penser du célèbre dialogue entre Coligny et Catherine de Laval, reproduit par d'Aubigné. — Les protestants pouvaient-ils éviter la lutte? — Des motifs qui décidèrent Coligny à y entrer. . . . . 341 à 365

APPENDICE. . . . . 367 à 375

FIN

www.ingramcontent.com/pod-product-compliance
Lightning Source LLC
Chambersburg PA
CBHW071854230426
43671CB00010B/1334